KB138100

3기신도시
수도권
청약 전략

3기신도시 수도권 청약 전략

초판 1쇄 인쇄 2021년 4월 21일
초판 1쇄 발행 2021년 4월 28일

지은이 황동인(디잡스)

발행인 장상진
발행처 (주)경향비피
등록번호 제2012-000228호
등록일자 2012년 7월 2일

주소 서울시 영등포구 양평동 2가 37-1번지 동아프라임밸리 507-508호
전화 1644-5613 | **팩스** 02) 304-5613

ISBN 978-89-6952-456-0 03320

· 값은 표지에 있습니다.
· 파본은 구입하신 서점에서 바꿔드립니다.

역대급 아파트 공급 계획! 100% 당첨되는 청약 전략!

유튜브 부혁투TV 청약 전략 QR 코드 수록

경향BP

대한민국 주택 가격이 폭등하고 대출 규제까지 강화되어 무주택자들의 내 집 마련의 꿈은 청약 당첨만이 그 길이 되어 버렸다. 하지만 청약 시장까지도 역대급 과열 양상을 보이면서 '운'만 기대하고 전략 없이 청약한 사람들은 번번이 낙첨의 쓴 맛을 봤을 것이다.

필자가 2기 신도시 때부터 지금까지 15년간 청약 컨설팅을 업으로 하면서 항상 강조했던 말이 있다.

"청약은 운이 아닌 전략이며 고도의 심리전이다."

청약을 전략적으로 접근하기 위해서는 기본적인 청약 규칙을 숙지하고 있어야 하며, 당첨 확률을 높이기 위해서는 경쟁자들의 심리를 파악해야 한다. 아파트 청약 규칙을 유튜브 등의 강의 영상을 통해 배우고 공부하여 기본기를 탄탄하게 갖춘 예비 청약자가 많아졌지만 당첨 확률을 높이기 위한 '실전 청약 방법'을 모르는 사람들이 대다수이기에 이 책을 출간하게 되었다.

이 책은 앞으로 당신이 아파트 청약에 도전할 때 핵심적으로 고려해야 할 사항을 알려 줄 것이며 '혁신적인 청약 전략 수립 방법'의 기본 틀을 잡아 줄 것이다. 장담하건대 이 책을 통해 내 집 마련의 꿈은 먼 미래의 일이 아닐 수도 있다는 희망을 갖게 될 것이다.

이 책은 당신뿐만 아니라 당신 자녀들에게 더 중요할 수 있다. 당신이 아직도 무주택자라면 그 이유가 있다. 당신은 경제, 금융 지식을 학교에서 배운 적도 없고 스스로 공부하려고 노력도 하지 않았을 것이다. 당신의 자녀들에게 집 한 채 물려 줄 능력이 부족하다면 아파트 청약에 당첨될 수 있는 발판이라도 만들어 줘야 한다. 이 책을 통해 많은 사람이 아파트 청약으로 하루 빨리 내 집 마련에 성공하길 바란다.

황동인

차례

PART 4
3기 신도시 혁신 청약 전략

PART 5
2021 수도권 주요 아파트 혁신 청약 전략

3기 신도시와 수도권 아파트 청약 정보와 전략을 유튜브 동영상으로도 볼 수 있습니다.
본문 해당 아파트에 수록된 QR 코드를 찍으면 관련 동영상을 확인할 수 있습니다.

'네이버' 애플리케이션으로 QR코드 스캔하는 방법

※ QR코드를 인식하기 전 스마트폰에서 **네이버 앱**을 설치해 주세요.

1. 네이버 애플리케이션 실행 후 메인화면 하단 중앙에 있는 버튼을 선택한다.

2. '렌즈( )' 아이콘을 선택한다.

3. QR코드를 카메라 화면 중앙에 위치시킨다.

4. 상단 팝업창의 링크를 통해 부혁투TV를 시청한다.

PART 1

청약은 고도의 심리전

01

대한민국 부동산은 대중의 심리가 좌우한다

브레이크 없이 치솟는 집값

지금 대한민국 아파트 시장은 대세 상승장이라는 데 전문가들의 이견은 없다. 집값은 2017년 강남 재건축 아파트를 필두로 꾸준하게 상승하여 현재는 지방의 집값까지 폭등하는 지경에 이르렀다. 그 이유는 매우 간단하다. 집값이 계속 오를 것 같다는 사람이 많고, 그들이 가격이 큰 폭으로 오른 집을 계속 추격 매수하기 때문이다. 한마디로 아파트의 가치가 계속 상승할 것 같다는 대중의 심리가 팽배하기 때문에 집값이 계속 오르고 있는 것이다. 대한민국 부동산이 점점 투기 시장으로 변질되면서 사람들은 비이성적이고 비합리적인 의사

결정을 통해 남들이 하는 대로 따르는 대중 심리에 쉽게 빠져들어 집을 추격 매수하고 있으니 가격이 안정될 수가 없는 것이다.

부동산에 부정적인 인식을 가졌던 사람들까지 매수 대열에 참여해 부동산 가격이 상승을 거듭하고 있다. 정부의 규제 정책이 나오면 오히려 집값 상승의 신호탄으로 생각하여 시장에 나온 매물은 줄어들고 가격 호가는 더 올라가 있는 상황이 반복되고 있다. 거품이 가득 낀 집값이 조만간 잡힐 것이라 믿었던 무주택자들은 지금 땅을 치고 후회하는 중이다.

대중의 심리는 정말 무서운 것이다. 서로 다른 사람들의 생각을 하나로 모이게 하는 것은 매우 힘들지만 일단 모이면 그 응집력을 깨뜨리기가 결코 쉽지 않다. 그런데 현재의 대중 심리는 어떠한가? 필자를 포함하여 집값이 올라도 너무 올랐다고 생각하는 사람이 많아졌고 어제보다 높은 가격으로 나온 매물을 매수하기가 부담스러운 것이 사실이다.

그 대응책으로 아파트 청약 시장으로 눈을 돌리는 사람들이 지속적으로 늘어나고 있다. 이러한 분위기가 계속 이어진다면 앞으로의 아파트 청약 시장은 지금보다 훨씬 더 과열된 양상을 보일 것이다. 이 치열한 경쟁에서 살아남기 위해서는 역시나 청약자들의 심리를 분석할 수 있어야 한다.

청약의 답은 대중의 심리에서 찾아야 한다

아파트 청약 시장은 대중의 심리로 움직인다. 청약 시장을 움직이는 대중의 심리를 잘 활용한다면 당첨 확률을 조금이나마 끌어올릴 수 있다. 어떠한 아파트에 청약 통장을 사용할지, 혹은 어떠한 타입을 선택하여 청약할지에 대한 대중의 심리를 분석하여 청약 전략을 세워야 피 터지는 청약 전쟁에서 승리할 수 있다.

자동차로 지방에서 서울까지 빨리 가기 위해서는 고속도로를 선택하는 것이 당연한 상식이지만 수많은 차량이 몰려 심하게 정체된 상황이 지속된다면 어떻게 할 것인가? 아무도 몰랐던 새로 생긴 국도를 이용한 자동차가 유류비, 통행비까지 절약하면서 서울까지 더 빨리 도달할 것이다. 이 경우는 많은 사람이 '상식'이라고 알고 있는 것과 다른 행동을 취했기에 얻은 결과이다.

한 가지 예를 더 들어 보자.

산 정상까지 가는 데 매우 쉬운 길이 있다. 당신은 이 길을 택하는 것이 당연한 상식으로 알고 있다. 그런데 수많은 대중이 험난한 길을 택하는 것을 보게 됐다. 그러면 당신의 상식은 흔들릴 수밖에 없다. 처음에는 당황하고 주춤하겠지만 결국에는 많은 사람이 선택한 험난한 길을 당신도 따라가게 될 것이다. 이 경우는 당신이 '상식'이라 알고 있는 것이 다른 사람들의 결정에 흔들린 결과이다.

아파트 청약 시장에서 이성적이고 합리적인 사고는 필수이지만 때로는 대중의 심리와 역으로 행동하여 결정해야 할 때가 있다. 하루

자고 나니 올라가 있는 집값을 보면 내 집 마련의 장기적인 플랜은 흔들릴 수밖에 없다. 지금 당장 내 소유의 집을 만들지 못한다면 전·월세 난민이 되어 평생 이사만 다니면서 살아야 할 것 같은 불안한 마음 때문에 잠도 제대로 못 자는 사람도 많을 것이다.

아파트 청약을 준비 중이라면 지금은 "영원한 상승도 영원한 폭락도 없다."라는 말을 기억하여 시장 분위기에 휩쓸리지 않고 조금 더 유연한 자세로 미래를 기약하는 것이 정답일 수 있다. 비이성적이고 비합리적인 의사결정으로 이미 투기화된 청약 시장에서 냉철함을 유지하는 것이 쉽지만은 않다. 하지만 호흡을 가다듬고 대중의 심리를 분석하여 중·장기적인 청약 계획을 세우면 정답을 찾을 수 있다.

심리전에 승리하기 위해서 청약 규칙을 공부하라

전쟁에 나가는데 총기를 다루지 못하는 군인을 보았는가? 총기를 만들고 해체하는 것까지는 아니더라도 총알을 장착한 후 목표물을 겨눠 발사할 수 있는 수준은 되어야 전쟁에서 살아남을 수 있다. 아파트 청약도 마찬가지이다. 아파트 '청약 전쟁'에서 살아남기 위해서는 '청약 규칙'을 숙지하는 것이 필수이다. 강의를 할 수 있을 정도의 수준까지는 필요하지 않다. 기본적인 청약 규칙을 공부하고 본인이 살아남을 수 있는 '청약 전쟁터'에 도전할 수 있는 수준만 갖추면 된다.

'주택 공급에 관한 규칙'이란 법률에 의해 아파트를 분양하고 청약할 수 있는데 사실 일반인들에게는 이 내용이 꽤 까다롭게 느껴진다. 게다가 수시로 법이 개정되기까지 하니 혼란스러울 수밖에 없다. 하지만 무주택자 신분을 벗어나려면 이 '청약 규칙'을 익히는 것은 기본 중의 기본이다.

다시 한 번 강조하는데 아파트 청약은 '심리 전쟁'이고, 이 '심리전'에서 살아남기 위해서는 기본적인 청약 규칙 공부는 필수이다. 당신에게 전문가 수준의 공부를 바라는 것은 절대 아니니 큰 부담은 갖지 않아도 된다. 이 책에서 다루는 핵심적인 청약 규칙을 공부하고 기본기를 다진 후 실전 청약 전략의 노하우를 습득하면 그것으로 충분하다.

대부분의 사람이 부자가 아닌 이유는 차곡차곡 '덧셈'으로만 돈을 저축해서이다. 부자가 되려면 투자를 통해 '곱셈'으로 돈을 불려야 한다. 투자라는 것은 금융 교육이 받쳐 줘야 하는데 금융 교육은 수학, 과학과 같이 필수 교육이 아니기 때문에 본인이 경제와 금융에 관심이 없다면 배울 기회가 없다. 아파트 청약은 그 자체가 경제 활동이기 때문에 금융 교육(=청약 교육)은 선제적 대응이라 할 수 있다.

본인의 청약 자격 경쟁력을 객관적으로 점검하라

'지피지기면 백전백승'이라는 말이 있다. '적을 알고 나를 알면 백

번을 싸워도 백 번을 이긴다.'라는 뜻인데 적을 아는 것보다 나를 먼저 아는 것이 더 중요하다고 필자는 생각한다.

수능 점수에 따라 대학 입시 전략이 달라지듯이 아파트 청약 전략도 청약 가점에 따라 달라지는데 이는 매우 중요한 부분이다. 특별공급 청약 혹은 일반공급 청약에서 본인의 청약 조건이 어느 정도의 경쟁력이 있는지를 객관적으로 따져 봐야 당첨 전략을 바르게 세울 수 있다.

수능 점수가 낮게 나온 학생의 상위권 대학 지원은 무모한 도전이며, 수능 점수가 높게 나온 학생의 하위권 대학 지원은 어리석은 행동일 수 있는데, 청약이 딱 이런 형국이다. 다시 한 번 강조하지만 본인의 청약 자격이 어느 정도 경쟁력이 있는지를 객관적으로 따져 보고 소신 지원할지 아니면 하향 안정 지원할지를 이 책을 통해 깨달을 수 있어야 한다.

필자는 십수 년간 청약 컨설팅을 업으로 하면서 안타까운 사연을 많이 봐 왔다. 당첨 가능성이 전혀 없는데 인기 아파트에만 무모하게 계속 청약하는 사람들, 반대로 인기 아파트에 청약하면 당첨이 확실한데 아무 생각 없이 비인기 아파트에 청약하고서는 덜컥 당첨되어 후회하는 사람들이 있다. 본인의 청약 자격이 어느 정도의 경쟁력이 있는지를 몰라서 이런 일이 발생하는 것이다. 사실 이 부분은 전문가의 코칭이 필요하다.

그런데 문제는 전문가인 척하는 비전문가들이 청약 조건을 상담해 주고 있다는 것이다. 주식 투자의 귀재라 불리는 워런 버핏이 이런 말을 했다. "롤스로이스를 타는 사람이 지하철을 타고 다니는 사람에게 조언을 구하는 곳은 월스트리트밖에 없다." 이 말을 명심해야 한다. 비전문가일지도 모르는 사람에게 당신의 운명을 맡기지 말고 이 책을 통해 기본적인 청약 규칙을 공부하기 바란다. 그러고 나서 본인의 청약 점수를 계산해 다른 경쟁자에 비해 어느 정도의 경쟁력이 있는지 객관적으로 점검한 후 중·장기적인 청약 계획을 스스로 세워야 한다.

02

대중의 부동산 심리 변화는 미래 흐름의 변곡점이 된다

시장은 언제나 규제를 이긴다

2002년과 2013년 노벨경제학상을 수상한 사람은 경제학자가 아닌 심리학자였다. 경제 현상을 이해하려면 인간의 합리성뿐 아니라 비합리적이고 비이성적인 행동심리도 고려해야 한다는 '행동경제학'이 부각된 결과로 경제 시스템에서 인간의 '심리'가 얼마나 중요한지를 증명했다.

정부의 부동산 정책도 대중의 심리를 적극적으로 반영한다. 우리나라 정당은 보수 혹은 진보 성향으로 양극화되어 있고 특별한 정치 성향 없이 상황이나 정책에 따라 표를 주는 중도 성향의 국민이 30%

정도인 것으로 나타난다. 과연 정권을 잡은 정당에 따라 부동산 가격이 출렁일까?

역대 정부의 부동산 정책을 살펴보면 김대중 정부 때는 IMF 경제위기를 헤쳐 나가기 위해 출범 초기에 부동산 규제 완화 정책을 매우 적극적으로 시행했다. 이후 부동산 투자 심리가 완전히 살아나 투기 시장으로 변해 가자 규제를 강화하는 방향으로 급선회했다. 부동산 활황기의 분위기를 이어 받은 노무현 정부는 대통령 임기 기간 내내 부동산 규제 일변도의 정책을 시행했다.

이명박 정부는 금융 외환위기로 인해 침체에 빠진 부동산 시장을 살리기 위해 부동산 규제 완화 정책을 펼쳤다. 박근혜 정부 시절 부동산 시장은 양분되어 흘러가는 모습이었다. 매매 시장은 침체되어 있었지만 전세 시장은 상승세였기 때문에 전세난을 해소하기 위한 대책으로 규제 완화를 통해 매매 시장 활성화를 유도했다. 문재인 정부는 출범 초기부터 강력한 부동산 규제 정책을 펼쳤고 집값 상승세가 꺾이지 않는 이상 이 기조는 변할 것 같지가 않다.

지금까지 대한민국 역대 정부가 어떠한 부동산 정책을 펼쳐 왔는지 살펴봤는데 정권의 보수 또는 진보 성향에 따라 부동산 정책을 내놨다기보다는 시장 상황에 대응하기 위한 정책이었다는 것을 알 수 있다. 만약 현재의 부동산 시장이 하락기였다면 지금 정권도 부동산 완화 정책을 펼쳤을 거라고 필자는 확신한다.

정부가 추구하는 것은 침체도 과열도 아닌 시장의 안정인데 가장 효과적인 것은 주택 공급량을 늘리는 것이다. 하지만 집이라는 것이

하루아침에 뚝딱 하고 지어지는 것이 아니기 때문에 당장 효과를 기대할 수 있는 부동산 정책에 집중할 수밖에 없다. 그러나 규제는 시장을 절대로 이길 수 없다. 부동산 투자는 시장의 흐름을 이해하는 것이 최우선 과제임을 깨달아야 한다.

대중 심리의 변곡점을 찾아내라

부동산뿐만 아니라 모든 투자(혹은 투기)는 대중의 심리 변화에 따라 변곡점이 있었다. 튤립 투기, 닷컴 버블, 일본 부동산 버블 등이 역대 투기 사례에서 많이 언급되는데, 최근에는 비트코인 가상화폐 투기가 대중의 관심을 받고 있다. 사람들의 사고파는 행위가 투자이든 투기이든, 합리적이든 비합리적이든 일단 대중 심리가 모여 시장이 과열되면 상품 가치는 폭등했고, 대중 심리가 거품이 너무 많이 끼었다고 생각하게 되면 결국 폭락의 변곡점을 맞이해야 했다.

대중 심리의 변화에 따른 변곡점을 설명하기 위한 그래프로 미국 경제학자의 이름을 딴 '하이먼 민스키 모델'을 예로 들 수 있다. 금융시장은 내재적으로 불안정성을 내포하고 있는데 경제 주체들이 점점 투기화되면 비이성적이고 비합리적인 기대와 심리적 요인으로 인해 자산 가격의 거품과 붕괴가 주기적으로 반복된다는 것이다.

■ 하이먼 민스키 모델

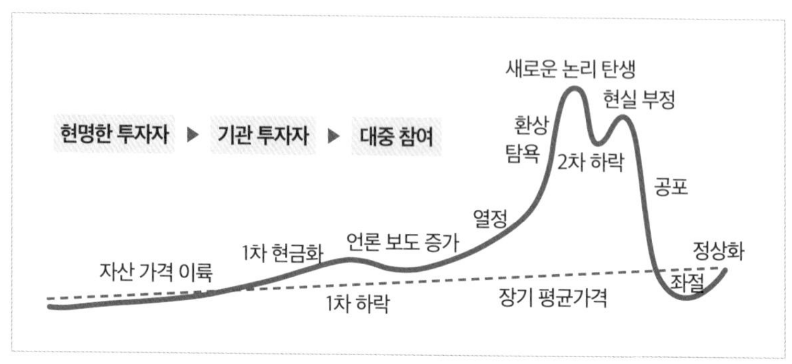

자료 : 블룸버그

대한민국 부동산 시장의 상승과 하락 사이클 변곡점이 언제인지 누구도 정확히 짚어 낼 수는 없다. 하지만 분명한 것은 주택 공급의 확대 없이는 전세 가격을 안정시킬 수 없으며, 전세 가격의 안정 없이는 집값 하락의 변곡점이 쉽게 잡히지 않을 것이다.

세계 유일의 전세 제도가 대중의 심리에 미치는 영향

집을 가진 사람은 부동산 보유를 통해서 벌어들이는 수익이 다른 경제적 수단을 통해서 벌어들이는 수입보다 훨씬 크기 때문에 자기자본을 약간만 투입해도 주택을 소유할 수 있는 전세 제도를 적극적으로 활용해 왔다. 반면 세입자는 자금이 부족해 집을 살 능력이 안

되기 때문에 따로 월세를 내지 않고 임대차 기간 종료 후에 안전하게 자기 자본을 반환받을 수 있는 전세를 선호하게 되었다.

이렇듯 집주인과 세입자 사이에 이해관계가 잘 맞아 떨어져 세계에서 유일하게 우리나라에만 있는 이 전세 제도는 대한민국에서 가장 보편적인 주택임대차제도로 자리 잡게 되었다. 하지만 전세 가격이 매매 가격과 별반 차이가 없다면 전세 수요가 매매 수요로 전환하면서 주택 거래가 활발해지고 집값 상승으로 이어지게 된다.

2020년 7월 주택임대차보호법이 개정되면서 세입자는 4년의 거주 기간을 보장받았다. 임대차 기간을 2년 더 연장하여 세입자의 안정적인 주거 기간을 보호하자는 취지로 도입된 법이지만 주택 공급 물량이 역대 최저치인 이 타이밍에 속전속결로 법을 개정하여 시행한 결과는 결국 전세 가격 폭등으로 나타났다. 전세난에 전세값이 껑충 뛰자 불안해진 무주택자 일부가 주택 매수로 돌아서며 매매 시장마저 자극해 집값을 또 한 번 밀어 올리는 형국이다.

전세 가격 폭등이 집값을 올리는 주범이라고도 볼 수 있는데, 전세 가격을 안정시킬 방법은 공급을 늘려서 수요와 공급의 균형을 적절하게 맞추는 것뿐이다. 주택임대차보호법 개정으로 거주 기간이 2년에서 4년으로 연장되고 시장에 공급 물량이 충분해져 전세 가격이 안정된다면 대중의 매매 심리에 큰 변화가 일어나는 중대한 변곡점이 될 수 있다는 사실을 인지해야 한다.

전세 수요를 줄일 수 있는 최고의 방법은 아파트 신규 공급이다

전세 수요를 줄일 수 있는 방법 중 하나는 무주택자를 유주택자로 만드는 것이다. "빚을 내서라도 집을 사라."고 했던 박근혜 정부의 부동산 정책은 전세난을 잡기 위한 고육지책이었다. 하지만 지금은 어떠한가? 대출 규제 때문에 빚을 낼 수도 없고 설령 힘들게 은행에서 돈을 빌렸다 하더라도 LTV(loan to value ratio : 주택의 담보가치에 따른 대출금의 비율)가 낮아서 올라갈 대로 올라간 집값을 충당하기에는 턱없이 부족하다.

결국 남의 집에서 전세나 월세로 살고 있는 무주택자들이 기댈 수 있는 것은 아파트 청약 당첨뿐인데 이는 하늘의 별 따기라고 할 만큼 너무나도 어렵다. 내 집 마련을 위한 아파트 청약 수요는 폭발적인데 주택 공급 물량은 이에 한참을 못 미치니 아파트 청약 시장은 마치 전쟁터를 방불케 하는 형국이다.

여러 번의 부동산 규제 정책에도 부동산 매수 심리가 잡히지 않으니 결국 정부에서 특단의 조치를 내세운 것이 바로 '주택 공급 확대' 대책이다. 문재인 정부 출범 초기에 부동산 시장을 바라볼 때, 주택 공급은 어느 정도 안정을 이루었는데 일부 투기세력이 시장을 교란하여 주택 가격을 끌어올리는 상황이라고 판단한 것 같다. 그래서 다주택자를 집값 폭등의 주범으로 보고 투기세력으로 규정하여 이들에 대한 규제가 집중된 부동산 정책을 펼쳐 왔다. 그런데 이런 잘못된 시장분석으로 현 정권 집값 상승률은 역대 정권 중 최고 기록으로 남게 될 것 같다.

다행히 현재는 정부가 주택 공급을 확대하기 위해 다양한 방법을 구상하고 있는데 확실한 효과를 거두기 위해서는 수도권 요지에 시장이 예상하는 물량 그 이상을 동시다발적으로 공급하는 것이다. 대중의 매매 심리를 꺾어 부동산 시장의 안정화를 목표로 하는 정부의 주택 대량 공급 방안은 어쩌면 무주택자들에게 다시없는 마지막 기회일 수 있다. 준비된 자에게만 기회가 온다. 아파트 청약에 대한 기본기를 가다듬고 철저히 준비하여 올해부터 다시 시행되는 아파트 '사전청약' 제도를 잘 활용하면 좋은 결과가 있을 것이다.

■ 사전청약이란?

'사전청약제'는 본청약 1~2년 전에 일부 물량에 대해 청약을 진행하는 제도이다. 주택 착공에 맞춰 진행되던 분양 시기를 앞당겨 공급함으로써 청약을 기다리는 무주택 실수요자들에게 양질의 주택을 제공한다.

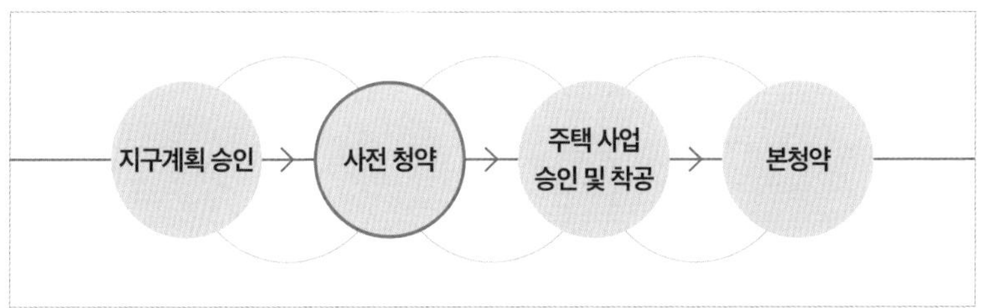

자료 : 3기 신도시/kr

PART 2

아파트 청약 규칙

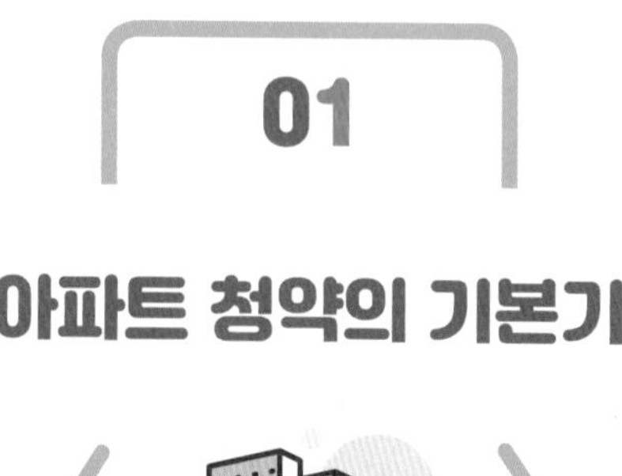

01 아파트 청약의 기본기

청약 용어를 이해하라

아파트 입주자 모집공고문을 보는데 무슨 내용인지 이해가 되지 않아 읽다가 중간에 포기한 적이 있다. 깨알 같은 글씨라 보기도 힘들뿐더러 난생 처음 보는 생소한 단어가 많아 도저히 알아들을 수가 없다. 그래서 아파트 청약 관련 커뮤니티 카페에 가입해서 사람들에게 질문을 했더니 분명 한국어인데 알쏭달쏭한 용어들이 난무해 더욱 더 혼란스럽기만 하다.

만약 당신이 처한 상황이 이러하다면 아파트 청약 규칙과 청약에 쓰이는 용어를 모르기 때문이다. 그런데 청약 관련 용어는 처음이 어렵지 그 다음부터는 쉽다. 하나하나 깨우쳐 가다 보면 보기도 싫었던 입주자 모집공고문이 저절로 눈에 들어오게 된다.

청약 용어를 이해할 때, 법에서 정의한 명칭과 일상에서 말하는 줄임말(또는 은어)이 있으니 각각 숙지할 필요가 있다. '주택 공급에 관한 규칙'에서 정의한 내용과 줄임말, 그리고 일상에서 많이 쓰는 부동산 용어를 다음 표로 정리했으니 가벼운 마음으로 훑어보고 이 책을 읽기 바란다. 아마도 끝까지 다 읽고 나면 어느 샌가 익숙한 단어들이 될 것이다.

■ 청약 용어

청약 용어 (일상 용어)	법에서의 정의 또는 사전적 의미
공급 (분양)	주택 및 복리시설을 분양 또는 임대하는 것을 말한다.
세대원	주민등록상에 함께 등재되어 한 세대를 구성하고 있는 식구들로 주택공급 신청자와 그의 배우자 그리고 직계 존·비속을 말한다. (배우자의 직계 존·비속 포함)
세대	세대원으로 구성된 집단을 말한다.
무주택세대 구성원	세대원 전원이 주택을 소유하고 있지 않은 세대의 구성원을 말한다.
국민주택 (공공분양)	공공에서 직접 건설하거나 국민주택기금으로부터 자금을 지원받아 건설, 개량되는 85m^2 이하(수도권 및 도시 지역이 아닌 읍, 면 지역은 100m^2 이하)의 공공분양 아파트를 말한다.
민영주택 (민간분양)	국민주택을 제외한 모든 분양 아파트를 말한다.

견본주택 (모하)	아파트 등을 지을 때 집을 사고자 하는 사람에게 미리 보이기 위하여 실제 내부와 똑같게 지어 놓은 집으로 '모델하우스'라고도 말한다.
특별공급 (특공)	일반 공급에 앞서 주택 건설 물량의 일정 부분을 공급하는 것을 말한다.
일반공급 (일분)	특별공급 등 우선 분양 물량을 제외한 일반인을 대상으로 하는 분양을 말한다.
예비당첨 (예당)	예비입주자가 일반분양 미계약분 추첨에 당첨된 경우를 말한다.
당첨자 발표일 (당발)	아파트 당첨자 발표 날짜를 말한다.
당해 지역 (당해 또는 해당)	분양하는 아파트가 건축되는 지역을 말한다.
당해 지역 주소 이전 (점프)	당해 지역의 우선 공급을 위해 입주자 모집공고일 전까지 주소지를 옮기는 것을 말한다.
중도금 대출 (중대)	아파트 분양대금 중 일부를 은행에서 대납해 주는 것을 말한다.
잔여세대 추첨 (줍줍)	미분양, 미계약 분을 무순위 청약 방식으로 불특정 다수에게 추첨 분양하는 것을 말한다.
오피스텔 (오피)	업무용 이외에 일부를 숙식 용도로 사용할 수 있는 건축물을 말한다.
생활숙박시설 (생숙)	일반 숙박시설과 달리 주거 시설처럼 취사가 가능한 건축물을 말한다.
도시형생활주택 (도생)	1~2인 가구의 주거 안정을 위한 소형 규모의 주거용 건축물을 말한다.
신혼부부 특별공급 (신특)	법에서 정한 요건을 충족한 신혼부부에게 일반 공급에 앞서 일정 물량을 우선공급하는 특별공급 중 하나를 말한다.
생애최초 특별공급 (생초)	법에서 정한 요건을 충족한 생애 첫 주택 구입자에게 일반공급에 앞서 일정 물량을 우선 공급하는 특별공급 중 하나를 말한다.

청약 통장의 활용법

주택 종류는 크게 국민주택과 민영주택으로 구분할 수 있는데 청약 통장의 종류에 따라 청약 가능 여부가 달라진다. 오래전에는 청약저축, 청약부금, 청약예금 3가지의 청약 통장이 있었는데 각 통장마다 가입 방법, 예치금 납입 방법, 활용 방법 등이 달라 가입자들이 매우 혼란스러웠다. 그래서 2009년 5월 6일 만능통장이라 불리는 주택청약종합저축통장이 출시되어 청약 통장 일원화로 간소화되었다. 현재 가입할 수 있는 청약 통장은 주택청약종합저축통장뿐이지만 아직도 오래전의 청약 통장을 보유하고 있는 사람들이 있기 때문에 4가지 청약 통장의 활용법을 모두 알아 둘 필요가 있다.

■ 청약 통장의 종류

종류	청약 가능한 주택	통장 변경 가능 여부	가입자 명의 변경 가능 여부
청약저축	국민주택만 청약 가능	청약예금으로 변경 가능	가입자 명의 변경 가능
청약부금	전용면적 85m^2 이하의 민영주택만 청약 가능	청약예금으로 변경 가능	2000년 3월 26일 이전 가입자는 명의 변경 가능
청약예금	모든 면적의 민영주택 청약 가능	변경 불가	2000년 3월 26일 이전 가입자는 명의 변경 가능
주택청약 종합저축	모든 주택 청약 가능	변경 필요 없음	가입자 명의 변경 불가 (단, 상속일 때는 가능)

지금의 주택청약종합저축은 만능통장으로 공공분양 아파트인 국민주택과 민영주택 등 모든 주택에 청약할 수 있지만 과거의 청약 통장들은 종류에 따라 그 쓰임새가 달랐다. 지금 생각해 보면 과거의 청약 통장들은 여러모로 불편하기 짝이 없지만 장점이 있는데 바로 '가입자 명의 변경'과 '청약 통장 변경'이 가능하다는 것이다. 이는 전문가도 잘 모르는 유용한 TIP으로 가족 중 누군가가 오래된 청약 통장을 가지고 있을지도 모르니 관련 내용을 숙지하길 바란다.

■ 청약 통장의 명의 변경 사유

구분	가입자 명의 변경 사유
청약저축	• 가입자가 사망한 경우 • 가입자가 혼인한 경우 • 가입자의 세대원(배우자 또는 직계 존·비속)으로 세대주를 변경한 경우
2003년 3월 26일 이전에 가입한 청약부금 또는 청약예금	
2003년 3월 26일 이후에 가입한 청약부금 또는 청약예금	• 가입자가 사망한 경우
주택청약종합저축	

청약 통장의 명의 변경 사유는 여러 가지가 있다. 기본적으로 모든 청약 통장은 가입자가 사망했을 때 상속인 명의로 변경하는 것이 가능하다. 여기서는 청약저축통장이 배우자 또는 직계 존·비속에게 명의 변경이 가능한 경우에 대해 예를 들어 설명하겠다.

[청약저축통장 가입자 명의 변경 사례]

A는 배우자와 자녀들 그리고 부모님과 함께 본인 명의의 집에서 살고 있다. 부모님은 유주택자이지만 연로해서 소유하고 있는 집을 다른 사람에게 전세를 주고 아들 A가 부양하고 있는 상황이다. A는 고생하고 있는 배우자에게 미안한 미 음이 커서 꼭 성공하여 아직도 자가가 아닌 월세살이를 하는 장인, 장모님에게 조그마한 집 하나를 장만해 드리겠다는 생각을 가지고 있다.

어느 날 A는 아버지가 3,000만 원이 예치된 아주 오래된 청약저축통장을 가지고 있다는 것을 알았다. 알아보니 이 통장은 무주택자가 공공분양 아파트에 청약할 때만 필요한 것이라 유주택자인 아버지에게는 필요가 없었다. 아버지가 보유한 청약통장을 해지하려다가 다른 사람에게 명의 변경을 할 수 있는 방법이 있다는 사실을 알게 되었다. 결국 아버지의 오래된 청약저축통장 명의를 장인어른으로 변경한 후 아파트 당첨까지 도와드려 A의 오랜 꿈이 이루어지게 되었다.

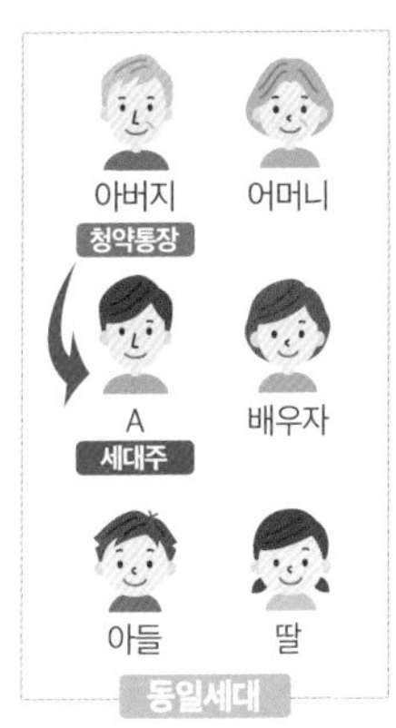

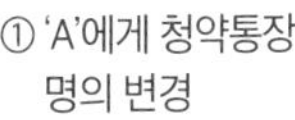
① 'A'에게 청약통장 명의 변경

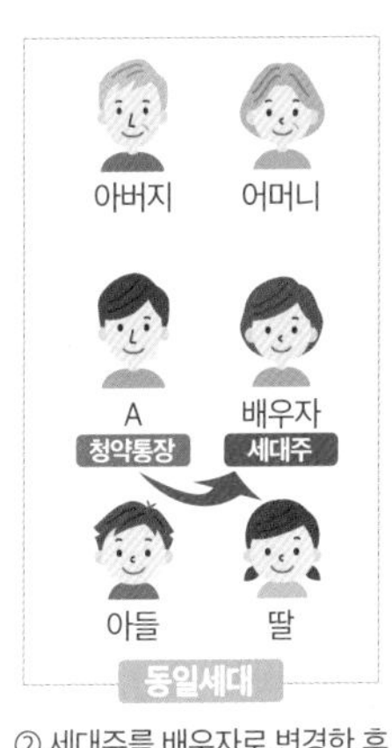

② 세대주를 배우자로 변경한 후 청약통장 명의 변경

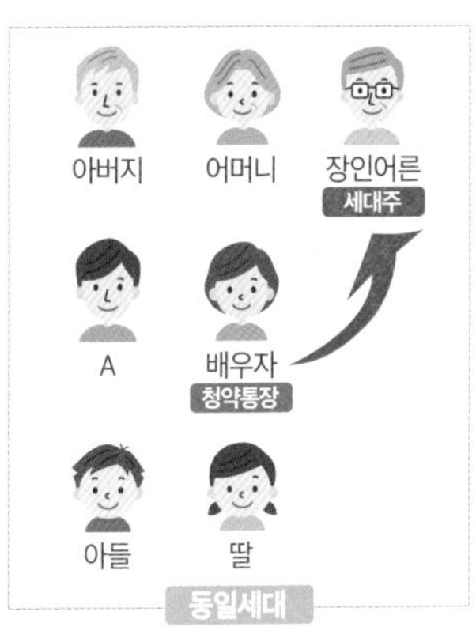

③ 장인어른을 동일세대로 전입해서 세대주로 변경한 후 청약통장 명의 변경

앞의 사례와 같이 배우자의 직계 존속을 세대주로 하여 잠시 부양하면서 청약저축통장을 명의 변경하는 것은 절대 불법이 아니다. 청약저축통장에 납입된 금액이 3,000만 원이면 대한민국에서 분양하는 그 어떠한 국민주택(공공분양 아파트)이든 손쉽게 당첨될 수 있는 좋은 조건이니 주민센터와 청약 통장 가입 은행을 몇 번 들락거리는 수고를 해서라도 명의 변경을 할 만하다.

02

특별공급 청약 자격과 당첨자 선정 방식

특별공급의 종류

특별공급은 정책적·사회적 배려가 필요한 계층의 주거 안정을 위해 일반 청약자들과 경쟁하지 않고 아파트를 우선 분양받을 수 있도록 하는 제도로 한 세대당 평생 1회만 당첨될 수 있다. 한마디로 부부 중 한 명이 당첨되면 다른 배우자는 특별공급으로 청약할 수 없다는 의미이다. 그러니 수많은 특별공급 종류 중에 혹시나 본인에게 해당하는 것이 있는지 찾아서 적극 활용해야 한다.

■ 특별공급 종류

특별공급 종류	대상자	면적 제한	민영주택 청약 시 소득 기준	청약통장 요건	세대주 요건	공급물량
기관추천	중소기업 근무자 국가유공자 보훈대상자 장애인 등	85m^2 이하	없음	청약통장 가입 기간 6개월 이상 (일부 대상자는 청약통장 불필요)	미적용	국민주택: 15% 민영주택: 10%
신혼부부	혼인 기간 7년 이내의 신혼부부	85m^2 이하	있음	청약통장 가입 기간 6개월 이상	미적용	국민주택: 30% 민영주택: 20%
생애최초	생애최초로 주택을 구입하는 자	85m^2 이하	있음	일반공급 1순위 조건에 충족해야 함 (규제지역 청약통장 가입 기간 24개월 이상)	적용	국민주택: 25% 민영주택: 7~15%
다자녀	미성년 자녀 3명 이상 다자녀 가구	면적 제한 없음	없음	청약통장 가입 기간 6개월 이상	미적용	국민주택: 10% 민영주택: 10%
노부모 부양	만 65세 이상의 직계 존속을 3년 이상 계속 부양	면적 제한 없음	없음	일반공급 1순위 조건에 충족해야 함 (규제지역 청약통장 가입 기간 24개월 이상)	적용	국민주택: 5% 민영주택: 3%

이 책의 출간 목적상 중요하다고 생각되는 몇 가지 특별공급의 핵심 내용을 설명하겠다.

신혼부부 특별공급

혼인과 출산을 장려하기 위해 도입된 '신혼부부 특별공급'은 혼인 기간이 7년 이내의 무주택세대로 구성된 부부가 대상자이다.(세대원 중 만 60세 이상 직계 존속의 주택 수는 상관없음) 중요한 포인트는 혼인신고일로부터 입주자 모집공고일까지 계속하여 무주택자여야 한다. 혼인신고일 이전의 주택 소유 이력은 상관없다는 의미이다. 만약 당신이 결혼을 앞두고 있다면 평생의 동반자가 될 예비 배우자에게 주택이 있는지부터 살펴봐라. 당신 또는 예비 배우자가 유주택자일 경우 주택을 처분한 후 혼인신고를 하면 이 제도를 활용할 수 있다.

그리고 '신혼부부 특별공급' 조건에 해당한다면 '소득', '당첨자 선정 방식' 이 2가지는 꼭 기억하자. 전년도 도시근로자 월평균소득 기준표에 따른 현재의 소득 기준을 충족해야 하는데 공공주택과 민영주택 기준이 다르다.

■ 신혼부부 특별 공급 소득 요건

공공분양	우선(70%)	100%(맞벌이 120%)
	일반(30%)	130%(맞벌이 140%)
신혼희망타운	130%(맞벌이 140%)	
민간분양	우선(70%)	100%(맞벌이 120%)
	일반(30%)	140%(맞벌이 160%)

자료 : 통계청

■ 2020년 도시근로자 월평균소득

	75%	90%	100%	120%	130%	140%	160%
1인	1,983,860	2,380,632	2,645,147	3,174,176	3,438,691	3,703,206	4,232,235
2인	3,284,857	3,941,828	4,379,809	5,255,771	5,693,752	6,131,733	7,007,694
3인	4,220,173	5,064,207	5,626,897	6,752,276	7,314,966	7,877,656	9,003,035
4인	4,669,757	5,603,708	6,226,342	7,471,610	8,094,245	8,716,879	9,962,147
5인	5,203,766	6,244,519	6,938,354	8,326,025	9,019,860	9,713,696	11,101,366
6인	5,695,562	6,834,675	7,594,083	9,112,900	9,872,308	10,631,716	12,150,533
7인	6,187,359	7,424,831	8,249,812	9,899,774	10,724,756	11,549,737	13,199,699
8인	6,679,156	8,014,987	8,905,541	10,686,649	11,577,203	12,467,757	14,248,866

자료 : 통계청

전년도 도시근로자 월평균소득 기준표를 토대로 4인 가족 맞벌이 부부를 예로 들면, 부부 합산 월 소득이 740만 원의 신혼부부 특별공급 대상자는 전년도 도시근로자 월평균소득 4인 기준 금액 6,226,342원의 120% 이내이므로 신혼부부 특별공급 우선공급 대상자에 해당한다.

신혼부부 특별공급 당첨자 선정 방식은 공공분양과 신혼희망타운, 민간분양이 각각 다르다. 공공분양과 신혼희망타운의 경우 신혼부부 특별공급 배점 항목에 따라 가점이 높은 자 순으로 당첨되며, 민간분양의 경우 미성년 자녀(태아 포함)수가 많은 자가 당첨된다. 여기서 하나 강조하자면 당첨자 우선 선정에서 거의 최상위 조건에 '해당 주택건설지역 거주자 우선'이라는 규칙이 있다. 어려운 부분이니 이 역시 예시를 들어 설명하겠다.

[신혼부부 특별공급 당첨자 선정 방식 예시]

A부부

- 거주지 : 서울 5년
- 자녀수 : 3명
- 혼인 기간 : 6년 3개월
- 청약저축 : 7회 납입
- 합산소득 : 650만 원

B부부

- 거주지 : 하남 1년
- 자녀수 : 2명
- 혼인 기간 : 3년 1개월
- 청약저축 : 30회 납입
- 합산소득 : 550만 원

C부부

- 거주지 : 하남 5년
- 자녀수 : 1명
- 혼인 기간 : 1년 3개월
- 청약저축 : 9회 납입
- 합산소득 : 770만 원

D부부

- 거주지 : 인천 4년
- 자녀수 : 2명
- 혼인 기간 : 1년 11개월
- 청약저축 : 50회 납입
- 합산소득 : 750만 원

E부부

- 거주지 : 하남 4년
- 자녀수 : 태아 1명
- 혼인 기간 : 5개월
- 청약저축 : 29회 납입
- 합산소득 : 380만 원

F부부

- 거주지 : 성남 3년
- 자녀수 : 2명
- 혼인 기간 : 4년 4개월
- 청약저축 : 40회 납입
- 합산소득 : 745만 원

6명의 신혼부부가 '하남 교산신도시' 아파트 청약을 준비 중이다. 뒤에서 자세히 설명하겠지만 청약 규칙에 '당해 지역 우선공급' 내용이 있는데 경기도 투기과열지구에서는 당해 주택건설지역에 2년 이상 거주한 자에게 공급 물량의 30%를 우선공급한 후에 경기도 2년 이상 거주한 자에게(당해 지역 우선공급 낙첨자 포함) 20%를 또 우선공급한다. 나머지 50% 물량은 수도권 거주자에게 공급하는데 이때는 거주 요건이 없다.

공공분양, 신혼희망타운, 민간분양 아파트 당첨자 선정 방식이 다르기 때문에 이 예시를 보고 어떠한 아파트에 신혼부부 특별공급 청약을 집중할 것인지 잘 생각해 보길 바란다.

■ 전제 조건

① 부부와 자녀 외 다른 식구는 없다.

② 부부 모두 소득이 있는 맞벌이 가정이다.

③ 신혼부부 특별공급 물량은 '5가구'뿐이다.

④ 자산 등의 신혼부부 특별공급 자격 요건은 모두 충족하고 있다.

⑤ 공공주택특별법이 적용된 배점표를 따른다.

교산지구 공공분양 당첨자

공공주택특별법이 적용된 공공분양 아파트에서 정한 '신혼부부 특별공급 배점표'를 기준으로 당첨자를 선정한다. 이때 소득에 따라 구분한 우선공급 70%에 배정된 물량은 '3가구'이고 일반공급 30%에 배정된 물량은 '2가구'로 가정해 보겠다. 최우선으로 우선공급과 일반공급 대상자를 분리한 후 당해 지역 우선공급 대상자에 해당하는지 체크한 다음 배점 순으로 당첨자를 선정하면 된다.

■ 공공주택특별법 적용 국민주택 신혼부부 특별공급 배점표

가점 항목	가점 구분	점수
가구소득	월평균소득 80% 이하 (부부 모두 소득이 있는 경우 100% 이하)	1
	배점 기준 소득 초과	0
미성년 자녀수	3명 이상	3
	2명	2
	1명	1
해당 지역 거주 기간	3년 이상	3
	1년 이상 ~ 3년 미만	2
	1년 미만	1
	해당 지역에 거주하지 않는 경우	0
혼인 기간	3년 이하	3
	3년 초과 ~ 5년 이하	2
	5년 초과 ~ 7년 이하	1
	예비 신혼부부	0
한부모가족의 자녀 나이	만 2세 이하(태아 제외)	3
	만 3세 또는 4세	2
	만 4세 또는 6세	1
	태아	0
입주자저축 납입 횟수	24회 이상	3
	12회 이상 ~ 24회 미만	2
	6회 이상 ~ 12회 미만	1

- 우선공급 대상자(맞벌이 기준 소득 120% 이하) : A, B, E, F
- 지역 우선공급 대상자 : C(하남), E(하남), F(성남)
- 신혼부부 특별공급 배점 : A 6점, B 10점, C 8점, D 8점, E 11점, F 7점

신혼부부 특별공급 당첨자를 선정해 보겠다. 우선공급 대상자에 배정된 물량은 '3가구'로 당해 지역 우선공급 대상자 요건까지 갖춘 E부부는 무조건 당첨이다(자녀수에 태아 인정). B부부는 하남에 거주한 기간이 1년뿐이라 하남시와 경기도 우선공급 대상자에 해당하지 않는다. A, B, F부부는 수도권 지역 거주자에 해당하는데(물량이 적어 경기도 거주자 우선공급 물량은 없다. 이하 동일) 배점이 높은 B, F부부가 당첨될 것이다.

우선공급 대상자를 선정한 후에 우선공급 낙첨자를 포함하여 모든 신혼부부 특별공급 대상자들이 일반공급에서 다시 우열을 가리는데 가장 먼저 하남 지역에 2년 이상 거주하고 있는 C부부가 당첨이다. 나머지 '1가구'는 수도권 거주자인 A, D부부가 경합이 붙어 배점이 높은 D부부가 당첨이다. 이 사례에서 최종 당첨자는 B, C, D, E, F부부이다.

신혼희망타운에서 공급하는 신혼부부 특별공급은 공공분양의 신혼부부 특별공급 당첨자 선정 방식과 비슷하기 때문에 자세한 설명은 생략하겠다.

교산지구 민간분양 당첨자

민간분양의 신혼부부 특별공급은 동일 순위 내 경합이 있을 경우 '자녀수'가 많은 자가 당첨되는 시스템이다(자녀수가 동일할 경우 추첨). 민간분양 신혼부부 특별공급도 소득 기준에 따라 우선공급 70%, 일반공급 30% 비율인데 당첨에서 가장 중요한 포인트는 '자녀수'와 '행운'이다. 인기 있는 아파트는 거의 대부분이 자녀 2명에서 경합이 생겨 추첨으로 당락이 결정되기 때문에 이 점을 참고하여 2세 계획을 세우면 도움이 될 것이다.

- 우선공급 대상자(맞벌이 기준 소득 120% 이하) : A, B, E, F
- 지역 우선공급 대상자 : C, E, F
- 자녀수 : A 3명, B 2명, C 1명, D 2명, E 1명, F 2명

신혼부부 우선공급 대상자 중 당해 지역 우선공급 대상자 요건까지 갖춘 E부부는 이번에도 역시 무조건 당첨이다. 3가구가 배정된 우선공급 물량 중 남은 2가구 중 1가구는 자녀수가 3명인 A부부 몫이고 자녀수가 2명으로 동일한 B, F부부는 추첨 결과에 따라 희비가 엇갈리게 될 것이다.

일반공급 2가구 물량 중 1가구는 하남 지역에 2년 이상 거주하고 있는 C부부가 당첨이고 나머지 1가구는 우선공급에서 떨어진 B(또는 F), D부부 중 추첨으로 당첨자가 선정된다. 추첨 결과에 따라 당첨자가 달라지겠지만 여기서 중요한 포인트는 공공분양의 신혼부부 특별

공급에 탈락한 A부부는 민간분양 신혼부부 특별공급에서는 무조건 당첨이라는 것이다.

이렇듯 공공분양과 민간분양의 당첨자 선정 방식에 차이가 있기 때문에 본인 조건에 유리한 쪽으로 선택과 집중의 청약 전략이 필요하다.

생애최초 특별공급

생애최초 특별공급은 말 그대로 생애 최초로 주택을 구매하는 경우를 대상자로 한다. 세대원 모두가 과거에 주택을 소유한 사실이 없어야 하는데 세대원인 만 60세 이상 직계 존속이 주택을 소유하고 있거나 과거에 소유한 사실이 있는 경우는 예외 사유에 해당하여 주택을 소유하지 아니한 것으로 간주한다. 당첨자 선정 방식은 100% 추첨으로 운이 따라야 한다. 국민주택에만 있었던 생애최초 특별공급이 민영주택까지 확대되어 무주택자들에게 많은 기회를 열어 줬는데 조건을 꼼꼼히 체크하여 본인이 그 대상자가 맞는지 확인하고 철저히 준비해야 한다.

■ 생애최초 특별공급 자격 요건

1. 일반공급 1순위 조건을 충족한 무주택세대 구성원으로서 세대원 모두가 과거 주택을 소유한 사실이 없어야 함	세대원 중 만 60세 이상의 직계 존속의 주택 소유 여부는 상관 없음
2. 청약통장에 예치금이 600만 원 이상 있어야 함	예치금은 일시납입도 인정함
3. 입주자 모집공고일 현재 혼인 중이거나 자녀가 있어야 함	자녀가 없는 부부 또는 배우자 없이 자녀만 있는 경우도 해당
4. 입주자 모집공고일 현재 근로자 또는 자영업자로서 5년 이상 소득세 납부 이력이 있어야 함	5년의 기간은 연속성이 없어도 됨
5. 소득 요건을 충족해야 함	공공분양 : 우선(70%) - 100% 이하 일반(30%) - 130% 이하 민간분양 : 우선(70%) - 130% 이하 일반(30%) - 160% 이하

[생애최초 특별공급 당첨자 선정 방식 예시]

현재 미혼. 단독세대주
주택 소유 이력 없음
ㄱ회사 과장. 7년 근무
연봉 7,000만 원
청약통장 가입 기간 3년
예치금 1,500만 원

혼인 6년차. 미성년 자녀 3명
주택 소유 이력 없음
ㄴ병원 간호사. 4년 근무
육아휴직 후 최근 복직
부부합산소득 연 11,000만 원
청약통장 가입 기간 6년
예치금 400만 원

이혼 후 부모님 집에서 거주. 자녀 1명 양육
주택 소유 이력 없음. 부모님은 유주택자
ㄷ공인중개사 대표. 연소득 8,800만 원
21~23세 공장 아르바이트
26~28세 편의점 아르바이트
청약통장 가입 기간 4년
예치금 1,000만 원

이혼 후 혼자 거주. 현재 임신 중
이혼 전 남편 명의의 집에서 거주
ㄹ미용실 원장.10년간 자영업 중
사업소득 연 7,900만 원
청약통장 가입 기간 3년
예치금 602만 원

혼인 1년차. 자녀 없음
5년 전 소형 저가주택 상속받아 바로 처분
ㅁ회사 대리.6년 근무
연봉 8,000만 원
배우자는 전업주부
청약통장 가입 기간 12년
예치금 1,700만 원

혼인 20년차. 자녀 2명
주택 소유 이력 없음
ㅂ회사 부장으로 20년 근무 경험 (연봉 3억 원)
퇴직 후 배우자와 함께 치킨집 운영 (연소득 1억 원)
청약통장 가입 기간 20년
예치금 2,400만 원

특별공급 중에서도 생애최초 특별공급 경쟁이 가장 치열하다. 하지만 공급 물량이 많고 당첨자 선정 방식이 '추첨'이라 대상자 입장에서는 매우 매력적이다. 신혼부부 특별공급과 생애최초 특별공급 자격 요건을 동시에 충족하는 청약자가 다수인데 자녀수가 적다면 생애최초 특별공급으로 청약하는 것이 유리하다. 다음 사례들을 참고하여 본인이 생애최초 특별공급 대상자에 해당한다면 이 제도를 적극 활용하는 청약 플랜을 세우도록 하자.

A : 생애최초 특별공급 대상자 ×

생애최초 특별공급 대상자가 아니다. 혼인 중이거나 자녀가 있어야 하는데 현재 미혼이기 때문에 생애최초 특별공급으로 청약할 수 없다. 하지만 다른 요건은 모두 충족하고 있으니 결혼을 생각하여 지금의 자격 요건을 잘 관리할 필요가 있다.

B : 생애최초 특별공급 대상자 ×

생애최초 특별공급 대상자가 아니다. 다른 요건은 다 만족하나 청약 통장 예치금이 부족하다. 하지만 이 경우는 지금 당장 해결할 수 있는데 입주자 모집공고일 전까지 부족한 예치금을 일시납으로 채우면 된다. B에게 조언을 하자면 부부 합산 소득이 생애최초 특별공급 70% 우선공급 대상자 소득 기준을 넘어서니 신혼부부 특별공급으로 청약 플랜을 짜는 게 좋다. 민영주택 신혼부부 특별공급에서 자녀수 3명은 당첨에 매우 유리한 조건이기 때문이다.

C : 생애최초 특별공급 대상자 △

2가지 문제만 해결되면 생애최초 특별공급에 청약할 수 있다. 첫째, 세대 구성원 중 부모님이 유주택자인데 만 60세 이상이 넘었는지, 둘째, 과거 아르바이트로 인한 일용 근로소득 기록이 있는지다. 생애최초 특별공급은 세대 구성원 전부가 주택 소유 이력이 없어야 하는데 세대 구성원 중 만 60세 이상의 직계 존속의 주택 소유 이력은 보지 않는다는 단서조항이 있다. 그리고 아르바이트가 근로소득에 잡히지 않는 경우도 있으니 홈택스 조회를 통해 확인하길 바란다.

D : 생애최초 특별공급 대상자 ×

현재는 생애최초 특별공급 대상자가 아니지만 출산 후 자녀의 출생신고를 마치면 곧바로 대상자가 될 수 있다. 신혼부부 특별공급과 달리 생애최초 특별공급은 태아를 인정하지 않는다. 참고로 전 남편 명의의

집에서 함께 거주한 것도 문제가 되지 않는다.(공동명의는 문제가 됨)

E : 생애최초 특별공급 대상자 ×

상속받은 주택이 문제가 된다. 일반공급 청약 시 소형 저가주택은 주택으로 보지 않지만 생애최초 특별공급은 다르다. 아쉽게도 E는 이 법이 개정되지 않는 이상 앞으로도 계속 생애최초 특별공급에 신청을 할 수 없다.

F : 생애최초 특별공급 대상자 ○

확실하게 생애최초 특별공급 대상자이다. 대기업 부장으로 근무했을 때는 연봉이 높아서 대상자가 아니었겠지만 지금은 자영업자로서 소득 요건을 충족하기 때문에 문제가 되지 않는다. 조언을 하자면, 월 10만 원씩 계산하여 저축 납입금 총액이 2,400만 원이 된 거라면 국민주택 일반공급 1순위 신청도 같이 하면 좋을 듯하다. 저축 총액 2,400만 원은 상당히 높은 금액으로 A급 입지의 아파트 분양 때 타입만 잘 선택하면 충분히 당첨될 수 있는 조건이기 때문이다.

추가로 생애최초 특별공급 신청을 위해서는 일반공급 1순위 조건을 충족하고 있어야 하는데 뒤에서 설명하는 '일반공급 청약 자격과 당첨자 선정 방식' 편을 보면 이해가 될 것이다. 생애최초 특별공급 당첨자 선정 방식도 당해 지역 우선공급이 있는데 앞서 설명한 신혼부부 특별공급과 방식이 같다고 이해하면 된다.

다자녀 특별공급

3명 이상의 미성년 자녀(태아 포함)를 두고 있다면 다자녀 특별공급에 도전할 수 있다. 앞서 설명한 신혼부부 특별공급과 생애최초 특별공급은 전용면적 85m² 이하만 청약할 수 있지만 다자녀 특별공급은 이런 면적 제한이 없다. 그리고 민영주택에서는 소득이나 자산 기준을 적용하지 않는다.

■ 다자녀 특별공급 배점표

<table>
<tr><th rowspan="2">평점 요소</th><th rowspan="2">총배점</th><th colspan="2">배점 기준</th><th rowspan="2">비고</th></tr>
<tr><th>기준</th><th>점수</th></tr>
<tr><td rowspan="3">미성년
자녀수</td><td rowspan="3">40점</td><td>미성년 자녀 5명 이상</td><td>40</td><td rowspan="3">• 자녀(태아, 입양아, 전혼자녀 포함)는 입주자 모집공고일 현재 만 19세 미만의 미성년자인 경우만 포함</td></tr>
<tr><td>미성년 자녀 4명</td><td>35</td></tr>
<tr><td>미성년 자녀 3명</td><td>30</td></tr>
<tr><td rowspan="3">영유아
자녀수</td><td rowspan="3">15점</td><td>자녀 중 영유아 3명 이상</td><td>15</td><td rowspan="3">• 영유아(태아, 입양아, 전혼자녀 포함)는 입주자 모집공고일 현재 만 6세 미만의 자녀</td></tr>
<tr><td>자녀 중 영유아 2명</td><td>10</td></tr>
<tr><td>자녀 중 영유아 1명</td><td>5</td></tr>
<tr><td rowspan="2">세대 구성</td><td rowspan="2">5점</td><td>3세대 이상</td><td>5</td><td>• 공급 신청자와 직계 존속(배우자의 직계 존속을 포함하며 무주택자로 한정)이 입주자 모집공고일 현재로부터 과거 3년 이상 계속하여 동일 주민등록표등본에 등재</td></tr>
<tr><td>한부모 가족</td><td>5</td><td>• 공급 신청자가 「한부모가족지원법 시행규칙」 제3조에 따라 여성가족부 장관이 정하는 한부모가족으로 5년이 경과된 자</td></tr>
</table>

무주택 기간	20점	10년 이상	20	• 배우자의 직계 존속(공급 신청자 또는 배우자와 동일 주민등록표등본에 등재된 경우에 한정)도 무주택자이어야 하며, 무주택기간은 공급 신청자 및 배우자의 무주택 기간을 산정 • 청약자가 성년(만 19세 이상, 미성년자가 혼인한 경우 성년으로 봄)이 되는 날부터 계속하여 무주택인 기간으로 산정하되 청약자 또는 배우자가 주택을 소유한 사실이 있는 경우에는 그 주택을 처분한 후 무주택자가 된 날(2회 이상 주택을 소유한 사실이 있는 경우에는 최근에 무주택자가 된 날을 말함)부터 무주택 기간 산정
		5년 이상 ~ 10년 미만	15	
		1년 이상 ~ 5년 미만	10	
당해 시·도 거주 기간	15점	10년 이상	15	• 공급 신청자가 성년자(만 19세 이상, 미성년자가 혼인한 경우 성년으로 봄)로서 당해 지역에 입주자 모집공고일 현재까지 계속하여 거주한 기간을 산정 • 시는 광역시·특별자치시 기준이고, 도는 도·특별자치도 기준이며, 수도권의 경우 서울·경기·인천 지역 전체를 당해 시·도로 본다.
		5년 이상 ~ 10년 미만	10	
		1년 이상 ~ 5년 미만	5	
입주자저축 가입 기간	5점	10년 이상	5	• 입주자 모집공고일 현재 공급 신청자의 가입 기간을 기준으로 하며 입주자 저축의 종류, 금액, 가입자 명의 변경을 한 경우에도 최초 가입일 기준으로 산정
계	100점			

다자녀 특별공급은 앞의 배점표를 토대로 계산한 점수가 높은 자 순으로 당첨되는 방식이다. 점수가 같다면 다음 순서대로 당첨자가 선정된다.

1. 미성년 자녀수가 많은 자
2. 미성년 자녀수가 같으면 공급 신청자의 연령이 많은 자

간혹 신혼부부 특별공급과 다자녀 특별공급 조건을 모두 충족하는 경우가 있는데 다자녀 특별공급 점수가 낮다면 신혼부부 특별공급이 훨씬 유리하다. 민영주택에서 자녀수 3명의 신혼부부 특별공급 조건은 무적이기 때문이다.

다자녀 특별공급의 가장 큰 장점은 수도권 전 지역의 아파트에 청약할 수 있다는 것이다. 예를 들어 서울에서 분양하는 재건축 아파트는 100% 당해 지역(서울) 거주자에게 우선공급하지만 다자녀 특별공급의 경우만 서울 거주자 50% 우선공급, 나머지 50% 물량은 수도권 거주자(당해 지역 우선공급 낙첨자 포함)에게 공급하게 되어 있다. 인천광역시, 경기도에 거주하는 다자녀 특별공급 대상자들은 수도권 전 지역의 아파트에 청약할 수 있으니 청약 대상 물건을 광범위하게 설정하여 청약 플랜을 세우길 바란다.

노부모부양 특별공급

만 65세 이상의 직계 존속(배우자의 직계 존속 포함)을 3년 이상 부양하고 있다면 노부모부양 특별공급 대상자에 해당한다. 부양기간 3년의 기간은 연속성이 있어야 하며 세대원 전부가 무주택이어야 한다. 여기서 주의할 점은 세대원인 만 60세 이상 직계 존속이 주택을 소유한 경우 주택을 소유하지 아니한 것으로 간주하는 규정은 노부모부양 특별공급에서는 적용이 안 된다는 것이다. 한마디로 세대원 전원이 무주택자여야만 한다.

노부모부양 특별공급의 청약 조건과 당첨자 선정 방법은 일반공급 방식과 동일하다. 국민주택에 청약하는 경우 국민주택 일반공급 청약 규칙이 적용되며, 민영주택에 청약하는 경우 민영주택 일반공급 청약 규칙이 적용된다. 이에 대한 자세한 내용은 뒤에 나오는 '일반공급 청약 자격과 당첨자 선정 방식' 편에서 설명하겠다.

노부모부양 특별공급은 물량이 적지만 여러 특별공급 중 청약 경쟁이 가장 약하다. 간혹 접수 미달 상황도 발생하는데 아파트 청약 당첨이 절실한 사람은 연로하신 부모님을 부양하는 것도 나쁘지 않은 청약 전략이다. 부모님께 효도하면서 내 집 마련의 꿈도 이룬다면 일석이조 아니겠는가?

03

일반공급 청약 자격과 당첨자 선정 방식

주택건설지역에 따라 청약 방식이 다르다

청약은 치열한 전쟁터이다. 생존이 달린 이 청약 전쟁에서 살아남기 위해서는 청약 통장이라는 무기가 필수이다. 청약 통장을 잘 활용하기 위해서는 청약 1순위 조건과 당첨자 선정 방식에 대한 이해가 절대적으로 요구된다. 청약 1순위 조건은 지역에 따라 달라지기 때문에 이 부분은 꼭 숙지해야 한다.

■ **수도권 규제지역**(2021년 2월 기준)

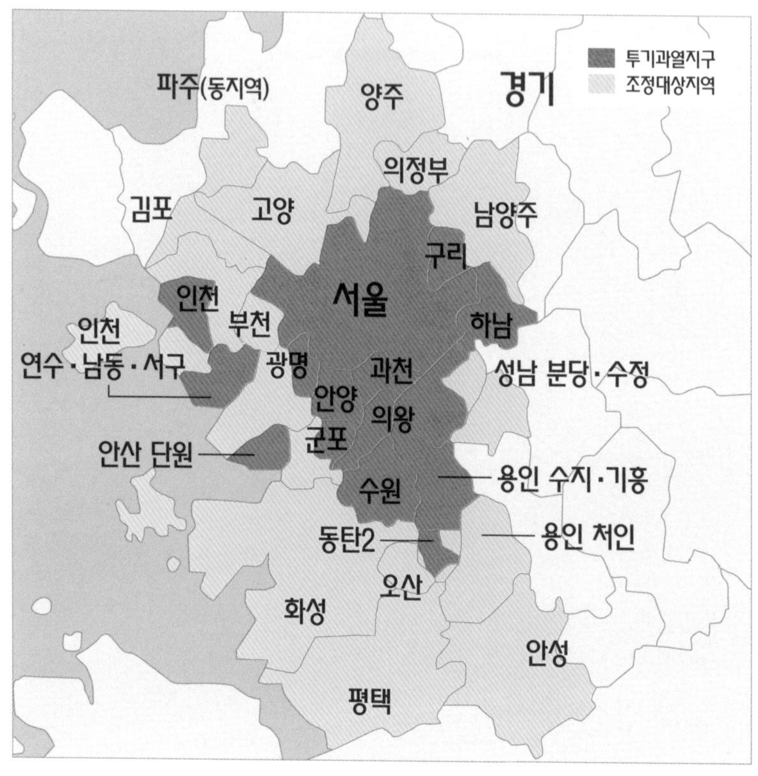

서울 전 지역과 과천, 하남, 수원 등 경기도 일부 지역이 '투기과열지구'로, 경기도 절반 이상의 지역이 '조정대상지역'으로 지정되어 있다. 위 자료는 '2021년 2월' 기준인데 앞으로 투기과열지구 또는 조정대상지역이 신규로 지정되거나 해제되는 경우가 발생할 수 있으니 정부의 발표에 귀 기울일 필요가 있다.

주택 가격 급등, 아파트 청약 과열 등 부동산 시장의 안정화를 위해 지정된 곳을 묶어서 '규제지역'이라고 한다. 규제지역에서는 대출, 세금, 재당첨 기간 등 여러 제한이 있는데 꼭 알아야 할 일반공급 청약 1순위 조건만 살펴보도록 하겠다.

민영주택 일반공급 1순위 청약 조건

■ 규제지역 민영주택 일반공급 청약 1순위 조건

- 세대주
- 1주택자 이하
- 청약 통장 가입 기간 : 24개월 경과
- 청약 통장 납입 인정금액이 지역별 예치금액 이상
- 세대원 전원이 과거 5년 이내에 다른 주택에 당첨된 사실이 없어야 함
- 만 19세 이상인 자 또는 자녀를 양육하거나 형제자매를 부양하는 미성년 세대주

분양하는 아파트가 규제지역(투기과열지구, 조정대상지역, 청약과열지역)에 속해 있다면 청약 1순위 조건이 강화된다. 우선 1주택자 이하, 만 19세 이상 세대주만 청약할 수 있는데 1주택자는 가점제 청약 신청이 제한된다. 그리고 1주택자는 기존 주택 처분 서약에 동의해야지만 추첨 우선권이 부여된다. 쉽게 말해 1주택자는 기존 주택을 처

분하지 않고서는 아파트 당첨을 기대할 수 없다는 의미이다.

청약 통장은 가입 기간 2년 이상이어야 하며 지역별 예치금액 이상이 납입되어 있어야 한다. 그리고 세대원 전원이 과거 5년 이내에 다른 주택에 당첨된 이력이 없어야 한다. 이 모든 조건은 '입주자 모집공고일'이 기준이다.

규제지역 외 지역을 흔히 '비규제지역'이라 하며 수도권과 비수도권 그리고 위축지역으로 구분한다. 규제지역에 비해 청약 1순위 자격 요건이 완화되어 다음과 같다.

■ 비규제지역 민영주택 청약 1순위 조건

- 청약 통장 가입 기간 : 수도권 12개월 경과
비수도권 6개월 경과
청약위축지역 1개월 경과
- 청약 통장 납입 인정금액이 지역별 예치금액 이상
- 만 19세 이상인 자 또는 자녀를 양육하거나 형제자매를 부양하는 미성년 세대주

민간분양 아파트 청약에서 규제지역과 비규제지역의 가장 큰 차이점은 비규제지역에서는 다주택자와 세대원도 1순위 청약을 할 수 있다는 것이다. 일반공급 청약 2순위 조건은 정말 간단하다. 1순위 청약 요건은 갖추고 있지 않지만 청약 통장만 가입되어 있다면 누구

나 청약 2순위로 신청할 수 있다.

지역에 따라 청약 1순위 조건이 상이하기 때문에 청약 관심 지역인 아파트가 어떤 지역에 해당하는지 미리 체크해 둘 필요가 있다.

국민주택 일반공급 1순위 청약 조건

■ 규제지역 국민주택 일반공급 청약 1순위 조건

- 세대주
- 세대주 및 세대원 전원이 무주택자
- 청약 통장 가입 기간 : 24개월 경과
- 청약 통장 납입금을 연체 없이 24회 이상 납입
- 세대원 전원이 과거 5년 이내에 다른 주택에 당첨된 사실이 없어야 함
- 만 19세 이상인 자 또는 자녀를 양육하거나 형제자매를 부양하는 미성년 세대주

국민주택의 청약 1순위 조건도 민영주택과 비슷하지만 무조건 '무주택세대'여야 한다는 단서 조항이 있다. 여기서 '무주택세대'란 동일한 주민등록상에 있는 세대 구성원 전원이 주택을 소유하고 있지 않은 세대를 말한다. 하지만 세대 구성원 중 만 60세 이상의 직계 존속(배우자의 직계 존속 포함)이 주택이나 분양권을 소유한 경우에는 청약

시 무주택자로 신청할 수 있다. (형제나 자매의 주택 소유 여부도 상관없음)

■ 비규제지역 국민주택 일반공급 청약 1순위 조건

- 세대주 및 세대원 전원이 무주택자
- 청약 통장 가입 기간과 납입 횟수 : 수도권 12개월 경과 12회 이상 납입
비수도권 6개월 경과 6회 이상 납입
청약위축지역 1개월 경과 1회 이상 납입
- 만 19세 이상인 자 또는 자녀를 양육하거나 형제자매를 부양하는 미성년 세대주

비규제지역에서 공급하는 공공분양 아파트는 세대원도 청약할 수 있다. 하지만 이 역시 동일 세대에 속한 세대원 전원이 '무주택'이어야 한다는 조건은 같다. 청약 1순위 외 청약 통장에 가입한 모든 대상자가 2순위에 해당하지만 요즘 같은 청약 광풍 분위기에서는 2순위에게 기회가 돌아가는 것은 쉽지 않을 것이다.

지금까지의 내용을 잘 이해했다면 민영주택과 국민주택 일반공급 청약 1순위 요건이 약간 차이가 있다는 것을 깨달았을 것이다. 이어서 설명할 당첨자 선정 방식은 매우 큰 차이가 있으니 더욱더 집중하여 정독하길 바란다.

민영주택 일반공급 당첨자 선정 방식

청약은 전략이다. 당첨자 선정 방식은 혁신적인 청약 전략을 수립하기 위해 가장 중요한 내용 중 하나이므로 완벽히 이해해야 한다.

민영주택의 당첨자 선정 방식은 가점제와 추첨제로 나뉜다. 청약 가점이 높은 순으로 당첨되는 시스템을 가점제라 하며, 복불복으로 행운이 따르기만 한다면 당첨될 수 있는 것이 추첨제이다. 쉽게 말하면 가점제는 '실력'이고 추첨제는 '운'이다. 실력을 키우기 위해서 요구되는 항목은 '무주택 기간', '부양가족 수', '청약 통장 가입 기간' 3가지이다.

■ 주택 청약 가점 기준표

가점 항목	가점	가점 구분	점수	가점 구분	점수
① 무주택 기간	32	1년 미만(무주택자에 한함)	2	8년 이상 9년 미만	18
		1년 이상 2년 미만	4	9년 이상 10년 미만	20
		2년 이상 3년 미만	6	10년 이상 11년 미만	22
		3년 이상 4년 미만	8	11년 이상 12년 미만	24
		4년 이상 5년 미만	10	12년 이상 13년 미만	26
		5년 이상 6년 미만	12	13년 이상 14년 미만	28
		6년 이상 7년 미만	14	14년 이상 15년 미만	30
		7년 이상 8년 미만	16	15년 이상	32

② 부양가족 수	35	0명(가입자 본인)	5	4명	25
		1명	10	5명	30
		2명	15	6명 이상	35
		3명	20		
③ 청약 통장 가입 기간	17	6개월 미만	1	8년 이상 9년 미만	10
		6개월 이상 1년 미만	2	9년 이상 10년 미만	11
		1년 이상 2년 미만	3	10년 이상 11년 미만	12
		2년 이상 3년 미만	4	11년 이상 12년 미만	13
		3년 이상 4년 미만	5	12년 이상 13년 미만	14
		4년 이상 5년 미만	6	13년 이상 14년 미만	15
		5년 이상 6년 미만	7	14년 이상 15년 미만	16
		6년 이상 7년 미만	8	15년 이상	
		7년 이상 8년 미만	9		
본인 청약 가점 점수 = ① + ② + ③ = 점					

온라인으로 아파트 청약을 할 수 있는 '청약홈' 사이트에 들어가면 청약 가점을 미리 계산할 수 있다. 잘못 입력하여 당첨된다면 후에 부적격으로 취소되어 3개월~1년간 청약 제한을 받게 되니 청약 가점 계산 방법을 정확히 알아야 한다.

무주택 기간 계산 방법

무주택 기간 산정 기준 시점은 만 30세이다. 과거 주택 소유 여부와 관계없이 만 30세부터 입주자 모집공고일까지의 무주택 기간을 계산하는 것이 원칙이다. 하지만 만 30세 이전에 결혼했다면 혼인신고일 기준으로 무주택 기간을 계산할 수 있다는 단서조항이 있기 때문에 이혼을 했든 재혼을 했든 초혼의 혼인신고일부터 무주택 기간을 계산하면 된다.

과거 주택 소유 여부	만 30세 이전 혼인 여부	무주택 기간 계산 방법	
주택 소유 이력 없음	만 30세 이전 혼인 O	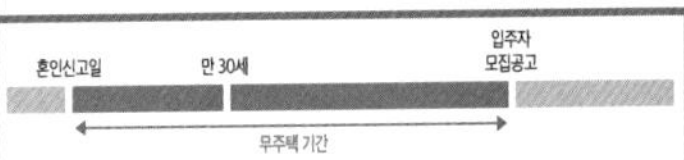 혼인신고일 / 만 30세 / 입주자 모집공고 / 무주택 기간	혼인신고일 ~ 입주자 모집공고일
	만 30세 이전 혼인 X	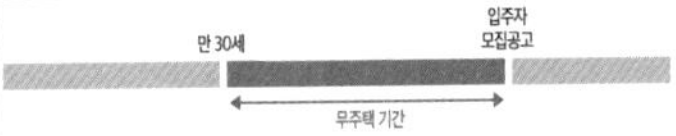 만 30세 / 입주자 모집공고 / 무주택 기간	만 30세 된 날 ~ 입주자 모집공고일
주택 소유 이력 있음	만 30세 이전 혼인 O	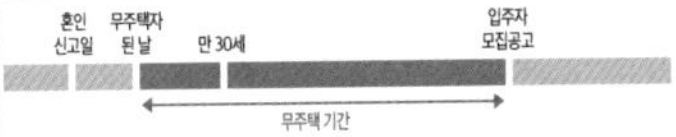 혼인 신고일 / 무주택자 된 날 / 만 30세 / 입주자 모집공고 / 무주택 기간	무주택자 된 날 ~ 입주자 모집공고일
		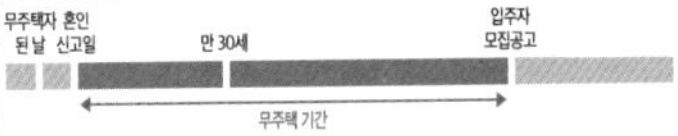 무주택자 된 날 / 혼인 신고일 / 만 30세 / 입주자 모집공고 / 무주택 기간	혼인신고일 ~ 입주자 모집공고일
	만 30세 이전 혼인 X	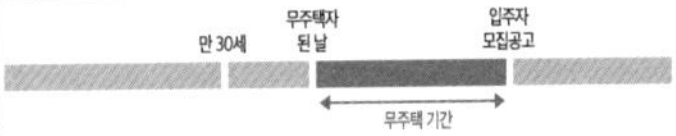 만 30세 / 무주택자 된 날 / 입주자 모집공고 / 무주택 기간	무주택자 된 날 ~ 입주자 모집공고일
		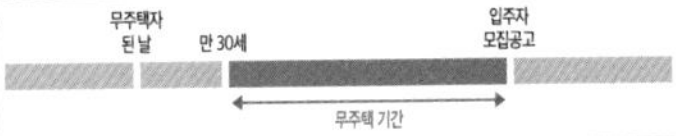 무주택자 된 날 / 만 30세 / 입주자 모집공고 / 무주택 기간	만 30세 된 날 ~ 입주자 모집공고일

청약자 본인 또는 세대 구성원 중에서 주택을 소유하고 있어도 청약 시 무주택으로 간주하는 몇 가지 특례 조항(주택 공급에 관한 규칙 제53조)도 있다. 청약 시 주택 소유 여부 기준을 판단하는 몇 가지 사항을 정리했으니 참고하길 바란다.

■ 주택 소유 여부

청약 시 주택 소유에 해당하는 경우	• 도시형생활주택 • 임대주택 등록 • 주택 지분 소유 • 미계약 분양권 취득(주택형을 기준으로 경쟁이 있었던 경우) • 2018.12.11. 이후 계약한 분양권
청약 시 주택 소유에 해당하지 않는 경우	• 오피스텔, 생활형 숙박시설 등 • 멸실주택 및 무허가 건물(도시 지역 이외의 지역 등에서 건축허가 또는 신고 없이 건축된 연면적 200m² 미만이거나 2층 이하의 건물) • 만 60세 이상 직계 존속의 주택 또는 분양권, 입주권 • 상속 공유지분을 취득한 사실이 판명돼 부적격자로 통보받은 날로부터 3개월 이내에 그 지분을 처분한 경우 • 미분양 분양권 취득(주택형을 기준으로 청약 모집세대 미달이 있었던 경우) • 소형 및 저가주택(주거전용면적 60m² 이하면서 수도권은 공지시가 1억 3,000만 원 이하, 비수도권 지역은 8,000만 원 이하) • 20m² 이하의 주택 또는 분양권

부양가족 수 계산 방법

청약 가점을 계산할 때 가장 많은 실수를 범하는 것이 바로 부양가족 수 계산이다. 기본적으로 주민등록표등본에 등재된 가족만 부양가족으로 인정하는데 어디서 오류가 발생하는지 살펴보겠다.

부양가족 수를 계산할 때 청약자 본인은 제외해야 한다. 예를 들어 4인 가족의 경우 부양가족은 4명이 아니라 3명이다. 부양가족으로는 아버지, 어머니(배우자의 직계 존속 포함)와 자녀, 손주만 인정된다.

형제, 자매는 부양가족이 아닌 동거인일 뿐이다. 다음에 몇 가지 사례를 들어 보겠다.

■ 부양가족 수 계산 방법 사례

- 부양가족 수를 계산할 때 본인은 제외한다.
- 특별한 경우를 제외하고는 본인을 세대주로 한다.
- 자녀가 미혼이면서 만 30세 이상인 경우에는 동일 주민등록표등본에 1년 이상 등재되어 있어야 부양가족 수에 포함할 수 있다.
- 본인 및 배우자의 직계 존속은 동일 주민등록표등본에 3년 이상 등재되어 있어야 부양가족 수에 포함할 수 있다.

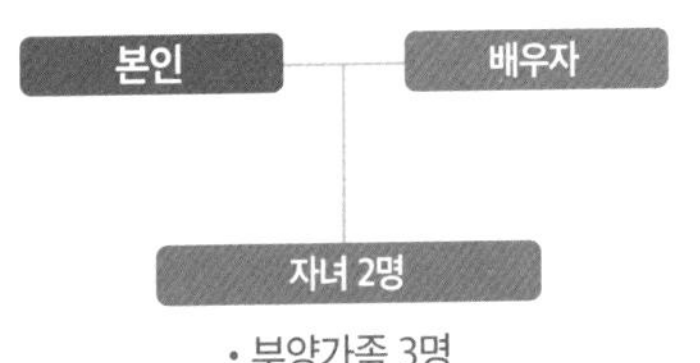

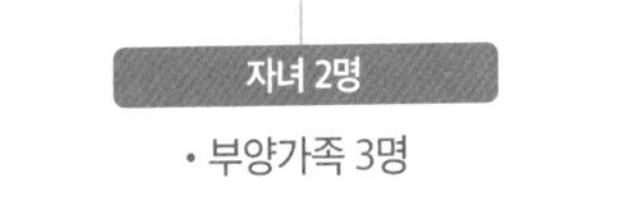

• 부양가족 3명

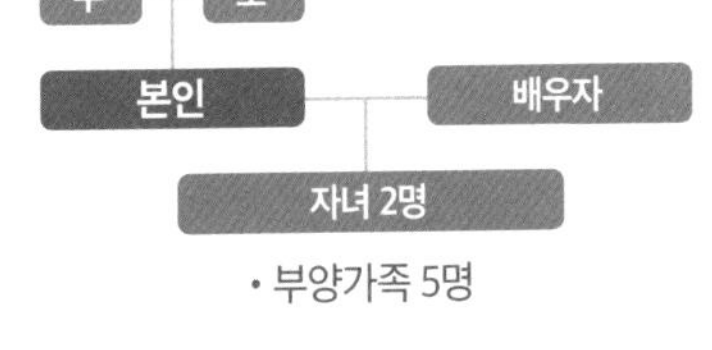

• 부양가족 5명

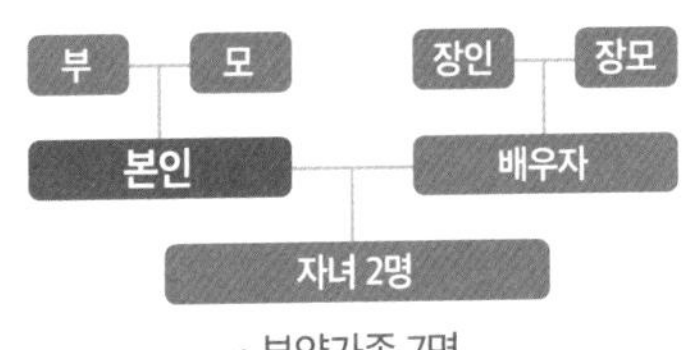

• 부양가족 7명

※ 배우자의 직계 존속도 3년 이상 동일 주민등록표등본에 등재되어 있다면 부양가족 수 계산 가능

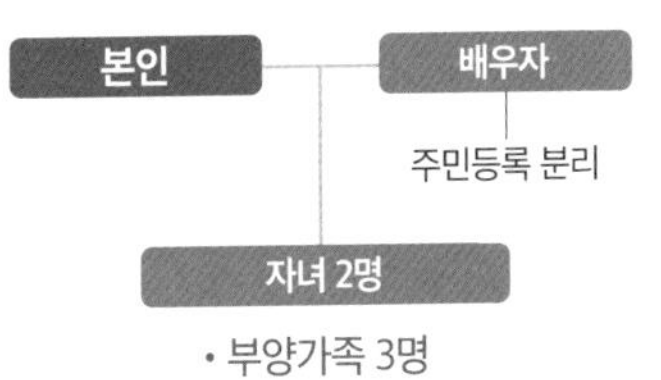

• 부양가족 3명

※ 배우자는 주민등록이 분리되어 있어도 부양가족 수 계산 가능

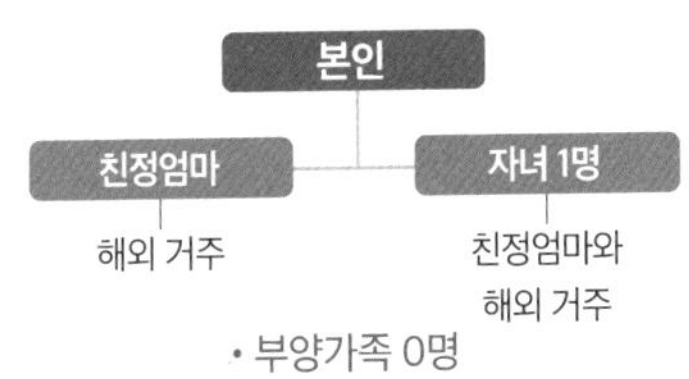

• 부양가족 0명

• 부양가족 3명

※ 결혼한 자녀와 그 배우자, 손주는 부양가족이 아니다.

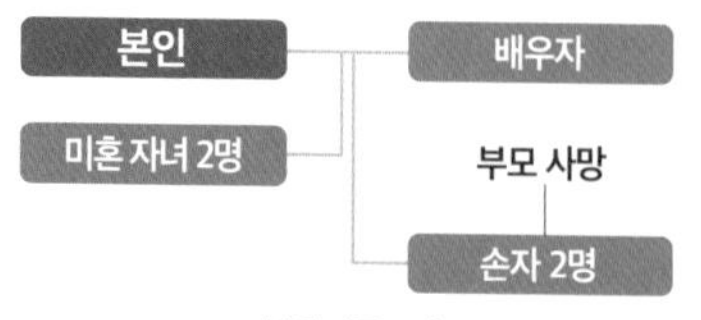

• 부양가족 5명

※ 부모가 사망한 경우의 손주는 부양가족 수 계산 가능

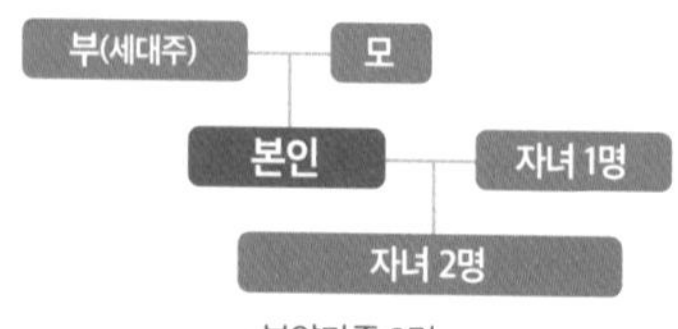

• 부양가족 3명

※ 직계 존속이 세대주일 경우 본인의 배우자와 자녀만 부양가족 수 계산 가능

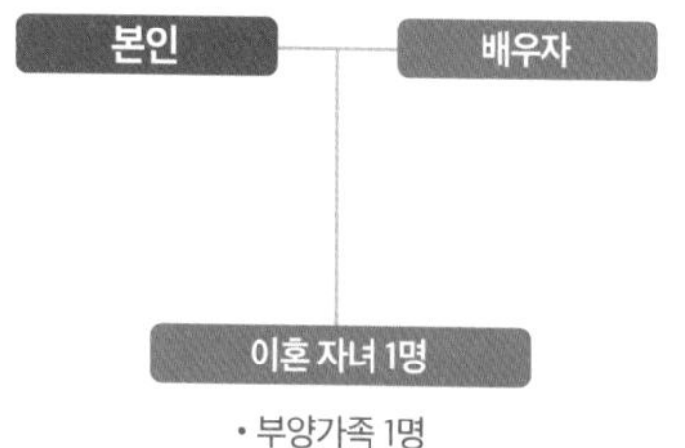

• 부양가족 1명

※ 혼인 이력이 있던 자녀는 부양가족이 될 수 없다.

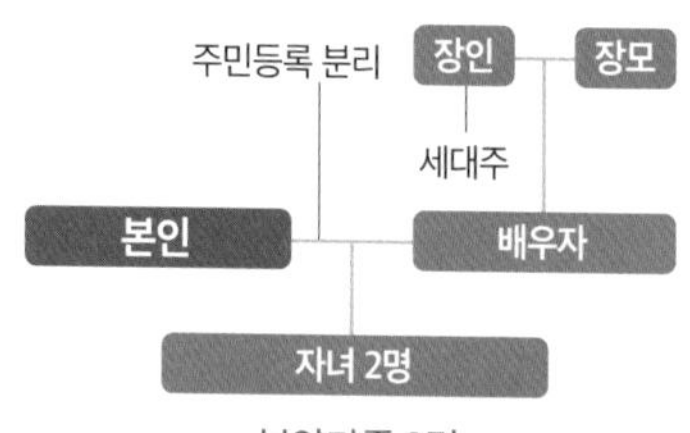

• 부양가족 3명

※ 배우자와 자녀만 부양가족 수 계산 가능. 만약 배우자가 세대주로 변경하여 청약한다면 부양가족은 5명

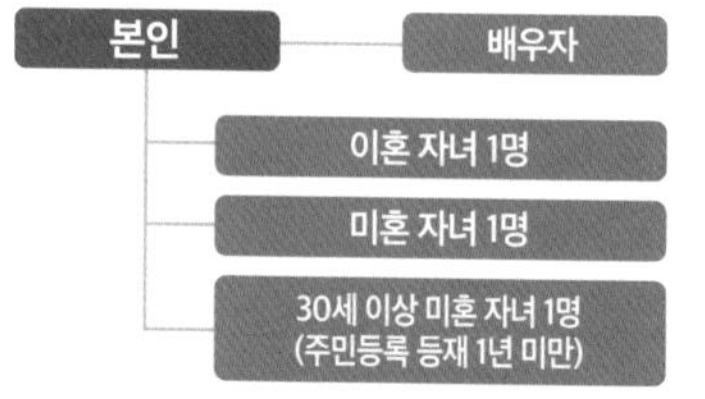

• 부양가족 2명

※ 동일 주민등록표등본에 등재된 지 1년 미만의 만 30세 이상 미혼 자녀와 이혼 자녀는 부양가족이 아니다.

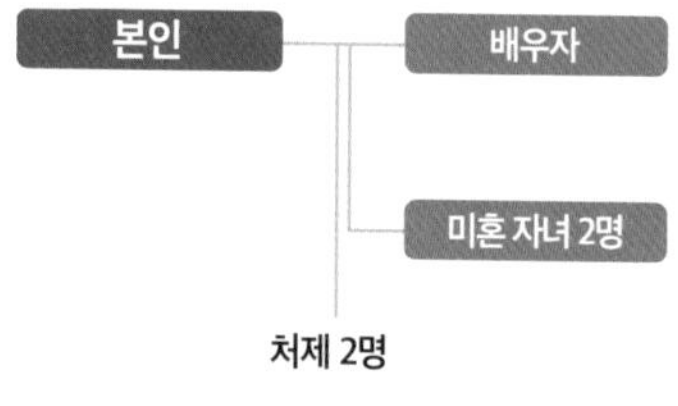

• 부양가족 3명

※ 직계 존·비속 관계가 아닌 형제 자매 등은 부양가족이 될 수 없다.

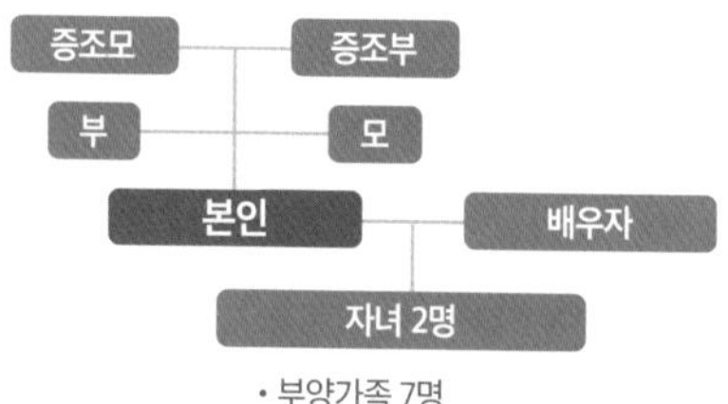

• 부양가족 7명

본인 배우자

이혼 자녀 2명

손자 2명

• 부양가족 1명

※ 이혼 자녀와 손주는 부양가족 수에 계산할 수 없다.

청약 가점 항목 중 부양가족은 1인당 5점으로 청약 가점에 가장 많은 영향을 미치기 때문에 청약 규칙에서 정한 부양가족의 개념을 정확히 알고 있어야 한다. 다시 한 번 강조하지만 부양가족 수 계산을 잘못하여 당첨이 취소되는 난감한 상황이 발생하지 않도록 주의해야 한다.

민영주택 일반공급의 청약 가점 경쟁력은?

'청약 통장 가입 기간'은 자동으로 계산되기 때문에 '무주택 기간'과 '부양가족 수' 계산에 실수만 없다면 민영주택 가점제에서 부적격으로 당첨이 취소되는 경우는 드물다. 무주택 기간 15년 이상은 32점이 최고 점수이며, 부양가족 수는 6명 이상이 35점으로 최고 점수이다. 청약 통장 가입 기간은 15년 이상 17점이 최고 점수이다. 이를 모두 합산하면 만점은 84점이 된다. 무주택 기간과 청약 통장 가입 기간은 15년만 기다리면 모두 최고 점수를 받을 수 있는데 부양가족 수는 내 마음대로 늘릴 수가 없다.

청약 전략의 가장 중요한 핵심은 본인의 청약 가점이 어느 정도의 경쟁력이 있는가이다. 중·장기적인 청약 전략을 세우기 위해서는 본인의 청약 가점이 어느 시점에 최고 점수를 받을 수 있는지 알아야 하며, 그 점수가 어느 정도의 청약 경쟁력이 있는지 파악해야 한다.

대부분의 사람이 자신의 자격 기준이나 가점을 고려하지 않고 살고 싶은 아파트를 찾는 데만 몰두한다. 현실적으로 당첨 확률이 희박한데도 약간의 운만 따라 주면 당첨될 수 있다는 기대 심리를 가지고 경쟁이 치열한 아파트에 계속 신청하는데, 이러한 도전은 무모한 도전으로 끝나는 경우가 대다수이다.

청약하고자 하는 아파트의 입지, 가격 등에 따라 당첨 커트라인이 달라지는데 과연 청약 가점이 어느 정도 수준까지 도달해야 소신 있게 청약할 수 있을까?

청약 가점 '64점'과 '69점'은 매우 의미 있는 점수이다. 3인 가족은 청약 가점 64점, 4인 가족은 69점이 최고 점수이다. 당첨자 결과에서 유독 64점과 69점 청약 가점 커트라인이 많이 보이는 이유가 바로 여기에 있다. 3인 가족 또는 4인 가족 기준으로 더 이상 올라갈 수 없는 최고 점수를 확보하고 청약에 도전하는 사람들이 계속 누적된 상태이기 때문에 그 벽이 매우 두텁다. 64점과 69점끼리도 경쟁이 매우 치열하다는 점을 인지하고 청약 전략을 세워야 한다.

인기가 많은 아파트는 당연히 청약 경쟁이 치열하고 당첨을 기대할 수 있는 청약 가점은 60점대인 경우가 대부분이다. 호흡을 길게 갖고 중·장기적인 관점에서 본인의 청약 점수가 경쟁력을 갖추는 시점이 언제인지를 현실적으로 파악하고 준비해야 한다.

지금 당장의 청약 가점이 별 볼 일 없는데 100퍼센트 가점제가 적용되는 인기 아파트에만 청약하는 것은 매우 어리석은 행동이며 추첨제에 도전하는 것이 현명한 선택이다. 앞서 설명했듯이 추첨제는 행운만 따라 준다면 누구나 당첨될 수 있는 시스템이기 때문이다.

국민주택 일반공급 당첨자 선정 방식

민영주택은 행운의 힘을 빌려 추첨으로 당첨을 기대해 볼 수도 있지만 국민주택 일반공급은 추첨 물량이 '1'도 없다.(2021년 2월 4일에 발표된 부동산 공급 대책에 따르면 국민주택 일반공급 물량 중 30%를 추첨제로 하는 내용이 있는데 시행 시기는 아직 정해지지 않았다.) 오로지 실력이 뒷받침되어야 하는데, 실력을 쌓으려면 청약 납입 횟수와 저축 총액이 중요하다.

■ 국민주택 일반공급 면적별 당첨자 선정 방식

순위	40m² 초과	40m² 이하
1순위	3년 이상 무주택세대 구성원으로서 저축 총액이 많은 자	3년 이상 무주택세대 구성원으로서 납입 횟수가 많은 자
2순위	저축 총액이 많은 자	납입 횟수가 많은 자

전용면적 40m² 초과 국민주택

국민주택 일반공급 1순위에서 경쟁이 있을 경우 당첨자 선정 방법은 면적에 따라 달라진다. 전용면적 40m² 초과 주택의 공급 순차는 3년 이상의 기간 무주택세대 구성원으로서 저축 총액이 많은 자가 우선으로 당첨된다. 1순위 미달이 있을 경우 2순위에게 기회가 넘어가는데 이때는 무주택 기간 상관없이 저축 총액만으로 당첨자를 선정

한다.

유의할 점이 저축 납입액 월 최대 인정금액은 10만 원으로 월 50만 원씩 납입했더라도 인정되는 금액은 10만 원이라는 것이다. 무주택 기간이 길고 부양가족 수가 많아야 높은 가점을 기대할 수 있는 민영주택과 달리 국민주택은 무주택 기간 3년을 채우고 저축 총액만 많으면 당첨될 수 있는 시스템이기 때문에 매월 10만 원씩 꾸준히 납입하는 것이 좋다. 다음 예시를 참고하면 국민주택 당첨자 선정 방식을 완벽히 이해할 수 있을 것이다.

[전용면적 40m² 초과 국민주택 일반공급 예시]

얼마 전에 과천지구 공공분양 아파트 청약이 있었다. 과천지구는 투기과열지구로 '대규모 택지개발지구'에 해당하여 입주자 모집공고일 기준 과천시 2년 거주자에게 30%, 경기도 2년 거주자에게 20% 물량을 순차로 우선공급한다. 전 세대 청약 1순위에서 마감되었고 84A 타입이 경쟁이 가장 치열했는데 당첨 결과를 보면 당해 지역인 과천시는 1,550만 원, 경기도는 2,600만 원, 수도권은 2,850만 원의 저축 총액 커트라인이 나왔다. 청약 1순위 조건을 충족하여 청약에 도전한 다음 5명 중 과연 누가 당첨되었을까?

■ 국민주택 당첨자 사례

청약자 박과천

박과천 씨는 오랜 기간 과천에서 거주하고 있기 때문에 당해 지역 우선공급 당첨을 노리고 청약에 도전했다. 무주택 기간이 30년이라 1순위 조건인 '3년 이상 무주택세대 구성원' 요건을 충족했지만 아쉽게도 저축 총액이 커트라인에 미치지 못해 낙첨의 쓴 맛을 볼 수밖에 없었다. 50만 원 차이로 떨어졌으니 얼마나 분통이 터질까? 만약 박과천 씨가 청약저축통장에 월 5만 원이 아닌 10만 원씩 납입했더라면 넉넉히 당첨되었을 것이다.

청약자 황서울

잠실에서 전세로 살고 있는 황서울 씨는 수도권 지역 거주자로 분류된다. 수도권 커트라인이 2,850만 원이었는데 황서울 씨 청약저축통장 총액은 2,880만 원으로 당첨자 명단에 포함되어 있다. 전용면적 60m^2 초과의 공공분양 일반공급은 자산, 소득 기준을 보지 않기 때문에 전세금 10억 원은 전혀 문제 될 것이 없다. 황서울 씨는 확실한 당첨자로 입주 계획만 잘 세우면 된다.

청약자 박평택

박평택 씨는 평택에서 거주한 지 딱 2년이 되었기 때문에 경기도 20% 물량 우선공급 대상자에 해당한다. 경기도 커트라인은 저축 총액 2,600만 원으로 저축 총액 2,640원의 청약저축통장을 보유한 박평택 씨는 당첨권이라 볼 수 있지만 무주택 기간이 3년이 안 된다. 1순위 미달이 나지 않는 이상 기회는 없다. 아쉽게도 탈락이다.

청약자 천이사

천이사 씨는 분당 토박이였지만 자녀 교육 문제로 5개월 전에 과천으로 주소지를 옮겼다. 과천시 거주 기간 2년을 채우지 못했기 때문에 경기도 지역 거주자로 분류되어 20% 우선공급 당첨을 기대해 볼 수 있는데 저축 총액이 커트라인에 약간 못 미친다. 경기도 우선공급에서 낙첨되면 수도권 지역 모든 청약자와 나머지 50% 물량을 가지고 다시 경쟁하는데 수도권 커트라인은 더 높기 때문에 아쉽게도 탈락이다.

청약자 배과천

배과천 씨는 청약 전부터 자신만만했다. 과천에서 오랜 기간 거주하면서 무주택 기간도 40년이고 저축 총액이 3,000만 원이나 되었기 때문이다. 하지만 당첨자 명단에 배과천 씨 이름은 없었다. 그 이유는 저축 인정금액이 3,000만 원이 아니었기 때문이다. 배과천 씨 청약 통장은 '주택청약종합저축'으로 월 50만 원까지 납입할 수 있다. 국민주택에서는 월 10만 원 이상의 금액을 납입했더라도 최대 인정금액은 '월 10만 원'이기 때문에 배과천 씨의 저축 총액은 '(10만 원×12개월×8년=)960만 원'이다.

전용 40m² 초과 공공분양 아파트 당첨은 '저축 총액'이 가장 중요하다는 것이 예시를 통해 분명해졌다. 매달 얼마의 금액이 본인 청약 통장에 납입되는지 지금 당장 확인해 보길 바란다.

전용면적 40m² 이하 국민주택

전용면적 40m² 이하 국민주택의 일반공급 순차는 3년 이상의 기간 무주택세대 구성원으로서 납입 횟수가 많은 자를 우선으로 뽑고 남은 물량은 무주택 기간에 상관없이 납입 횟수만 본다. 납입 횟수는 많지만 월 납입액이 적다면 40m² 이하의 국민주택을 공략하는 것이 유리하다.

국민주택 일반공급의 저축 총액 경쟁력은?

국민주택은 공공분양 아파트로 사회적 배려의 대상이 되는 무주택 서민에게 시세보다 저렴하게 공급한다. 분양 가격이 싸다는 것은 큰 장점이지만 실거주 의무와 전매 제한 기간이 길어서 장기간 재산권 행사를 하지 못한다는 단점이 있다. 장단점이 공존하는 공공분양 아파트이지만 일단 당첨되면 시세차익은 보장되기에 조건이 된다면 누구나 한 번쯤은 청약에 도전해 보고 싶어 한다. 그런데 과연 어느 정도의 청약 통장 납입액을 확보해야 당첨을 기대할 수 있을까?

앞서 전용면적 $40m^2$ 초과 국민주택 일반공급은 저축 총액이 가장 중요하다고 설명했는데 위례, 감일, 과천 등 A급 입지 공공주택지구에서는 저축 총액이 당해 지역 1,500만 원, 기타 지역 2,000만 원 이상 되어야만 도전의 의미가 있다고 볼 수 있다. 저축 총액이 적어 청약 경쟁력이 별 볼 일 없다고 생각한다면 인기가 다소 떨어지는 지역의 공공분양 아파트를 공략하는 것이 좋다. 하루라도 빨리 시세보다 싼 가격에 아파트를 분양받아 무주택의 서러움을 떨쳐 내길 바란다면 눈높이를 낮추는 것이 현명한 청약 전략이다.

앞서 '청약저축통장'은 '청약예금통장'으로 변경할 수 있다고 말했다. 간혹 저축 총액은 보잘 것 없지만 '청약예금통장'으로 변경 시 청약 가점이 매우 높아지는 경우가 있다. 무주택 기간이 길고 부양가족 수가 많아서 청약 고가점을 바라볼 수 있는 경우에는 공공분양을 과감히 포기하고 민간분양에 올인하는 것도 좋은 방법이 될 수 있다.

PART 3

혁신적인 청약 전략 수립 방법

01

가점제 추첨제 비율을 통해 공략할 타입을 찾아라

민영주택에서의 가점제·추첨제 비율 제대로 알기

이제 청약이라는 전쟁터에 참전할 기본 준비는 끝났다. 지금부터는 점령해야 할 타깃, 즉 가점제를 공략할 것인지, 추첨제를 공략할 것인지를 정해야 한다. 규제지역과 비규제지역, 주거전용면적 등에 따라 가점제와 추첨제의 배정 물량 비율이 다르니 또 하나의 규칙을 습득해야 한다.

민간분양 아파트에서 청약 가점제는 100% 실력이고, 청약 추첨제는 100% 운으로 실력이 안 되면 운에 맡겨야 한다는 것은 누구나 알

■ 지역별 가점제 추첨제 비율

구분	85m² 이하		85m² 초과	
	가점제	추첨제	가점제	추첨제
수도권 공공택지	100%	-	50% (50% 내에서 지자체가 결정)	50%
투기과열지구	100%	-	50%	50%
청약과열지구 (조정대상지역)	75%	25%	30%	70%
기타 지역	40% (40% 내에서 지자체가 결정)	60%	-	100%

고 있다. 가점제와 추첨제가 혼합된 경우 가점제에서 떨어지면 자동으로 추첨제 대상이 되어 한 번의 기회가 또 있다. 수도권과 광역시 지역 및 규제지역에서는 추첨제에서도 75%의 물량을 무주택자에게 우선공급해야 한다는 규칙이 있기 때문에 여러모로 무주택자가 당첨에 유리한 고지에 있다는 것은 분명하다.

타입별로 특별공급과 일반공급 가점제 및 추첨제 물량 배분이 어떻게 되는지를 정확히 알아야 공략해야 할 타입을 짚어 낼 수 있다. 그리고 주택건설지역별로 당해 지역 우선공급에 대한 내용도 알아두어야 한다.

주택건설지역별 우선공급 비율

민간분양 아파트 일반공급의 당첨 확률을 높이기 위해서는 특별공급 등의 물량을 제외한 나머지 물량의 개수를 타입별로 세분화해야 한다. 특별공급의 개수는 입주자 모집공고문에 친절히 안내되어 있지만 지역우선공급, 가점제와 추첨제 등으로 세분화한 개수까지는 표기되지 않기 때문에 본인이 직접 계산해야 한다. 타입별 공급 물량을 세분화하기 위해서 '주택건설지역'에 대해 조금 더 자세히 알아보도록 하자.

먼저 '주택건설지역'의 정의를 살펴보면, '주택 공급에 관한 규칙'에서 주택을 건설하는 특별시, 광역시 또는 시, 군의 행정구역과 도시지역을 말한다. 다만, 주택건설용지를 공급하기 위한 택지개발사업지구 따위가 둘 이상의 행정구역에 걸치는 경우에는 당해 행정구역 모두를 동일 주택건설지역으로 본다.

■ 당해 주택건설지역 수도권의 범위

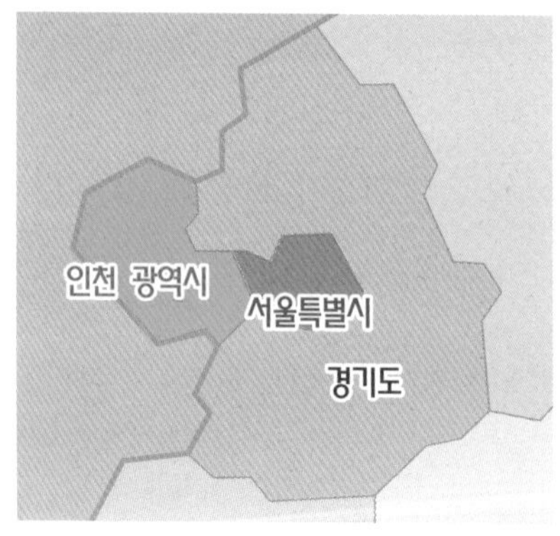

서울특별시, 인천광역시 및 경기도 지역을 묶어서 '수도권'이라 한다. 수도권 지역에 거주하는 성년자는 당해 지역 안의 다른 주택건설 지역 주택을 공급받으려는 경우에 공급대상자로 본다. 한마디로 수도권 거주자는 수도권에서 분양하는 모든 아파트에 청약할 자격이 있다는 것이다. 인근 지역을 포함한 당해 주택건설지역의 범위는 다음과 같이 규정되어 있다.

1. 서울특별시, 인천광역시 및 경기도 지역(수도권)
2. 대전광역시, 세종특별자치시 및 충청남도
3. 충청북도
4. 광주광역시 및 전라남도
5. 전라북도
6. 대구광역시 및 경상북도
7. 부산광역시, 울산광역시 및 경상남도
8. 강원도

주택을 분양하는 지역의 당해 주택건설지역에 거주하는 성년자만 1순위 청약을 할 수 있다. 예를 들어 부산에 거주하는 성년자는 수도권 1순위 청약을 할 수 없으며, 반대로 서울에 거주하는 성년자는 부산 지역 1순위 청약 자격이 없다고 이해하면 된다.(혁신도시, 기업도시 등으로 지정된 곳은 예외 사항으로 전국에서 1순위 청약이 가능하다.)

특별시, 광역시 또는 시·군의 행정구역 및 대규모 택지개발지구 지정 여부에 따라 당해 지역 거주자 우선공급 비율이 다른데 수도권에서는 '3가지 비율' 숫자만 기억하면 된다.

1. 당해 주택건설지역 거주자에게 100% 우선공급
2. 특별시, 광역시(수도권 지역에 한정)의 대규모 택지개발지구는 5:5 비율로 공급
(당해 지역 거주자 50% 우선공급 → 수도권 거주자 50%)
3. 경기도 지역의 대규모 택지개발지구는 3:2:5 비율로 공급
(당해 지역 거주자 30% 우선공급 → 경기도 거주자 20% 우선공급 → 수도권 거주자 50%)

당해 지역 거주자 우선공급은 입주자 모집공고일 기준으로 거주 요건을 보는데 '투기과열지구'는 2년, 그 외 지역은 1년 이하이다. 우선공급 대상자가 아닌 자는 거주 요건 없이 입주자 모집공고일 기준 당해 주택건설지역(인근 지역 포함)에 주민등록만 되어 있으면 청약할 수 있다. 옆 페이지에 최근에 분양한 아파트 사례를 몇 가지 제시했다. 이를 살펴보면 이해가 쉬울 것이다.

우선공급에서 떨어진 청약자는 기타 지역의 청약자와 다시 한 번 경합을 벌일 수 있다. 예를 들면 옆 페이지의 사례에서 '하남 감일지구 푸르지오 마크베르'의 경우 하남 지역에 2년 이상 거주한 청약자는 당해 우선공급 당첨에 실패했더라도 경기, 수도권 지역의 청약자들과 싸울 수 있는 기회가 두 번 더 부여되는 것이다.

■ 최근 분양했던 아파트 사례(지역별 물량 비율)

<table>
<tr><th>아파트</th><th colspan="3">지역별 물량 비율</th><th>설명</th></tr>
<tr><td rowspan="2">서울 개포1단지 재건축 디에이치 퍼스티어 아이파크</td><td>서울</td><td colspan="2">수도권</td><td rowspan="2">• 투기과열지구인 서울의 강남 재건축 단지(택지개발지구 아님)
• 서울 당해 지역 2년 이상 거주자에게 100% 우선 공급</td></tr>
<tr><td>100%</td><td colspan="2">-</td></tr>
<tr><td rowspan="2">서울 강일지구 힐스테이트 리슈빌</td><td>서울</td><td colspan="2">수도권</td><td rowspan="2">• 투기과열지구인 서울의 대규모 택지개발지구
• 서울 당해 지역 2년 이상 거주자에게 50% 우선 공급
• 나머지 50% 물량은 수도권 거주자에게 공급(거주 기간 요건 없음)</td></tr>
<tr><td>50%</td><td colspan="2">50%</td></tr>
<tr><td rowspan="2">인천 송도신도시 송도 크리스탈 오션 자이</td><td>인천</td><td colspan="2">수도권</td><td rowspan="2">• 투기과열지구인 인천의 대규모 택지개발지구
• 인천 당해 지역 2년 이상 거주자에게 50% 우선 공급
• 나머지 50% 물량은 수도권 거주자에게 공급(거주 기간 요건 없음)</td></tr>
<tr><td>50%</td><td colspan="2">50%</td></tr>
<tr><td rowspan="2">성남 고등지구 판교 밸리 자이</td><td>성남</td><td>경기</td><td>수도권</td><td rowspan="2">• 투기과열지구인 성남의 택지개발지구(대규모 택지개발지구에 해당 안 됨)
• 성남 당해 지역 2년 이상 거주자에게 100% 우선 공급</td></tr>
<tr><td>100%</td><td>-</td><td>-</td></tr>
<tr><td rowspan="2">하남 감일지구 푸르지오 마크베르</td><td>하남</td><td>경기</td><td>수도권</td><td rowspan="2">• 투기과열지구인 하남의 대규모 택지개발지구
• 하남 당해 지역 2년 이상 거주자에게 30% 우선 공급
• 경기도 지역 2년 이상 거주자에게 20% 우선 공급
• 나머지 50% 물량은 수도권 거주자에게 공급(거주 기간 요건 없음)</td></tr>
<tr><td>30%</td><td>20%</td><td>50%</td></tr>
</table>

단위세대(타입)별 물량 배정표 만들기

타입별로 공급 물량이 얼마나 되는지 배분할 수 있다면 당신은 이미 청약 고수의 길로 접어든 것이다. 공급 물량의 개수는 청약 심리에 상당한 영향을 미치는데 특별공급, 일반공급에서의 당해 지역 거주자 우선공급, 가점제 및 추첨제로 배분되는 물량을 정확히 산출해 내야지만 남들과 다른 '혁신적인 청약 전략'을 수립할 수 있다.

앞에서 공부했던 내용을 그대로 반영하여 물량 배정표를 만들어 볼 수 있다. 사례로 과천지식정보타운 택지개발지구에서 분양했던 '과천 푸르지오 어울림 라비엔오' 아파트의 타입별 공급 물량을 체크해 보겠다.

■ 과천 푸르지오 어울림 라비엔오

- 주택건설지역 : 과천시(투기과열지구)
- 당해 지역 거주자 우선공급 비율
  과천시 2년 이상 거주자 30% → 경기도 2년 이상 거주자 20% → 수도권 거주자 50%
- 가점제 및 추첨제 비율
  전용면적 85m² 이하 : 가점제 100%
  전용면적 85m² 초과 : 가점제 50%, 추첨제 50%(추첨제 물량의 75%는 무주택자에게 우선공급)

- 분양 가격 9억 원 이상은 특별공급 없고 중도금 대출 실행 안 됨
- 물량은 소수점 이하 첫째 자리에서 반올림
- 타입별 특별공급 물량은 입주자 모집공고문 내용을 그대로 반영

■ 과천 푸르지오 어울림 라비엔오 타입별 물량 배정표

주택형(타입)	분양가격(원)	총세대수	특별공급												일반공급					
			기관추천	다자녀		노부모			신혼부부			생애최초			과천		경기		수도권	
				경기	수도권	과천	경기	수도권	과천	경기	수도권	과천	경기	수도권	가점제	추첨제	가점제	추첨제	가점제	추첨제
84.8513B (84B)	733,100,000(최저) 792,400,000(최고)	90	9	4	4	1	0	1	5	4	9	4	3	7	12	-	8	-	19	-
84.8623C (84C)	733,100,000(최저) 792,400,000(최고)	55	5	3	3	1	0	0	3	2	6	2	2	4	7	-	5	-	12	-
84.7450D (84D)	745,000,000(최저) 792,400,000(최고)	162	16	8	8	2	1	2	10	6	16	7	5	12	21	-	14	-	34	-
84.6197E (84E)	745,000,000(최저) 792,400,000(최고)	81	8	4	4	1	0	1	5	3	8	4	2	6	11	-	7	-	17	-
99.8920A (99A)	871,800,000(최저) 942,500,000(최고)	188	-	-	-	-	-	-	-	-	-	-	-	-	28	28 무주택자 21	19	19 무주택자 14	47	47 무주택자 35
99.9397B (99B)	871,800,000 (최저) 942,500,000 (최고)	73	-	-	-	-	-	-	-	-	-	-	-	-	11	11 무주택자 8	8	7 무주택자 5	18	18 무주택자 14
105.4074A (105A)	1,087,000,000 (최저) 1,114,900,000 (최고)	20	-	-	-	-	-	-	-	-	-	-	-	-	3	3 무주택자 2	2	2 무주택자 2	5	5 무주택자 4
120.7953A (120A)	1,367,100,000 (최저) 1,402,100,000 (최고)	10	-	-	-	-	-	-	-	-	-	-	-	-	2	1 무주택자 1	1	1 무주택자 1	2	3 무주택자 2

'과천 푸르지오 어울림 라비엔오' 타입별 청약 전략 수립에 필요한 체크 포인트 3가지를 정리해 보겠다.

중도금 대출 가능 여부

99A타입 이상의 면적은 기준층을 기준으로 분양 가격이 9억 원이 넘어가기 때문에 중도금 대출이 전혀 안 된다. 분양대금 납부 일정은 보통 계약금 20%, 중도금 10%는 4개월 단위로 6회에 걸쳐 분납하게 되어 있다. 입주 시점의 잔금은 현재 살고 있는 전세금을 반환받아서 충당할 수도 있겠지만 일단 4개월마다 1억 원가량의 현금을 만들어서 분양대금을 계속 납부해야 하니 결코 만만한 일이 아니다. 99A타입 이상은 1주택자도 청약할 수 있기 때문에 경쟁은 더 치열하겠지만 당첨 커트라인은 중도금 대출이 가능한 84형이 훨씬 높을 것으로 예상할 수 있다.

공급 물량으로 보는 청약자들의 심리

평면 설계 구조, 동·호 배치 등 다른 조건은 전혀 고려하지 않고 오로지 공급 물량만을 봤을 때 84형 중에서는 84C타입이 물량이 가장 적다. 사람들의 심리는 보통 물량이 많은 쪽으로 청약해야 당첨 확률이 더 올라간다고 생각한다. 그래서 물량이 적은 타입이 일반적으로 경쟁률이 가장 약한데 이 아파트의 일반공급 청약 결과는 반대로 나왔다. 84C타입 경쟁이 가장 치열했다.

이런 예상치 못한 결과가 나온 이유는 일반공급 청약일 전날에 먼저 공급한 특별공급의 청약 결과 때문이다. 특별공급에서 역시나 경쟁률이 가장 낮게 나온 84C타입을 '틈새'라 생각하고 청약한 일반공급 신청자가 많았던 것이다. 이 아파트는 분양가가 주변 시세의 반값이어서 대중의 심리는 '일단 당첨이 중요하다.'였고, 그 결과 특별공급에서 경쟁이 가장 약했던 84C타입으로 몰린 것이다.

중요한 점은 당첨 커트라인은 아이러니하게도 84C타입이 가장 낮았다는 것이다. 이는 고가점자들은 흔들림 없이 소신 청약을 한 것으로 해석할 수 있다. 이렇듯 단위세대별 공급 물량, 일반공급보다 먼저 공급하는 특별공급의 경쟁률, 시장 분위기에 따른 대중의 심리 등 여러 가지 사항을 복합적으로 고려해야만 당첨이란 문을 열 수 있다.

당첨 가능성이 거의 없는 무모한 도전

서울에서 거주하는 1주택자 홍길동 씨는 이 아파트 99A타입과 105A타입 중 어떤 타입에 청약해야 할지 깊은 고민에 빠졌다. 심사숙고한 끝에 평면 설계 구조가 조금 더 나은 105A타입을 선택했는데 과연 당첨 가능성이 있을까?

105A타입 총 공급 세대수는 '20가구'지만 수도권에 거주하는 1주택자에게 배정된 물량은 단 '1가구'뿐이다. 이 아파트 물량 배정표에서 수도권 추첨제 물량은 '5가구'로 표기되어 있는데 75%를 무주택자에게 우선공급을 하니 '1가구'만 남게 된 것이다.

105A타입이 공급 물량이 적어 경쟁이 덜 치열할 것으로 예상한 홍길동 씨의 전략적인 선택일 수도 있겠지만 필자가 느끼기에는 너

무나도 무모한 도전으로 보인다. 간혹 본인의 청약 조건으로는 당첨을 기대할 수 있는 물량이 하나도 없는데 무모하게 청약하는 경우가 있다. 예를 들면 2가구뿐인 펜트하우스의 경우 가점이 높은 청약자에게 1가구, 그리고 무주택자에게 나머지 1가구를 공급한다. 그러므로 미달이 나지 않는 이상 1주택자의 당첨 확률은 '제로'이다.

아마도 본인의 선택이 무모한 도전인지도 모르고 청약하는 사람이 상당히 많을 것이다. 아파트 청약은 '확률 게임'에 가까우니 당첨 확률을 높이는 전략이 필수적으로 요구된다. 이것이 이 게임에서 이길 수 있는 유일한 방법이다.

02

경쟁자들의 시선이 덜 쏠린 곳을 공략하라

선호·비선호 아파트 판별하는 법

인기가 있는 아파트는 청약 경쟁이 치열하고, 반대로 인기가 없는 아파트는 청약 경쟁이 치열하지 않다는 것은 당연한 논리이다. 그런데 의외로 인기, 비인기 아파트의 판별을 어려워하는 사람이 많다. 시공사 브랜드, 자연환경, 생활편의시설, 단지 규모 등 아파트를 평가하는 요소는 다양하며 개인차가 있지만 너무 복잡하게 생각하지 말고 딱 2가지만 기억하자. '입지'와 '가격'.

부동산 초보자라도 "부동산은 입지다."라는 말은 들어 봤을 것이다. 부동산의 '입지'를 볼 때 흔히 교통, 교육, 편의시설, 주거 환경 등의 요소로 판단되는데 때로는 지하철 개발 계획, 대형마트 입점 계획 등의 미래 가치까지 고려해야 하는 경우도 있다.

분양하는 아파트의 입지 조건을 최우선적으로 고민한 다음에는 '분양 가격'의 적정성을 따져 봐야 한다. 입지 조건이 아무리 좋아도 분양 가격이 주변 시세보다 높다면 청약의 메리트는 떨어질 수밖에 없다.

분양 가격에 대해 조금 더 이야기해 보겠다. 전문가가 보기에는 이 정도의 분양 가격이면 충분히 매력적인데 비전문가들은 가격이 너무 높다고 아우성을 치는 경우가 있다. 이런 시각 차이는 왜 발생할까? 전문가는 미래 가치를 반영하여 부동산의 가격을 평가하는데, 비전문가는 단순하게 현재의 가치만으로 부동산을 평가한다. 그런데다 주변 시세와의 가격 차이를 분석할 때 비교대상이 절대 될 수 없는, 오래되어 낡아 빠진 부동산의 최근 거래 동향을 열심히 살피기 때문에 그들의 주장은 어불성설일 뿐이다.

가격의 적정성을 평가할 때는 적어도 입지 조건이 비슷하여 미래 개발 호재의 수혜를 공유할 수 있어야 하며, 아파트의 연식이 오래되지 않아야 한다. 상품의 가치를 객관적으로 분석할 수 있는 능력을 키워야만 본인의 청약 조건으로 공략할 수 있는 아파트를 찾아낼 수 있다.

남자들은 누구나 예쁜 여자와 결혼하고 싶어 한다. 하지만 미녀 주변에는 의사, 변호사, 자산가 등 쟁쟁한 경쟁자가 너무나도 많다. 당신이 그들보다 능력이 좋다면 미녀를 쟁취할 수 있겠지만 그렇지 않다면 당신을 평생 존중하고 사랑해 줄 수 있는 마음이 예쁜 여자를 찾는 것이 현실적이다. 집도 마찬가지이다. 본인의 조건에 딱 맞는, 마음이 편안한 집을 찾는 것에 몰두하는 것이 내 집 마련의 지름길이 된다.

선호·비선호 타입 판별하는 법

공간 배치, 단지 설계 등에 따라 같은 아파트 단지에도 세대마다 다양한 내부 구조가 나오는데 이 단위세대를 '타입(TYPE)'이라고 한다. 청약할 때는 1개의 타입만 선택할 수 있는데 인기형, 비인기형 타입을 구분할 수 있어야 본인의 청약 조건으로 도전할 수 있는지를 가늠할 수 있다. '평면 설계 구조', '조망권', '일조권' 이 3가지가 선호 타입과 비선호 타입을 결정짓는 중요한 요소이다.

■ 평면 설계 구조

판상형은 성냥갑처럼 일자형으로 길게 설계된 아파트에서 흔히 볼 수 있는 평면 설계 구조로 대부분 남쪽을 향해 거실과 방들을 배치하고 북쪽으로 주방과 식당을 배치한다. 타워형은 V자형의 고층으로 설계된 아파트에서 흔히 볼 수 있는 구조로 거실, 방, 주방, 식당을 다양한 방향으로 배치한다.

대부분의 사람은 판상형을 더 선호하는데 거실 창과 주방 창을 열었을 때 맞바람으로 인한 통풍 효과가 좋아 집안 내부 환기성이 우수하기 때문이다. 선호도가 높은 판상형 구조의 타입은 청약 경쟁률이 높고 아파트가 다 건설된 후 매매 시세도 타워형보다 높게 형성된다. 그만큼 수요가 많으므로 청약 경쟁력이 뒤처지는 사람은 당첨을 위해 타워형 구조의 타입을 공략하는 것이 좋다.

판상형 구조라고 다 좋은 것만은 아니다. 판상형의 최고 장점은 맞통풍 효과로 인한 우수한 내부 환기성인데 앞에서 제시한 84B타입과 같이 주방 쪽에 창문이 없는 구조도 있다. 이런 평면 설계 구조는 오히려 타워형보다 못하니 이런 부분을 유심히 관찰할 필요가 있다.

84C타입과 84D타입은 타워형 구조인데 거실(실2)이 양면 창이고, 작은방(실3)의 사이드 창문과 거실 창문이 마주보고 있어 맞통풍을 기대할 수 있는 84D타입이 선호도가 더 높다고 평가할 수 있다. 타워형은 다양한 방향으로 창문이 배치되기 때문에 조망권이 중요한 단지에서는 판상형보다 선호도가 더 높은 경우도 있다는 것을 참고할 필요가 있다.

앞에서 예시로 든 타입을 선호도 순으로 나열하면 다음과 같다.

84A ＞ 84D ＞ 84C ＞ 84B

소신 있게 인기형 타입으로 신청할 것인지, 안전하게 비인기형 타입으로 하향 지원할 것인지 상황에 따라 유연하게 대처할 수 있는 능력을 키우길 바란다.

대중의 단순한 심리를 파악하라

아파트 청약에 임하는 자세는 개인별 상황에 따라 제각각이다. 절실한 마음으로 그 누구보다 철저히 분석하여 신중한 태도로 청약에 도전하는 사람이 있는 반면, '되면 좋고 아니면 말고'라는 식의 소극적인 자세로 청약 신청을 하는 사람도 있다.

후자는 복잡한 사고를 싫어한다. 아내의 성화에 못 이겨 마지못해 모델하우스에 가서 공짜로 주는 음료수 몇 잔 마시며 설렁설렁 구경만 하다가 청약 때는 단순하게 견본주택에 있었던 타입에 신청한다. 여기서 조금 더 잔머리를 굴릴 줄 아는 사람은 모델하우스에서 봤던 A타입은 경쟁이 치열할 것 같으니 B타입이나 C타입으로 신청한다. E타입까지 있지만 복잡하게 두 번 머리를 굴리지는 않는다.

고령자가 청약하는 경우는 더욱 더 단순하다. 아파트 분양 소식도 모르고 있다가 청약 당일에서야 누군가에게 "그 아파트 꼭 청약하세요."라는 말을 듣고 컴퓨터를 켜자마자 가장 먼저 눈에 보이는 A타입을 선택하여 급하게 신청한다.

일반공급보다 앞서 분양하는 특별공급 청약 접수 결과에 따라 사람들의 심리가 흔들리는 경우도 있다. 다음 사례로 설명하겠다.

■ 과천 푸르지오 어울림 라비엔오 청약 접수 결과

주택형	특별공급 접수 결과			일반공급 접수 결과		
	공급 세대수	접수 건수	경쟁률	공급 세대수	접수 건수	경쟁률
84B	51	7,920	155 : 1	39	15,856	407 : 1
84C	31	3,277	106 : 1	24	8,417	351 : 1
84D	93	13,937	150 : 1	69	18,783	272 : 1
84E	46	5,490	119 : 1	35	9,939	284 : 1

특별공급에서 경쟁이 가장 약했던 84C타입이 일반공급에서는 상위권이었다. 이 아파트는 84C타입과 84D타입의 조건이 비슷했는데 이 2개 타입을 고민하던 일반공급 대상자들이 특별공급 접수 결과를 보고 84C타입으로 눈을 돌린 사람이 많았다고 해석할 수 있다.

대중의 청약 심리를 통해 '틈새' 타입을 찾는 전략을 정리하면 다음과 같다.

1. 공급 물량이 적은 타입
2. 주택전시관에 없는 타입
3. 평면 설계 구조가 비슷하다면 특별공급 경쟁률이 더 치열했던 타입
4. 알파벳 순서가 뒤에 있는 타입
5. 가운데 낀 주택형(예 : 74타입, 77타입, 84타입이 있다면 가운데 낀 77타입)

일조권보다 가치 있는 것은 조망권이다

햇빛은 광합성의 에너지원으로 지구상의 거의 모든 생명체를 먹여 살리는 역할을 하므로 살아가는 데 중요한 요소 중 하나이다. 따라서 내 집에서 햇빛을 향유할 수 있는 권리인 '일조권'을 절대 간과할 수 없다. 그런데 아파트의 가치를 평가할 때는 일조권보다 더 중요하게 여기는 것이 있다. 바로 '조망권'이다. 일조량의 풍부함을 더

선호하는 사람도 분명 많고 개인차가 있지만, 확실한 것은 일조권보다 조망권이 훌륭한 아파트가 값이 훨씬 더 비싸고 청약 경쟁도 더 치열하다.

■ 위례신도시 그린파크 푸르지오 일반공급 접수 결과

주택형	공급 세대수	접수 건수	경쟁률
101A	490	1,466	2.99 : 1
101B	123	129	1.05 : 1
101C	238	136	0.57 : 1
101D	102	531	5.21 : 1

2013년에 분양했던 '위례신도시 그린파크 푸르지오'는 일부 주택형에서 미분양이 나왔을 정도로 결과가 참담했지만 101D타입은 청약 1순위로 마감되었다. 101D타입은 타워형으로 비선호 평면 설계 구조에다가 북동향으로 배치되었지만 거의 모든 세대에서 '골프장'과 '남한산성' 조망권이 확보되어 청약 경쟁률이 가장 높았다. 만약 이 당시에 101D타입을 피해 101C타입으로 신청했더라면 무조건 당첨되었을 것이다. 이렇듯 조망권이 중요시되는 아파트에 청약할 때에는 최우선으로 고려해야 하는 것이 시각적인 요소라는 것을 명심하길 바란다.

03 별들의 전쟁에서 승리하는 법

청약 경쟁력이 높다고 절대 자만하지 마라

국민주택은 청약저축통장의 저축 총액이 많아야 하며 민영주택은 청약 가점이 높아야 당첨에 유리하다. 그런데 과연 어느 정도 수준이어야 높다고 말할 수 있을까? 이 질문에 명쾌한 답을 내릴 수 있는 전문가는 대한민국 어디에도 없을 것이다.

부동산은 마치 살아 있는 생물 같아서 정책, 규제, 분위기, 심리 등에 따라 예측불가하게 움직일 때가 많다. 과거에 쉽게 당첨될 수 있었던 점수가 지금은 어림도 없는 점수일 수도 있기에 현재의 아파트 청약 시장 분위기와 흐름을 정확히 읽을 수 있어야 목표한 바를 이룰 수 있다.

점수가 높은 청약자 중에는 '중수'는 있어도 '하수'는 거의 없다. 오히려 전문가의 수준을 뛰어넘는 '고수'도 많은데 청약 경쟁력이 높다고 자만하다가는 큰코다칠 수 있으니 항상 겸손한 자세로 신중하게 청약에 임해야 한다.

민영주택의 경우 청약 가점이 60점대 수준이어야 누구나 인정하는 인기 아파트에 도전할 수 있는데, 3인 가족 기준으로 무주택 기간과 청약 통장 가입 기간이 14년 이상 되어야 겨우 '61점 이상'이 나온다. 근래의 치열한 청약 시장을 보면 대중의 관심을 한 몸에 받고 있는 핫플레이스 아파트의 당첨 커트라인 가점은 69점이 많다.

69점은 4인 가족이 최대로 받을 수 있는 점수여서 69점자 사이에서도 경쟁이 매우 치열하다. 동점자의 경우 추첨으로 당첨자가 결정되는데 부양가족을 추가하지 않는 이상 더 이상 올라갈 점수가 없는 사람들이 청약에서 계속 떨어지게 되니 결국 동일 점수의 경쟁자 수가 많아질 수밖에 없는 구조이다.

비슷한 입지 조건의 아파트 당첨 커트라인이 69점인 것을 보고 "나도 69점이니까 당첨되겠구나."라는 안일한 생각으로 청약했다가 만만치 않다는 것을 경험한 사람도 분명 있을 것이다. 실제로 가점이 69점인 필자의 고객이 당첨 커트라인 69점이었던 주택형에서 예비당첨자 순번 100번을 받았다. 69점 가점자가 100명 이상이었다는 의미이다. 그만큼 고가점자들끼리도 경쟁이 치열해 추첨 운을 바라봐야만 하는 경우도 많다.

국민주택은 예측하기가 더욱더 힘들다. 민영주택은 청약 가점 만점이 84점으로 정해진 데다 부양가족 수에 따른 한계 점수가 있기 때문에 경험과 식견이 풍부하다면 오차범위 내 당첨 커트라인을 맞출 수도 있지만, 국민주택은 한계 점수가 없다. 생존해 있는 한 매달 10만 원씩 계속하여 불입할 수 있기 때문에 언제 어디서 고액 저축통장이 튀어 나올지 도저히 가늠할 수가 없다. 국민주택 청약은 민영주택보다 더 겸손한 자세로 절대 방심하지도, 자만하지도 말고 신중하게 청약 전략을 펼쳐야 한다.

로열동 로열층 당첨 확률을 높여라

민영주택 일반공급의 청약 가점 만점은 84점인데 7인 가족 기준으로 무주택 기간, 청약 통장 가입 기간이 15년 이상이어야만 확보할 수 있는 꿈의 점수이다. 5인 가족 기준 최대로 받을 수 있는 점수는 74점으로 이 정도 점수만 확보되어도 웬만한 아파트는 골라서 당첨될 수 있다. 국민주택 일반공급은 청약 통장 납입 인정금액이 2,800만 원 수준이어야만 다른 경쟁자들을 제치고 당첨될 수 있는 저축액이라 할 수 있다.

오랜 기간 동안 청약 점수를 잘 관리하여 큰 맘 먹고 신청했다가 원하지 않는 1층에 덜컥 당첨되어 계약을 허무하게 포기하는 경우도 있으므로 어떠한 아파트에 청약할 때 당첨이 가능하다는 확신이 들면 로열동, 로열층(RR) 당첨 확률을 높일 수 있는 전략이 필요하다. 당첨도 중요하지만 동·호 추첨 결과도 매우 중요하기 때문이다.

■ **강일 힐스테이트 리슈빌 동·호 배치도**

1호	2호	3호	4호	5호	6호	7호	8호	9호	10호	11호	12호	13호
									1710	1711	1712	1713
									1610	1611	1612	1613
									1510	1511	1512	1513
									1410	1411	1412	1413
									1310	1311	1312	1313
									1210	1211	1212	1213
									1110	1111	1112	1113
1001	1002	1003	1004						1010	1011	1012	1013
901	902	903	904						910	911	912	913
801	802	803	804						810	811	812	813
701	702	703								711	712	713
601	602	603	604	605	606	607	608	609	610	611	612	613
501	502	503	504	505	506	507	508	509	510	511	512	513
401	402	403	404	405	406	407	408	409	410	411	412	413
301	302	303	304	305	306	307	308	309	310	311	312	313
근린생활 시설				D.I.Y 커뮤니티					2 10			213
									110			113

503동

84LA	84LB	84LAC	84TA	101LA	101TA
54세대	58세대	88세대	81세대	51세대	82세대

입주자 모집공고 이후 해당 건설사의 인터넷 홈페이지에 공개되는 동·호 배치도를 세심하게 살펴볼 필요가 있다. '강일 힐스테이트 리슈빌' 아파트 503동을 보면 '84LAC' 타입만 1층, 2층 세대가 있다는 것을 확인할 수 있다. '84TA' 타입과 '101TA' 타입은 7층부터 배치되어 있어 저층 세대에 당첨될 리스크는 전혀 없다. 세대원 중에 미취학 아동 또는 연로한 부모가 있지 않는 이상 1층을 선호하는 사람은 거의 없을 테니 만약 당첨이 확실한 청약 조건이라면 저층부 세대를

확실하게 피할 수 있는 타입을 공략하는 전략이 필요하다. 청약은 확률 게임이므로 항상 확률을 높이는 것에 집중해야 한다.

많이 안다고 해서 결과가 항상 좋은 것만은 아니다

일반인들이 범접할 수 없는 고가점자들의 싸움은 그야말로 혈전이다. 고가점자들은 별들의 전쟁에서 살아남기 위해 청약 당일까지 고민을 거듭하는데 때로는 단순하게 접근하는 것이 필요하다.

미국의 철학자 토마스 쿤은 이런 말을 했다.

"한 분야에 오랫동안 몸담은 사람들은 이전의 이론에 익숙해졌기에 오류를 깨닫기 어렵다. 새로운 패러다임을 발견하는 사람은 아주 젊거나 아니면 그 분야에 생소한 사람이 많은데 고정관념이 없기에 기발한 상상을 할 수 있는 것이다."

정보화 시대에 각종 수치와 자료 등을 수집하는 것은 별로 어려운 일이 아니다. 좀 더 많은 정보와 데이터를 확보하면 할수록 미래를 충분히 예측할 수 있다고 확신하는데 그 지식이 특정한 미래를 확신하도록 만들지는 않았는지 경계할 필요가 있다. 머릿속에 가득 차 있는 지식과 경험을 바탕으로 경쟁자들의 심리까지 읽어 내어 결정한 역발상의 청약 전략이 오히려 독이 될 수도 있다. 지식의 환상에 빠져 잘못된 길로 들어선 것이 아닌지 의심할 필요가 있다.

■ **DMC 센트럴 자이 84형 청약 접수 결과**

주택형	공급 세대수	접수 건수	경쟁률	최저 가점	최고 가점	평균 가점
84A	29	2,874	99.10 : 1	69	76	71.38
84B	67	5,293	79.00 : 1	69	74	69.27
84C	90	11,253	125.03 : 1	69	78	70.37
84D	24	4,334	180.58 : 1	74	79	75.54
84E	10	1,561	156.10 : 1	72	77	74.1

수색·증산뉴타운 'DMC 센트럴 자이' 84형 청약 접수 결과 84D타입 선호도가 압도적으로 높았고, 다음으로 84E, 84C, 84A, 84B타입 순이었다. 청약 경쟁률과 가점 커트라인 또한 비슷한 결과가 나왔다. 의아한 부분은 84D타입 외 다른 타입들의 최고 가점인데, 다른 타입의 최고 가점도 인기가 가장 많았던 84D타입의 최저 커트라인인 74점과 같거나 높다는 것이다.

여러 가지 이유가 있겠지만 고가점자들 중에서도 84D타입 당첨에 대한 확신이 들지 않아 인기가 약간 적은 다른 타입으로 하향 안정 지원을 한 사람이 분명 있다는 것이다. 그리고 한 대형 부동산 커뮤니티 카페에서 진행한 이 아파트 타입별 최저 가점 사전 통계조사 결과가 터무니없이 높게 나왔는데, 이런 객관적이지 못한 자료로 고가점자들의 불안 심리가 조장된 것도 원인일 수 있다. 차라리 그 자료를 보지 않았더라면 다른 타입에 비해 시세차익 1억 원 이상을 기대할 수 있는 84D타입에 청약하여 당첨될 수 있었을 테니 당첨되고도 마냥 기쁠 수만은 없었을 것이다.

많이 안다고 해서 결과가 항상 좋은 것만은 아니다. 단순 명료한 것이 최상의 전략이 될 수 있다는 점을 꼭 기억해야 한다.

당첨 확률을 높일 수 있는 혁신 청약 전략

당첨 확률을 높일 수 있는 혁신적인 청약 전략은 앞서 설명한 모든 내용을 숙지하여 유기적으로 대응하는 것이다. 무엇보다 본인의 청약 경쟁력이 어느 정도 위치에 있는지 객관적으로 점검하여 집중적으로 공략할 대상을 찾는 것이 중요하다.

최근에 올해 핫플레이스 분양 단지 중 하나인 '둔촌주공 재건축' 아파트 관련 청약 문의를 많이 받고 있는데 답답하고 안타까운 상담자가 무척 많다. 규제지역인 둔촌주공 재건축 단지의 일반공급 물량은 전세대 전용면적 85m^2 이하이기 때문에 가점제 100%가 적용되어 청약 가점이 높아야만 당첨될 수 있다.

일반분양 물량이 역대로 많다고는 하지만 경쟁 또한 역대로 치열할 것이 분명하기에 청약 저가점자들은 당첨이 결코 쉽지만은 않을 것이다. 둔촌주공 인근 위례신도시, 감일지구, 강일지구 등 추첨제로 공급하는 민영주택이 꽤 있었는데 "혹시나 둔촌주공에 당첨될 수도 있지 않을까?"라는 기대감으로 정주 여건이 좋았던 다른 아파트의 청약 기회를 날려 버린 청약 저가점자도 상당수이다. 다시 한 번 강조하지만 본인의 청약 조건을 객관적으로 점검하여 꼭 살고 싶은 아파트에 소신 지원할 것인지, 아니면 눈높이를 한두 단계 낮출 것인지를 명확히 해야 한다.

당첨 인정권이 아니라는 판단이 선다면 틈새를 찾는 것에 집중해야 한다. 선호도가 높은 평면 설계 구조, 남향, 조망권 등 모든 요소를 다 고려하여 가장 좋은 타입만 공략한다면 당신은 평생 아파트 당첨의 달콤함을 맛보지 못할 수도 있다. 가능성이 높을 때는 소신 지원, 가능성이 낮을 때는 하향 지원해야 한다. 유연하게 대응하는 법을 익혀야 치열한 청약 전쟁에서 살아남을 수 있다.

심리학자들은 "인간의 모든 생각과 행동에는 심리학이 뿌리박고 있다."라고 말한다. 필자가 '혁신'이라는 거창한 표현을 쓴 이유는 다른 청약 경쟁자들의 심리와 다르게 행동하라는 의미이다. 이 책을 끝까지 정독하면 당신 스스로 그 해답을 찾을 수 있을 것이다.

PART 4

3기 신도시 혁신 청약 전략

3기 신도시 청약 전쟁

3기 신도시 위치

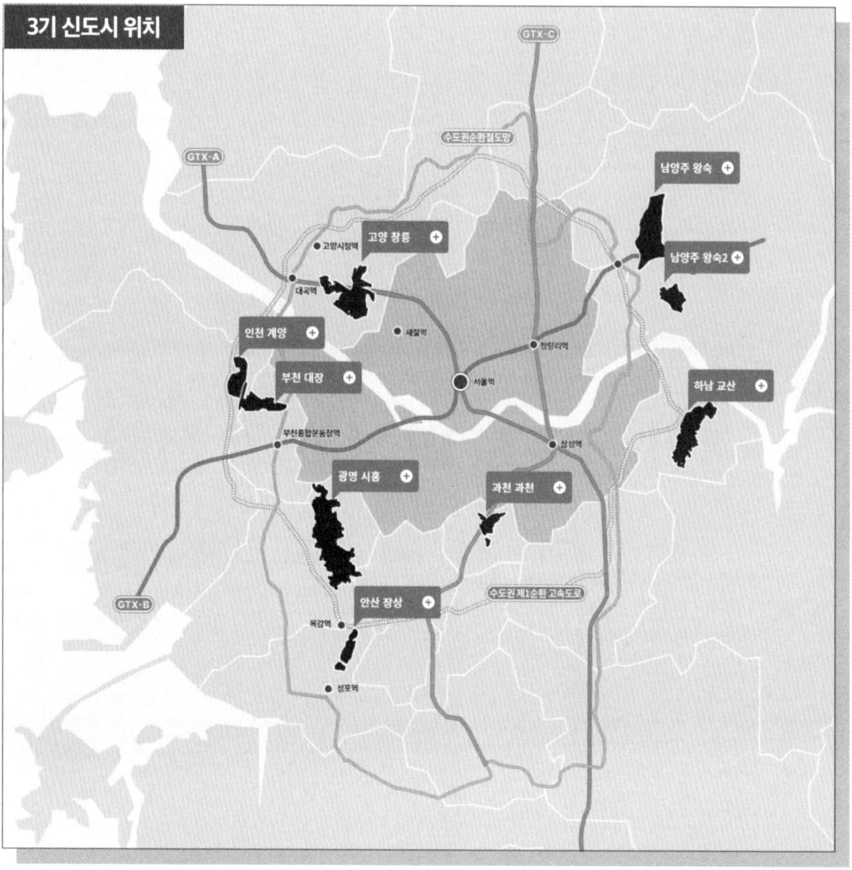

자료: 환경영향평가정보시스템

3기 신도시가 지정되다

무주택자들에게 신도시는 내 집 마련에 대한 부담에서 벗어날 수 있는 한 줄기 빛과 같다. 법으로 신도시의 개념이 명확하게 정의되어 있지는 않지만 국토교통부는 면적 330만m^2 이상의 택지를 신도시로 부르고 있다.

2018년 9월 21일 수도권 부동산 폭등에 따라 정부가 주택 공급 대책을 발표하였고, 12월 19일 하남 교산지구, 인천 계양지구, 남양주 왕숙지구를 3기 신도시 지역으로 선정했고, 이후 고양 창릉지구, 부천 대장지구, 과천 과천지구, 안산 장상지구를 3기 신도시 대상지로 추가 지정했다(2021년 2월 4일 광명 시흥지구가 추가 지정되었는데 아직 관련 자료가 부족하여 이 책에서는 다루지 못했다.)

과천 과천지구와 안산 장상지구는 면적 330만m^2 이하의 중규모 택지지구이지만 정부에서 안내하는 3기 신도시에 포함되기 때문에 이 책에서도 이 두 지역을 3기 신도시로 분류하였다.

수도권에 조성되는 66만m^2 이상 대규모 택지개발지에서 분양하는 주택은 수도권 전 지역의 거주자를 공급 대상으로 한다. 3기 신도시는 1, 2기 신도시에 비할 때 부족함 없는 우수한 입지 조건을 갖추고 있으며, 수도권에 거주하면서 청약 1순위 조건을 충족하는 자는 누구나 청약할 수 있기 때문에 역대급으로 치열한 청약 전쟁이 펼쳐질 것으로 예상된다.

폭등하는 서울 집값의 안정화를 위해 3기 신도시를 계획한 만큼 시장에 빠르게 공급하는 속도전이 필요하여 '사전청약'이라는 제도가 도입되었다. 당장 올해(2021년 7월경)부터 시행될 예정이기 때문에 지금부터 청약을 준비해야 좋은 결과를 기대할 수 있을 것이다.

필자는 1기 신도시 때부터 청약 컨설팅을 전문으로 해 왔기 때문에 그 누구보다 자신 있게 3기 신도시에 대해 분석할 수 있지만 이 책을 집필하는 시점에서는 토지이용계획 등 구체적인 정보가 부족하여 내용을 섬세하게 다룰 수 없다는 점이 아쉽다. 한정된 정보로 분석하는 것이기에 부족한 부분이 있을 수 있지만 조금이라도 빨리 청약 전략을 세우는 것이 중요하기에 최선을 다해 필자의 노하우를 전달해 보겠다.

무주택세대 구성원이라면 사전청약에 집중하라

'사전청약제'는 본청약 1~2년 전에 일부 물량에 대해 청약을 사전에 진행하는 제도이다. 주택 착공에 맞춰 진행하던 아파트 분양을 앞당겨 공급함으로써 청약을 기다리는 무주택 실수요자들에게 양질의 주택을 사전에 공급하는 데 목적이 있다. 3기 신도시를 포함하여 수도권 공공택지 내에서 공급하는 공공분양 6만 호가 사전청약 대상이다. 사전청약 시기는 2021년 7월부터 예정되어 있다.

■ 2021년 이후 공공분양 사전청약 물량

추진일정		사전청약 물량(1,000호)
2021년	7~8월	인천 계양(1.1) 노량진역 인근 군 부지(0.2) 남양주 진접2지구(1.4) 성남 복정(1.0) 의왕청계2지구(0.3) 위례(0.3) 등
	9~10월	남양주 왕숙2지구(1.5) 남태령 군 부지(0.3) 성남 신촌(0.2) 성남 낙생(0.8) 시흥 하중(1.0) 의정부 우정(1.0) 부천 역곡(0.8) 등
	11~12월	남양주 왕숙1지구(2.4) 부천 대장(2.0) 고양 창릉(1.6) 하남 교산(1.1) 과천 과천(1.8) 안산 장상(1.0) 안산 신길2지구(1.4) 군포 대야미(1.0) 시흥 거모(2.7) 남양주 양정역세권(1.3) 등
2022년		남양주 왕숙1지구(4.0) 남양주 왕숙2지구(1.0) 인천 계양(1.5) 고양 창릉(2.5) 부천 대장(1.0) 하남 교산(2.5) 안산 장상(1.2) 용산 정비창(3.0) 고덕 강일(0.5) 강서(0.3) 마곡(0.2) 은평(0.1) 고양 탄현(0.6) 남양주 진접2지구(0.9) 남양주 양정역세권(1.5) 광명 학온(1.1) 안양 인덕원(0.3) 안양 관양(0.4) 안양 매곡(0.2) 검암역세권(1.0) 용인 플랫폼시티(3.3) 등

*사전청약 일정은 추진 과정에서 변동 가능 ▒ 신도시

수도권 공공분양 사전청약 자격 요건

- 무주택세대 구성원
- 청약 통장 가입자
- 사전청약 당시 당해 지역 및 수도권에 거주

  단, 당해 지역 우선공급으로 당첨 시 본청약 시점까지 거주 기간 요건을 충족

  (투기과열지구 2년 이상 거주, 그 외 지역 1년, 우선공급 대상이 아닌 당첨자는 거주 기간 요건 없음)
- 일반 공공분양 청약에서의 소득·자산 요건 충족

2021년 7월 이후 공급하는 수도권 택지지구의 공공분양 아파트가 사전청약 대상으로 국민주택 청약 시의 자격과 비슷하다. 차이점은 '당해 지역 우선공급'에 대한 거주 기간 요건 충족 시점이다. 국민주택 일반공급 1순위 조건에서 '당해 지역 우선공급'은 입주자 모집공고일 기준 투기과열지구 2년 이상, 그 외 지역 1년 이상 등이 원칙이다.

사전청약 공급분은 사전청약 시점에서 당해 지역에 거주 중이면 일단 거주 요건 없이 우선공급으로 신청을 하고 이후 본청약 때까지 거주 기간 요건을 충족하면 된다. 변수는 투기과열지구 추가 지정 여부에 따라 거주 기간이 1년에서 2년 이상으로 늘어날 수도 있다는 점이다.

■ **당해 지역 우선공급 청약 시 조건**

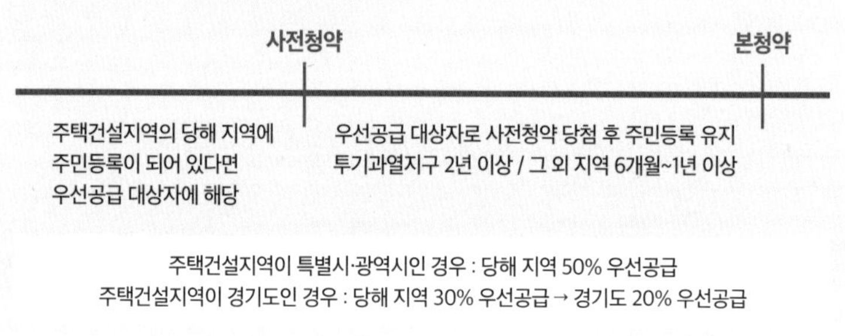

한 가지 더 참고할 부분은 소득·자산 요건은 사전청약 시에만 심사한다는 것이다. 사전청약에 당첨된 후 본청약 시점에 소득이 올라가도 문제가 없다는 의미이다. 과거에 강남 세곡지구, 송파 위례신도시, 하남 감일지구 등의 지역에서 사전청약을 도입한 사례가 있었는데 하남 감일지구의 경우 사전청약과 본청약 사이에 6년이 소요되었다. 토지보상 문제, 개발계획 변경, 문화재 발굴 등의 사유로 본청약 때까지의 기간이 길어질 수 있다는 점도 염두에 두어야 한다.

당해 지역 우선공급을 통해 당첨 확률을 높이자

3기 신도시 청약을 위해 주택건설지역인 당해 지역으로 이사 가는 수요가 폭증하면서 전세 가격이 급등했다는 기사를 본 적이 있는가? 본인의 생활권이 아닌 곳으로 무리해서 이동하는 것은 3기 신도시 청약 전쟁에서 살아남기 위한 무주택자들의 필사적인 몸부림이라 볼 수 있는데 사실 이 방법만이 필승카드라 할 수 있다.

공공분양은 사전청약 시 당해 주택건설지역에 주민등록이 되어 있다면 일단 당해 지역 우선공급으로 당첨된 후 본청약 시까지 주소지를 유지하면 된다. 민간분양은 사전청약 제도가 없지만 청약 시 최대 2년 이상의 거주 기간을 채운다면 당해 지역 우선공급으로 당첨 확률을 높일 수 있다.

여기서 사전청약의 맹점을 짚어 보자면 "당해 지역 우선공급으로 당첨된 자는 본청약 시에 거주 요건을 충족해야 한다."라는 부분이다. 3기 신도시 어느 한 지역의 아파트에 사전청약으로 당첨되었다면 본청약이 진행되는 시점까지 주민등록을 그대로 유지하면 되고,

만약 당첨에 실패했다면 다른 지역으로 주소지를 옮겨 또다시 당해 지역 우선공급에 도전할 수도 있다는 것이다.

본인의 생활권이 아닌데도 청약을 위해 주소지를 옮기는 것을 부동산 은어로 '점프'라고 하는데 이런 불공정한 방법으로 사전청약에 계속 도전하는 청약자도 분명 많다. 그런데 이 방법은 부정행위로 당첨이 취소될 수도 있으니 지양해야 한다. 약간 늦은 감은 있지만 지금이라도 당해 지역 우선공급을 노리고 실제 이사 계획을 세우고 있다면 과연 어느 지역이 조금 더 가능성이 높을까? 이 부분은 당해 지역의 인구수와 공급 물량을 분석할 필요가 있다.

■ 3기 신도시 지역별 인구대비 공급 물량 비율

지역	총 인구	주택공급 총 세대수	총 인구수 대비 공급 물량 비율
과천시	6,3231	7,000	11.0%
하남시	293,452	34,000	11.6%
안산시	654,915	14,000	2.1%
남양주시	713,321	69,000	9.7%
부천시	818,383	20,000	2.4%
고양시	1,079,216	38,000	2.4%
인천광역시	2,942,828	17,000	0.6%

2020년 12월 통계 기준

3기 신도시 지역별 총 인구수 대비 공급 예정된 물량 비율이 가장 높은 지역은 '하남시'이다. 과천 지역도 이 비율은 높은 편이지만 과천지구에 예정되어 있는 주택 수는 7,000호로 공급 물량이 너무 적다. 이런 이유로 수많은 전문가가 3기 신도시 당첨 확률을 높이려면 하남시나 남양주시로 주소를 옮겨 당해 지역 우선공급을 노리라고 조언하는데 과연 이 전략이 맞는 것일까?

3기 신도시 중 하남 교산지구와 남양주 왕숙지구는 대중의 선호도가 상당히 높은 지역이다. 이 지역 당해 지역 우선공급의 당첨을 기대하고 이사하는 수요 중 청약 점수가 높은 쟁쟁한 경쟁자가 많다는 것을 결코 간과해서는 안 된다. 물론 청약 점수가 경쟁력이 있다면 이 지역으로 주소지를 옮겨 충분히 도전해 볼 만한데 보잘 것 없는 청약 점수로 남들이 하는 대로 똑같이 행동한다면 필패한다.

오히려 역발상으로 치열한 청약 전쟁이 예상되는 곳을 피해 안산이나 인천으로 이사하여 당해 지역 우선공급에 도전하는 편이 당첨 확률을 더 높일 수 있다. 정답이 아닐 수도 있지만 다른 경쟁자들에 비해 청약 점수가 부족하다는 판단이 든다면 역발상의 청약 전략이 치열한 청약 전쟁에서 살아남을 수 있는 유일한 방법일 수 있다.

동시분양의 황금 기회를 살려라

2021년 7월부터 3기 신도시의 사전청약이 시작되는데 정보가 아직은 부족하다. 사업 속도가 가장 빠른 지역인 인천 계양지구를 필두로 9~10월에는 남양주 왕숙2지구, 11~12월에는 고양 창릉지구, 하남 교산지구 등이 사전청약을 받는다.

필자의 오랜 경험을 바탕으로 조심스럽게 예측하자면 한 지역의 예정된 사전청약 공급 대상 아파트는 여러 개의 단지를 동시에 분양하는 방식일 것이다. 당첨자 발표일이 같다면 하나의 단지에서 하나의 타입만 선택하여 청약해야 한다는 규칙이 있기 때문에 동시분양으로 진행된다면 청약 통장은 분산될 것이 확실하다. 다른 청약자들에 비해 경쟁력이 떨어져도 경쟁이 덜 치열한 단지의 비인기형 타입을 골라 낼 수 있다면 당첨을 기대할 수 있기 때문에 전략적으로 접근해야 한다.

여기서 다시 한 번 강조하겠다. 본인의 청약 경쟁력을 객관적으로 점검하여 소신 지원을 할지 아니면 하향 지원을 할지에 대한 판단을 분명히 해야 한다. 청약하고자 하는 지역 선택도 마찬가지이다. 3기 신도시에서 강남권과 가장 가까운 과천지구는 누구나 다 청약을 희망하는 지역인데 당첨권에 훨씬 못 미치는 청약 조건으로 앞서 분양하는 타 지역의 청약은 다 넘겨 버리고 인기 지역만 도전하는 것은 무주택의 설움을 날려 버릴 수 있는 황금 같은 기회를 본인 스스로 차 버리는 행위이다.

이어서 신규로 지정된 공공택지지구의 지역별 입지 여건, 개발 호재, 선호도 등을 분석했으니 이를 바탕으로 청약 플랜을 잘 세우길 바란다.

과천 과천지구 혁신 청약 전략

지구명	과천 과천공공주택지구	
위치	경기도 과천시 과천동, 주암동, 막계동 일원	
면적	1,555,496m²(약 470,000평)	
세대수	7,000호(18,000인)	
사업기간	2019~2025년	
사전청약	21년 11~12월	1,800호

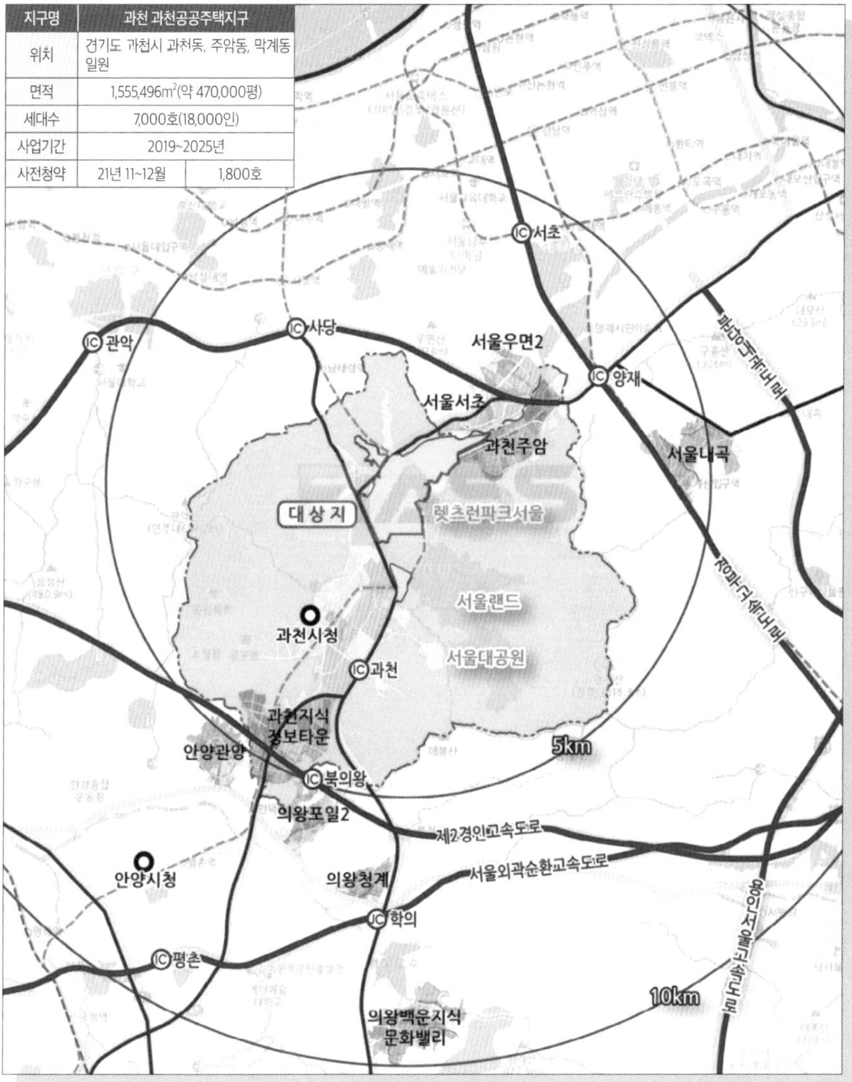

자료 : 환경영향평가정보시스템

타의 추종을 불허하는 신도시 최강 입지와 풍부한 개발 호재

과천 과천지구는 중규모 택지지구로 신도시급 규모는 아니다. 다른 3기 신도시에 비해 규모는 작지만 위치와 주변 개발 호재를 보면 별 5개 만점을 줄 수밖에 없는 1등 입지 조건을 갖추고 있어 대중의 청약 선호도가 가장 높다고 평가할 수 있다.

'경기도종합계획' 핵심 추진 전략 구상 첫 번째에는 글로벌 교육, 과학, 연구 벨트 조성 계획이 있는데 주요 거점 3개 지역에 과천이 포함되어 있다. '과천도시기본계획'은 이 상위 계획을 수용하여 지식기반산업 인프라를 조성해서 도시경쟁력 및 자족성을 강화하고 첨단, 교육, 지식기반도시로의 발전을 도모하고자 한다.

현재 한창 조성공사 중인 '과천지식정보타운'에 대규모 자족시설 용지를 공급하여 자족기능을 강화한 계획 그리고 3기 신도시 과천지구 가용면적의 47%를 자족용지로 조성하여 4호선 역(선바위, 경마공원, 대공원) 주변에 집중 배치한 계획은 '국토개발계획'에 따른 것으로 판교에 버금가는 4차 산업혁명의 메카 도시로의 발전이 기대된다.

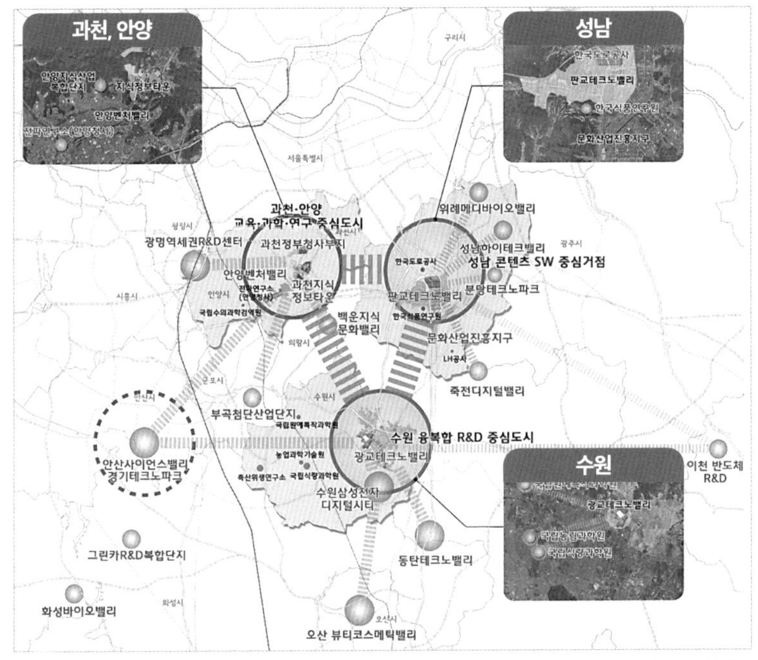

자료 : 경기도종합계획

강남 인접 최강 입지, GTX-C, 수려한 녹지 공간으로 선호도 1순위

과천시와 서초구의 경계에 위치한 과천지구는 '준강남'이라 불리는 입지적인 강점을 가지고 있으며 관악산, 청계산 등의 녹지로 둘러싸여 있어 주거 환경이 매우 우수하다. 교통 대책 또한 완벽한데 기존 4호선을 이용하여 서울 2도심인 종로, 강남으로의 접근성이 용이한 데다 정부과천청사역에 신설되는 'GTX-C' 수도권 광역급행철도를 이용하면 강남 삼성역까지 도달하는 소요시간은 '단 7분'이다. 그 밖에 양재, 수서를 지나 서울 동남권 위례신도시까지 이어지는 '과천~위례선'이 추진 중인데 이 노선은 신분당선, 수서역 SRT 등 주요 광역철도와 연결되기 때문에 그 파급력 역시 적지 않을 것이다.

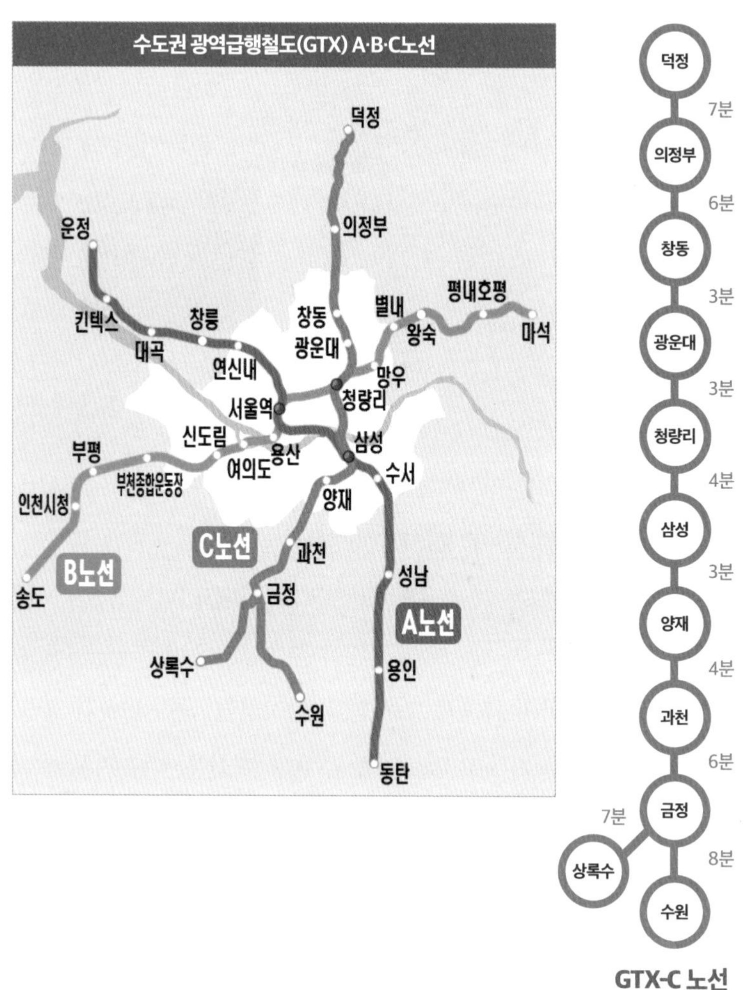

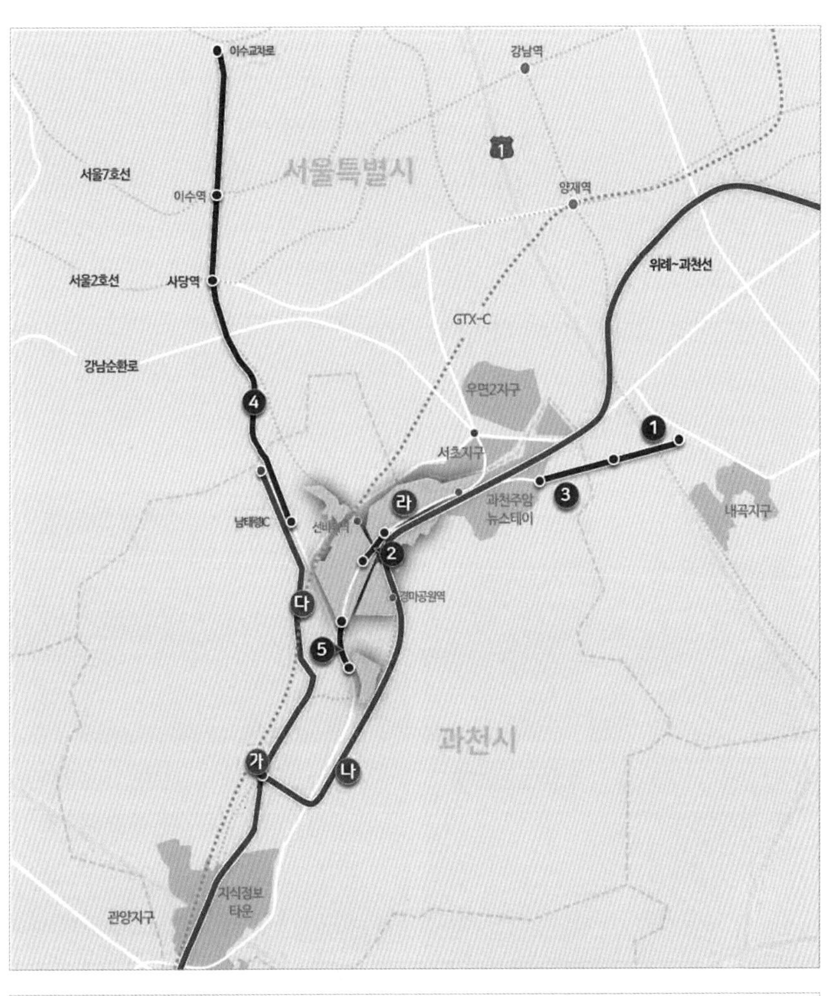

대중교통 확충		도로교통 개선	
가	GTX-C 정부과천청사역 환승역사	1	청계산지하차도~염곡IC도로구조개선 0.8km/810억원
나	위례과천선(복정역~정부과천청사역) 20km/4000억원	2	과천~우면산간도시고속화도로지하화 0.35km/950억원
다	안양~사당 BRT 11.2km / 220억원	3	과천대로~헌릉로 연결도로 0.94km/394억원
라	과천지구 환승시설 700억원	4	이수-과천 간 복합터널 5.4km/100억원
마	대중교통운영지원 20억원	5	상아벌지하차도 확장 및 통합 234억원

자료 : 국토교통부

그 밖에 다음과 같은 다양한 도로 교통 개선 대책이 있다.

① 과천~우면산간 도로 지하화(2.7km)
② 과천대로~헌릉로 연결도로 신설(왕복 4차로, 4km)
③ 과천~송파간 민자도로 노선 확장, 변경(3.4km)
④ 선바위역 복합환승센터(4호선과 광역버스 연계)
⑤ 이수~과천간 복합터널(5.4km)

자료 : 과천도시기본계획

탄탄한 교통 대책뿐만 아니라 낡고 오래되어 기능을 다한 구도심 재건축 추진, 문화 녹지 공간 확충 등 도시 재생에도 많은 힘을 쓰고 있다. 과천지식정보타운과 과천주암지구, 과천지구의 계속되는 신규 아파트 공급과 대규모 자족용지를 통한 첨단 지식산업센터가 조성되는 과천은 젊고 활기 넘치는 도시, 수도권에서 가장 살고 싶은 지역으로 주목받을 것이 분명하다.

■ **과천 과천지구 토지이용구상(안)**

자료 : 환경영향평가정보지원시스템

과천지구 토지이용구상안 : 역세권 중심으로 자족기능 집중

아직 세부적이지 않고 변동의 여지도 있지만 현재 발표된 과천지구 토지이용계획안을 보면 역세권 위주로 지원시설용지를 공간 배치했다는 것이 눈에 띈다. 인공지능, 빅데이터, 사물 인터넷 등을 기반으로 한 첨단 지식산업센터를 조성하겠다는 과천도시기본계획을 그대로 반영하여 과천지구 내 지원시설용지를 요지에 집중시킨 것으로 평가할 수 있다.

상업용지는 역세권 인근으로만 배치하여 그 비율을 최소화했으며 지하철 3호선 선바위역은 앞서 설명한 대로 복합환승센터로 계획한 것을 확인할 수 있다. 양재천과 막계천 수변을 따라 주거 공간을 배치하여 친환경적인 쾌적한 단지가 기대되는 매우 잘 설계된 토지이용계획안으로 평가할 수 있다.

과천지구에서 주택 외 부동산 투자 물건을 추천한다면 고민 없이 '지식산업센터(구 아파트형 공장)'를 들 수 있다. 부동산 투자에도 유행이 있는데 지금까지 그런 투자 트렌드를 잘 따라갔을 경우 백전백승이었다. 부동산 규제에서 자유롭고 세제 혜택도 많은 지식산업센터가 근래 몇 년간 투자 트렌드로 견고하게 자리 잡았는데 이제는 공급 수요에 따른 리스크를 걱정할 때가 되었다. 투자 수요가 증가하면서 공급 물량이 너무 많아진 데다가 베드타운을 방지하기 위해 3기 신도시 전부에 자족시설용지 비율을 높여 앞으로 분양 예정인 물량도 상당히 많이 있기 때문이다.

그런데 필자가 과천지구의 지식산업센터는 투자를 추천하는데 그 이유는 과연 무엇일까? 첫째는 강남과의 접근성이 무척 좋고, 둘째는 자연 친화적인 업무 환경 때문이다. 유행의 정점에 있다고 판단할 수 있는 현재의 지식산업센터 투자는 옥석 가리기가 중요한데 과천지구에서 역세권 인근으로 배치된 지식산업센터는 강남권에 있는 회사들이 신축 사옥을 찾기 위해 가장 먼저 고려하게 될 대상이다. 따라서 앞으로의 가치 상승은 의심할 여지가 없을 것 같다.

과천지구 청약 전략

■ 과천지구 사전청약 물량 배정표

2021년 11~12월 예정

	다자녀 (10%)		노부모부양 (5%)			신혼부부 (30%)			생애최초 (25%)			기타 (15%)	일반 (15%)		
	경기도 (50%)	수도권 (50%)	과천시 (30%)	경기도 (20%)	수도권 (50%)	과천시 (30%)	경기도 (20%)	수도권 (50%)	과천시 (30%)	경기도 (20%)	수도권 (50%)		과천시 (30%)	경기도 (20%)	수도권 (50%)
물량	90	90	27	18	45	162	108	270	135	90	225	270	81	54	135

과천은 투기과열지구로 다음과 같은 순서대로 공급한다.(다자녀 특별공급과 기관 추천 등 기타 물량은 다른 규칙 적용)

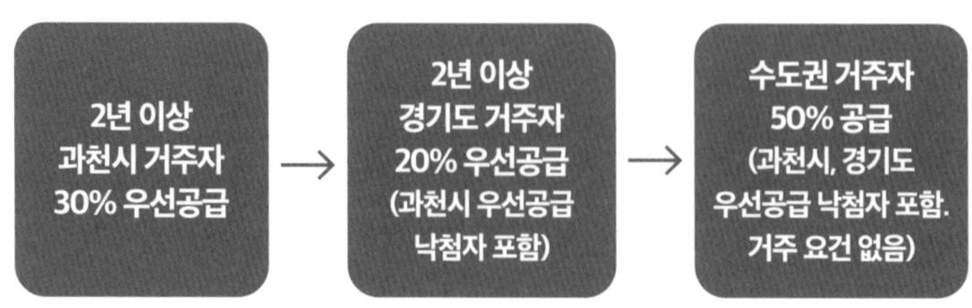

과천지구는 주택 7,000호가 계획되어 있는데 그중 사전청약 물량 1,800호를 2021년 11~12월에 공급할 예정이다. 임대아파트는 미포함일 것으로 예상하고 사전청약 물량 1,800호가 순수 일반 공공분양 아파트라고 가정했을 때 특별공급과 일반공급 물량이 지역별로 어떻게 배정되는지를 따져 봐야 커트라인을 가늠해 볼 수 있다.

앞서 설명했듯이 사전청약 시 우선공급으로 당첨된 사람은 본청약 시까지 2년 이상의 거주 요건을 충족해야 한다는 점을 유의해야 한다. 과천시와 경기도 거주자에게 우선공급하고 남은 나머지 50% 물량은 수도권 거주자에게 공급하는데 이때는 거주 요건이 없지만 본청약 시까지 수도권에 주민등록을 유지하고 있어야 한다.

앞에서 제시한 물량 배정표에는 분양하는 아파트 단지, 단위세대 개수를 배제했는데 단지와 타입이 쪼개지면 물량은 더욱더 줄어든다. 그리고 신혼부부 대상자에게 공급하는 '신혼희망타운' 공급 물량이 많이 예정되어 있다면 신혼부부 특별공급 외 다른 특별공급과 일반공급 물량이 극소수만 남게 될 가능성도 배제할 수 없다. 물량이 너무 적기 때문에 청약자들의 눈치싸움은 매우 치열할 것이다.

■ 과천지구 국민주택에 도전 가능한 청약 요건

	다자녀 (10%)		노부모부양 (5%)			신혼부부 (30%)			생애최초 (25%)			기타 (15%)	일반 (15%)		
	경기도 (50%)	수도권 (50%)	과천시 (30%)	경기도 (20%)	수도권 (50%)	과천시 (30%)	경기도 (20%)	수도권 (50%)	과천시 (30%)	경기도 (20%)	수도권 (50%)		과천시 (30%)	경기도 (20%)	수도권 (50%)
커트라인	70점 이상	80점 이상	1,500만원 이상	2,300만원 이상	2,400만원 이상	9점 이상	11점 이상	11점 이상	추첨			-	1,700만원 이상	2,500만원 이상	2,600만원 이상

필자의 오랜 경험을 바탕으로 예상한 당첨 커트라인 기준을 제시했는데 절대 맹신하지 말고 참고만 하길 바란다. 청약 당시의 시장 분위기가 가장 중요하고 분양 가격, 공급되는 아파트의 브랜드, 평면 설계 구조, 대출 규제 등 변수가 너무나도 많기 때문에 오차가 클 수 있다. 하지만 이 기준에도 한참 못 미친다면 다른 청약 전략을 세워야 한다는 점은 확실히 말할 수 있다.

과천지구의 잠재력을 생각한다면 "어떻게든 당첨만 되자."라는 대중 심리가 팽배하여 점수가 높은 청약자들도 비인기 단지, 비인기 타입으로 하향 안정 지원을 생각할 것이다. 청약 당일 신청 마감이 임박할 때까지도 타입 선택에 고민할 수밖에 없는 치열한 눈치 싸움이 펼쳐질 것이기에 당첨되려면 행운도 뒤따라야 하겠다.

과천지구 민영주택 청약 가점 커트라인은 69점 이상

3기 신도시는 '공공주택특별법'에 따라 조성되어 건설되는 주택의 50% 이상을 공공주택으로 지어야 한다. 과천지구 민영주택 공급 물량을 최대치로 잡아도 3,500호뿐인데 민간분양 공급 물량이 매우 적어 청약 가점 69점(4인 가족 기준 최고 점수) 이상이 되어야만 청약에 도전해 볼 수 있다. 청약 가점이 69점 동점일 경우 추첨으로 당첨자가 선정되기 때문에 69점 대상자끼리도 경쟁이 너무 치열하다. 만약 청약 가점이 69점에 미치지 못한다면 과천은 포기하고 다른 3기 신도시 도전을 생각해 보는 것이 현명할 것이다.

과천시는 인구가 6만 3,231명으로 매우 작은 소규모 도시인데 경쟁력 있는 청약 조건을 갖춘 당해 지역 거주자들이 상당수 있다는 것을 과천지식정보타운 청약 결과를 보고 알 수 있었다. 과천에 오랜 기간 거주하면서 청약 가점 관리를 잘하여 과천지식정보타운의 아파트 당첨을 꿈꿨지만 예상보다 훨씬 높은 당첨 커트라인으로 낙첨의 좌절을 맛본 사람이 너무나도 많다. 이 낙첨자들이 다시 한 번 칼을 갈고 마지막이라는 각오로 과천 3기 신도시에 도전을 준비하고 있다. 이미 한 번의 실패를 경험했기 때문에 당첨 전략으로 눈높이를 많이 낮추리란 것을 예상할 수 있다.

하남 교산지구 혁신 청약 전략

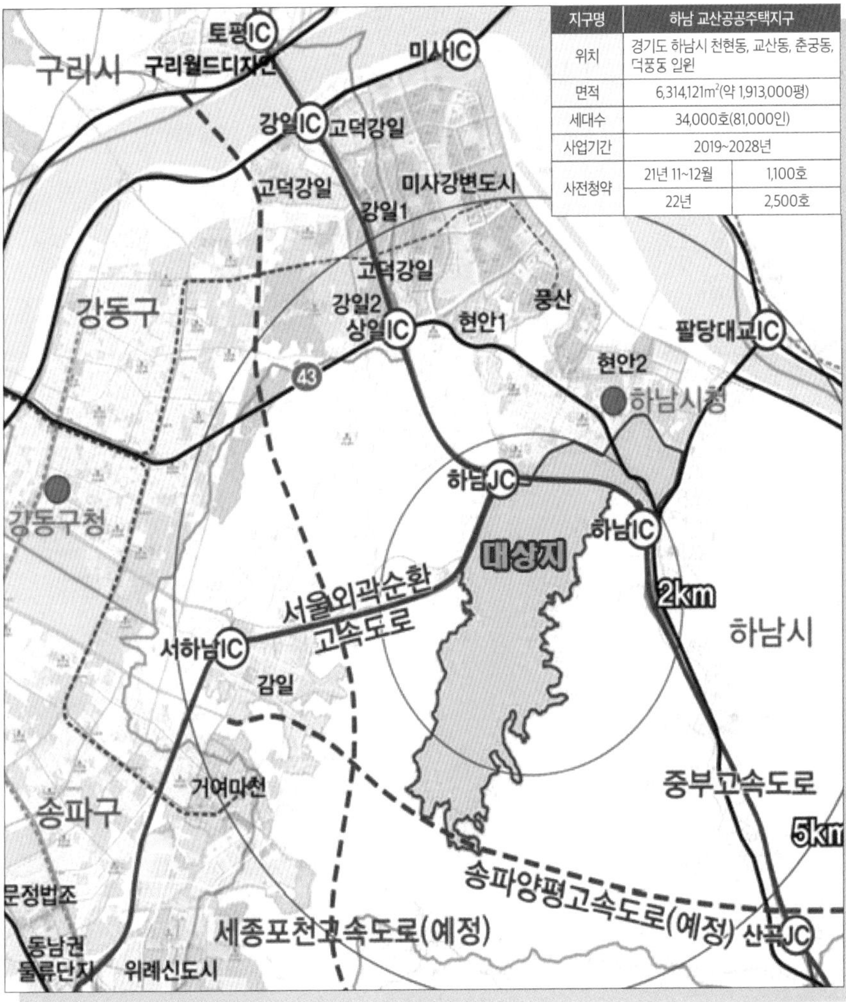

지구명	하남 교산공공주택지구	
위치	경기도 하남시 천현동, 교산동, 춘궁동, 덕풍동 일원	
면적	6,314,121m^2(약 1,913,000평)	
세대수	34,000호(81,000인)	
사업기간	2019~2028년	
사전청약	21년 11~12월	1,100호
	22년	2,500호

자료 : 국토교통부

지하철 호재를 안고 자족기능까지 갖추려는 하남의 거침없는 행보

3기 신도시 선호도 순위에서 당당히 1위를 차지한 곳이 바로 하남 교산지구이다. 입지 조건은 과천이 우위에 있다고 평가할 수 있지만 하남 교산지구 선호도가 더 높은 이유는 아무래도 편리하고 다양한 생활편의시설을 기대할 수 있는 대규모 신도시에다 주택 공급 물량이 많이 계획되어 있기 때문일 것이다.

위례신도시와 미사강변도시로 인해 하남의 주가는 폭등했고 감일지구 입주가 시작되면서 인구 유입이 빠르게 증가하고 있다. 3기 신도시로 교산지구가 지정되면서 하남의 위상은 날이 갈수록 높아지고 있는데 여기서 끝이 아니다. 대규모 도시로의 발전을 꿈꾸고 있는 하남시는 '2030 하남시 중·장기발전계획'을 발표하여 서울 동남권과 맞닿은 지리적 강점을 앞세워 첨단 자족도시를 위한 '하남 퓨처밸리' 개발 사업을 공개했다.

하남은 위례, 미사강변, 감일, 교산 택지 조성으로 수도권 신주거지로서의 입지를 강화하는 데는 성공했지만 산업, 경제 부문은 아직도 많이 미흡하다. 일자리가 대부분 물류 유통 분야여서 양질의 일자리 창출을 위해 초이동, 감북동 일대에 미래 유망 업종인 핀테크와 블록체인 복합단지를 조성하여 하남시의 도시경쟁력을 확보하고 지역경제 활성화를 도모하겠다는 계획이 바로 하남 퓨처밸리 개발 사업이다.

■ 하남 퓨처밸리 개발 사업(안)

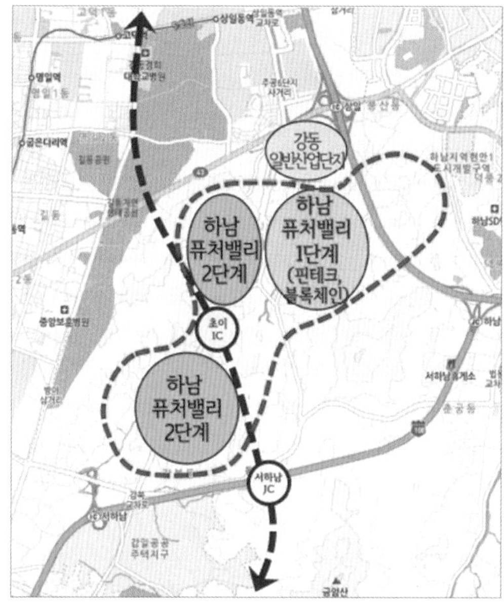

자료 : 2030 하남시 중·장기발전계획

❖ **목적** - 강동 일반산업단지 개발과 연계한 하남시 혁신거점 확보 및 지역경제 활성화 (사업비 1단계 - 1조 원, 2단계 - 1조 원)

❖ **근거 법규** - 도시개발법

❖ **사업 내용**(사업면적 : 1단계 660,000m^2 / 2단계 660,000m^2 - 단계별 사업비 1조 원)

- 하남 퓨처밸리 1단계(핀테크+블록체인 복합단지) 조성
- 하남 퓨처밸리 2단계(첨단 복합단지) 조성
  - 강동 일반산업단지와 연계한 첨단 자족기능 벨트 구축
  - 하남 퓨처밸리 1단계 사업 추진 경과 및 성과 도출 후 초이동+감북동 일대의 하남 퓨처밸리 2단계 사업 추진

❖ **주요 사례**

- 판교 테크노밸리 - 첨단 업무단지 + 스타트업지원센터
- 과천 지식정보타운 - 업무 + 주거복합단지(지하철역 신설)

❖**기대 효과**

- 하남시 입지적 장점을 살린 첨단 복합공간 벨트 조성
- 하남시 자족기능 다양성 확대 및 인구 유입 기대
- 상일IC 및 초이IC와 연계한 시너지 기대

서울 강동구 둔촌동과 길동에 인접한 하남 감북동과 초이동은 오래전부터 개발 압력을 받아 온 지역이다. 서울~세종 고속도로 초이IC 인근에 조성할 계획인 하남 퓨처밸리는 상일IC 인근의 강동 일반산업단지와 연계하여 시너지 효과를 기대할 수 있다.

하남시가 계획하고 있는 또 다른 핵심 사업 중 하나는 만남의 광장 일대를 복합환승센터 및 유통물류단지로 개발하겠다는 것이다. 교통의 요충지인 하남 만남의 광장까지 지하철 3호선 연장선을 끌고와 이 지역을 복합환승센터 및 유통물류단지로 개발하여 서울 강동 및 경기 중부 지역 광역 교통 환경을 개선하고 서울 강변역의 동서울터미널 역할을 분담하겠다는 야심찬 계획이다.

사통팔달의 광역 고속 도로망 구축, 지하철 3·5·9호선 연장, 대규모 택지지구 조성 등 모든 걸 다 이룬 것처럼 보이지만 지역경제 활성화를 위한 자족기능 향상은 하남시 입장에서 매우 절실하다. 3기 신도시 '교산지구'의 지정으로 그간 계획으로만 있던 개발 사업들이 탄력을 받을 것으로 기대된다.

■ 하남 복합환승센터 개발 사업(안)

자료 : 2030 하남시 중·장기발전계획

❖ **목적** - 하남 만남의 광장 일대를 복합개발을 통한 환승센터 및 복합유통물류단지로 개발하여 하남시의 랜드마크 창출 및 도시 경쟁력 확보

❖ **근거 법규** - 도시개발법

❖ **사업내용**(대지면적 330,000m² / 연면적 495,000m² / 사업비 2조 5,000억 원)

- 복합환승센터 기능 : 도심공항터미널, 지하철(3호선) 역사, 고속터미널(동서울터미널 이전), 고속도로 휴게소 등
- 복합유통물류단지 : 유통물류산업단지
- 자족기능 확보 : 호텔, 컨벤션센터, 극장 등 문화관람시설, 복합쇼핑몰 등
- 스마트 시티 시스템 기반의 첨단 복합환승센터 조성

❖ **주요 사례**

- 수서역 환승센터 복합개발 - 5개 환승역 + 업무 + 주거 기능
- 독일 베를린 중앙역 - 환승역 + 업무 + 상업 기능

❖ **기대 효과**

- 하남시 입지를 살린 새로운 랜드마크 및 자족기능 조성 기대
- 서울 강동 및 경기 중부 지역 광역 교통 환경 개선
- 주요 기반시설 조기 건설로 3기 신도시 조성 사업 연착륙 기대

지리적 강점이 교통 환경 개선을 만나 청약자들이 가장 선호하는 지역

하남은 오랜 기간 대중교통이 매우 열악하여 입지적인 강점을 가지고도 상대적으로 저평가받아 온 지역인데 최근 굵직한 철도 교통 호재가 터지면서 수도권 투자 지역 1순위로 재평가받고 있다. 지하철 5호선이 최근 개통했으며 3기 신도시 광역 교통 개선 대책으로 지하철 9호선과 3호선 연장이 확정되면서 그 수혜를 톡톡히 보고 있는 것이다.

황금노선이라 불리는 지하철 9호선이 서울 강동~하남 미사~남양주 왕숙신도시까지 연장하기로 확정되었는데 2024년 상반기에 착공해 2028년 하반기 준공을 목표로 하고 있다. 송파를 거쳐 강남, 종로 등 서울 주요 지역을 경유하는 지하철 3호선은 하남 감일~하남 교산~하남시청역까지의 연장이 확정되었다. 불투명했던 지하철 계획이 확정, 추진되면서 하남 지역의 집값 상승은 브레이크 없이 질주할 것이다.

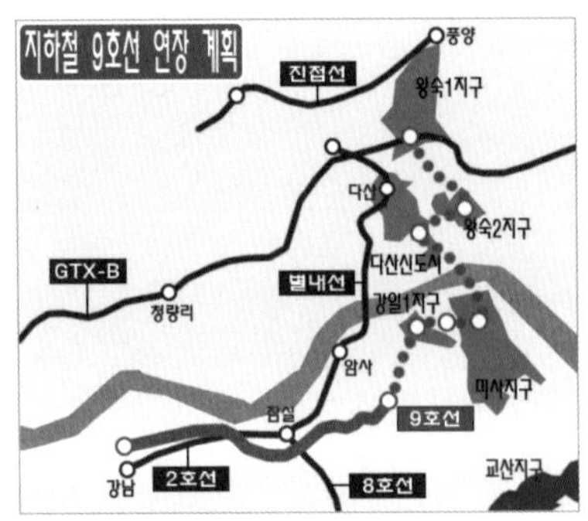

■ 하남 교산지구 광역 교통 개선 대책(안)

대중교통 확충

- ㉮ 송파~하남간 도시철도 건설 12km/15,401억원
- ㉯ BRT 신설 및 지구내 가로변 버스전용차로 설치 2km/30억원
- ㉰ 동남로 연결도로 BRT 설치(편도) 2.6km/173억원
- ㉱ 교산지구 환승시설 20억원
- ㉲ 중앙보훈병원역 환승시설 120억원
- ㉳ 하남드림휴게소 환승시설
- ㉴ 대중교통운영지원 및 회차공간확보 100억원

도로교통 개선

- ❶ 객산터널~국도43호선 1km/391억원
- ❷ 서울~양평고속도로 부분확장 4.7km/천억원
- ❸ 신팔당대교 1.7km
- ❹ 서하남로 확장 1.4km/395억원
- ❺ 동남로연결도로 2.6km/766억원
- ❻ 황산~초이간도로 2.1km/560억원
- ❼ 국도43호선 도로확장 및 개선 5.4km/321억원
- ❽ 천현로 교량확장 0.1km/58억원
- ❾ 감일지구~고골간 도로 1.8km/347억원
- ❿ 동남로 확장 및 개선 3.7km/638억원
- ⓫ 서하남IC 입구 교차로 부분확장 0.2km/55억원
- ⓬ 위례성대로 TSM 7억원
- ⓭ 초이IC 북방향 연결로 35억원

자료 : 국토교통부

또한 지구 내 BRT(간선급행버스)가 신설되어 각 지하철 역사까지의 이동 편의성을 극대화할 계획이며 도로의 신설 또는 확장으로 도로 교통 개선에도 사업비를 대폭 투입해 추진할 계획이다. 이러한 광역 교통 개선 대책으로 강남권까지 1시간 넘게 소요되는 시간을 50% 이상 단축시킬 수 있을 것으로 예상된다.

그 밖에도 우수한 자연환경과 높은 녹지 비율로 신도시에서 기대할 수 있는 쾌적함 역시 갖추고 있다.

외곽순환도로, 중부고속도로, 서울~세종고속도로(예정) 등 사통팔달의 광역 도로 교통망의 요지에 위치한 하남 교산지구는 위례, 감일, 미사, 강일지구와 연계하여 동남권 신흥 주거 벨트로 주목받을 것이 분명하다.

하남 교산지구 토지이용계획(안)

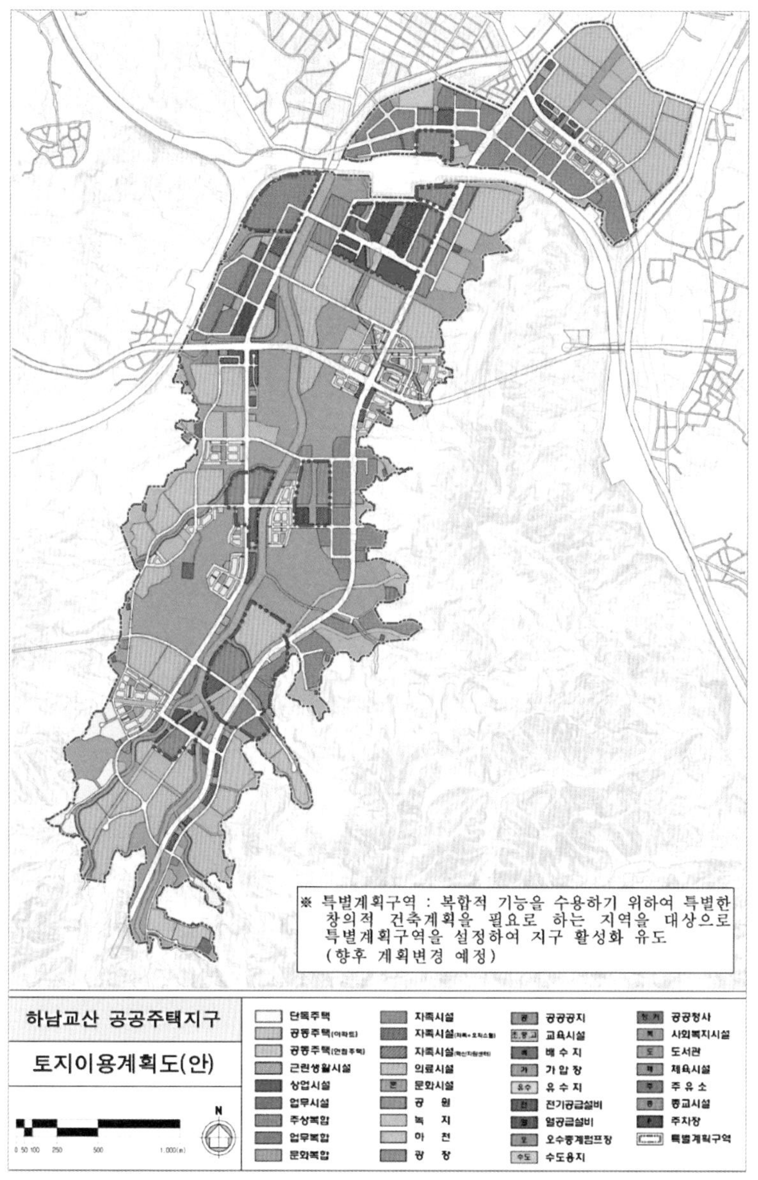

자료 : 환경영향평가정보지원시스템

교산지구 토지이용계획안 : 수계축과 이어지는 역세권 특화 설계

하남 교산지구의 토지이용계획안을 보면 하천을 고려한 도시 골격 구조 형성을 파악할 수 있다. 덕풍천 등 10개의 수계축과 문화재를 고려한 남북 2축의 가로망 체계를 구축하여 도시철도역을 중심으로 도시 중심 기능을 배치하고 덕풍천을 따라 특화 기능을 배치했다.

교산지구를 둘러싼 산의 지형을 그대로 살려 동서 방향으로는 생태축을 확보하고 자족시설용지를 중심부에 집적시켜 시너지 효과 창출이 가능하게끔 한 토지이용계획이라 분석할 수 있다. 교산지구 내 계획된 자족용지는 약 900,000m^2(27만 평) 면적으로 판교의 1.4배 정도 되는 규모로서 감북·초이지구에 조성할 예정인 '하남 퓨처밸리'와 연계한 '하남 스마트밸리'를 통해 자족도시로의 발전을 중·장기적인 관점에서 추진하고 있다.

부동산 투자자 관점에서 교산지구 토지이용계획안을 살펴보면 어떠한 부동산에 투자를 해야 할지 명확한 답이 나온다. 수변공원을 끼고 있는 역세권 점포겸용단독주택은 필자가 가장 먼저 투자하고 싶을 정도로 매력적이다. 점포겸용단독주택은 상가주택이라고도 하는데 보통 1층은 근린생활시설, 2~4층은 다가구주택으로 건축되는 수익형 부동산으로 꼬마빌딩이라 칭하기도 한다.

점포겸용단독주택은 1층 근린생활시설의 임대수익이 투자 가치를 결정짓는 가장 중요한 요소이기 때문에 상권 활성화가 핵심인데 보통 상권이 활성화된 지역은 주거로서의 쾌적함이 떨어지기 마련이다. 그런데 점포겸용주택이 수변공원을 끼고 있다면 이야기가 달라진다.

판교신도시 운중천 주변의 점포겸용단독주택을 예로 들어 보겠다. 서판교 운중천 주변의 점포겸용주택 1층 근린생활시설에는 카페, 브런치 레스토랑 등 식음 업종이 입점하면서 '카페거리'가 조성되어 깨끗한 상권으로의 활성화와 주거 환경의 쾌적함, 이 두 마리 토끼를 다 잡았기 때문에 시세가 가장 높게 형성되어 있다.

교산지구 단독주택의 용적률은 판교보다 높고(판교신도시 용적률 : 150%, 교산지구 용적률 : 200% 예상) 단독주택 일조권 사선 제한 규제도 완화하겠다는 이슈도 있기 때문에 여러모로 판교보다 투자 가치가 높아 보인다.

교산지구 상업용지 비율은 전체면적의 0.8% 수준으로 2기 신도시 상업용지 비율 평균 2.17%에 훨씬 못 미친다. 지하철 3호선 연장이 확정되었기 때문에 역세권 상가 투자도 주목받을 것이다. 자족용지에 분양하는 오피스 투자도 고려해 볼 만한데 강남 접근성이 우수하고 쾌적한 업무 환경을 기대할 수 있는 데다가 부동산 규제도 덜하기 때문에 투자 수요가 상당히 많을 것으로 예상된다.

신도시 토지이용계획을 완벽히 분석해서 투자성이 높은 부동산을 선별하여 초기에 투자하면 실패하지 않을 것이다. 지금보다 나은 삶을 살기 위해서는 주택 외의 부동산 투자에도 관심을 가져야 한다. 신도시는 누구에게나 투자로 성공할 수 있는 기회가 열려 있다는 것을 하루라도 빨리 깨우치길 바란다.

교산지구 청약 전략

■ 교산지구 1차 사전청약 물량 배정표

2021년 11~12월 예정

	다자녀 (10%)		노부모부양 (5%)			신혼부부 (30%)			생애최초 (25%)			기타 (15%)	일반 (15%)		
	경기도 (50%)	수도권 (50%)	하남시 (30%)	경기도 (20%)	수도권 (50%)	하남시 (30%)	경기도 (20%)	수도권 (50%)	하남시 (30%)	경기도 (20%)	수도권 (50%)		하남시 (30%)	경기도 (20%)	수도권 (50%)
물량	55	55	17	11	27	99	66	165	83	55	137	165	50	33	82

■ 교산지구 2차 사전청약 물량 배정표

2022년 예정

	다자녀 (10%)		노부모부양 (5%)			신혼부부 (30%)			생애최초 (25%)			기타 (15%)	일반 (15%)		
	경기도 (50%)	수도권 (50%)	하남시 (30%)	경기도 (20%)	수도권 (50%)	하남시 (30%)	경기도 (20%)	수도권 (50%)	하남시 (30%)	경기도 (20%)	수도권 (50%)		하남시 (30%)	경기도 (20%)	수도권 (50%)
물량	125	125	38	25	62	225	150	375	188	125	312	375	113	75	187

하남은 투기과열지구로 다음과 같은 순서대로 공급한다.(다자녀 특별공급과 기관 추천 등 기타 물량은 다른 규칙 적용)

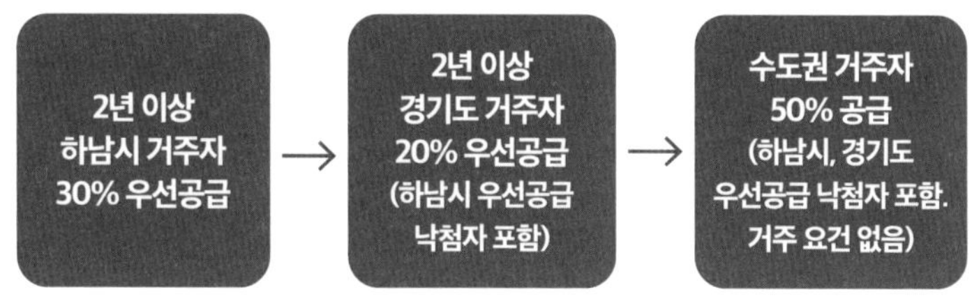

하남 교산지구는 2회에 거쳐 사전청약이 예정되어 있는데 1차 주택 1,100호 물량을 2021년 11~12월경에, 2차 주택 2,500호 물량을 2022년에 공급할 계획이다. 교산지구 사전청약 예정단지에 '신혼희망타운'이 대거 포함되어 있다면 다자녀, 노부모 등의 특별공급과 일반공급 물량은 이보다 훨씬 더 줄어들 수 있다.

사전청약을 2회로 나눠 진행하기 때문에 1차와 2차에 공급하는 주택의 입지 컨디션이 매우 중요하다. 청약 경쟁률을 떨어뜨리려면 B급지 주택을 1차로 공급하여 경쟁력이 높은 예비 청약자들의 시선을 A급지 주택이 속해 있는 2차 사전청약으로 돌려야 할 필요가 있는데 공급 시행자의 이러한 배려심(?)은 사실 기대하기 힘들다. 1차와 2차 사전청약 예정인 아파트의 입지 조건에 따라 청약 전략이 완전히 달라질 수 있다는 점을 명심하길 바란다.

■ **교산지구 국민주택에 도전 가능한 청약 요건**

	다자녀 (10%)		노부모부양 (5%)			신혼부부 (30%)			생애최초 (25%)			기타 (15%)	일반 (15%)		
	경기도 (50%)	수도권 (50%)	하남시 (30%)	경기도 (20%)	수도권 (50%)	하남시 (30%)	경기도 (20%)	수도권 (50%)	하남시 (30%)	경기도 (20%)	수도권 (50%)		하남시 (30%)	경기도 (20%)	수도권 (50%)
커트라인	55점 이상	70점 이상	1,100만원 이상	1,300만원 이상	1,500만원 이상	8점 이상	10점 이상	10점 이상	추첨			-	1,600만원 이상	2,100만원 이상	2,200만원 이상

하남시는 인구가 29만 3,452명으로 비교적 소규모 도시이다. 청약 인구가 적어 위례신도시 하남 지역과 미사·감일지구 분양 당시 하남에 주민등록만 되어 있었다면 그리 어렵지 않게 아파트 청약에 당첨

되었다. 그래서 업자들이 하남을 '기회의 땅'으로 불렀는데 과연 지금도 손쉽게 당첨될 수 있을까?

최근에 분양했던 과천지식정보타운 청약 결과를 살펴보면 교산지구는 이제껏 하남 지역에 분양했던 아파트 청약 결과와 다른 양상으로 전개될 가능성이 높다. 로또 분양이 예상되는 과천지식정보타운 청약을 위해 청약 점수가 높은 대상자들이 과천시로 대거 유입되면서 당해 인구가 계속 급증했고, 이는 아파트 청약 결과에 그대로 반영되어 과거 택지개발지구 아파트 청약 결과에서는 볼 수 없었던 경이로운 당첨 커트라인이 나왔다. 수도권에서 인구가 가장 적은 지역 중 하나인 과천시에서 말이다.

현재 하남시도 청약 수요로 인해 인구가 계속 유입되는 추세이기 때문에 당첨 커트라인이 과거 위례하남, 감일, 미사의 경우보다 약간 높을 것으로 예상한다. 다시 한 번 강조하지만 앞에서 제시한 '교산지구 국민주택 커트라인 예상 점수'는 필자의 오랜 경험과 청약 시장의 움직임을 반영하여 대략적으로 산출해 낸 결과일 뿐이므로 실제 당첨 커트라인과 편차가 클 수도 있다는 점을 유의하여 참고하길 바란다.

교산지구 민영주택 청약 가점 커트라인은 60점대 중반 이상

현재 발표된 교산지구 토지이용계획안을 보면 주상복합아파트를 포함한 민영주택 공급 세대수가 1만 2,000호 내외로 보인다. 단지별 입지와 단위세대별 평면 설계 구조, 분양 가격, 분양 시기 등에 따라 청약 가점 커트라인의 차이가 크겠지만 하남 당해 지역 우선공급에서 입지가 가장 우수한 특A급 아파트에 소신 있게 청약해도 될 만큼 경쟁력이 높은 점수는 64점 이상으로 보인다.

청약 가점 60점 이하 하남 당해 지역 거주자들도 단지와 타입을 잘 선택하면 당첨을 기대할 수 있으니 혁신적인 청약 전략 수립이 필수적이다. 경기도와 수도권 거주자 중 청약 가점 68점 이상은 A급 입지의 아파트에 충분히 도전할 수 있고, 60점대 중반의 점수라면 눈높이를 한 단계 낮춰야 하는 것이 현실이다.

필자가 제시한 청약 가점에 미치지 못한다면 추첨 물량이 많은 타입을 공략하는 것이 당첨을 위한 청약 전략임을 명심하자. 한 가지 조언을 더 하자면 청약은 빨리 승부를 보는 것이 좋다. 신도시 아파트 청약 시장의 흐름을 보게 되면 분양 초기가 경쟁률, 분양 가격, 당첨 커트라인이 가장 낮았다. 아파트 청약 통장을 너무 아끼다가 아무짝에도 쓸모없이 무용지물이 되는 경우도 많다는 것을 꼭 기억하자.

남양주 왕숙지구 혁신 청약 전략

지구명	남양주 왕숙공공주택지구		
위치	왕숙1지구	남양주시 진접읍 연평리, 내곡리, 내각리, 진건읍, 신월리, 진관리,사능리 일원	
	왕숙2지구	남양주시 일패동, 이패동 일원	
면적	왕숙1지구	8,662,125m²(약 2,625,000평)	
	왕숙2지구	2,391,830m²(약 723,000평)	
세대수	69,000호(161,000인)		
사업기간	2019~2028년		
사전청약	21년 9~10월	왕숙2지구	1,500호
	21년 11~12월	왕숙1지구	2,400호
	22년	왕숙2지구	1,000호
		왕숙1지구	4,000호

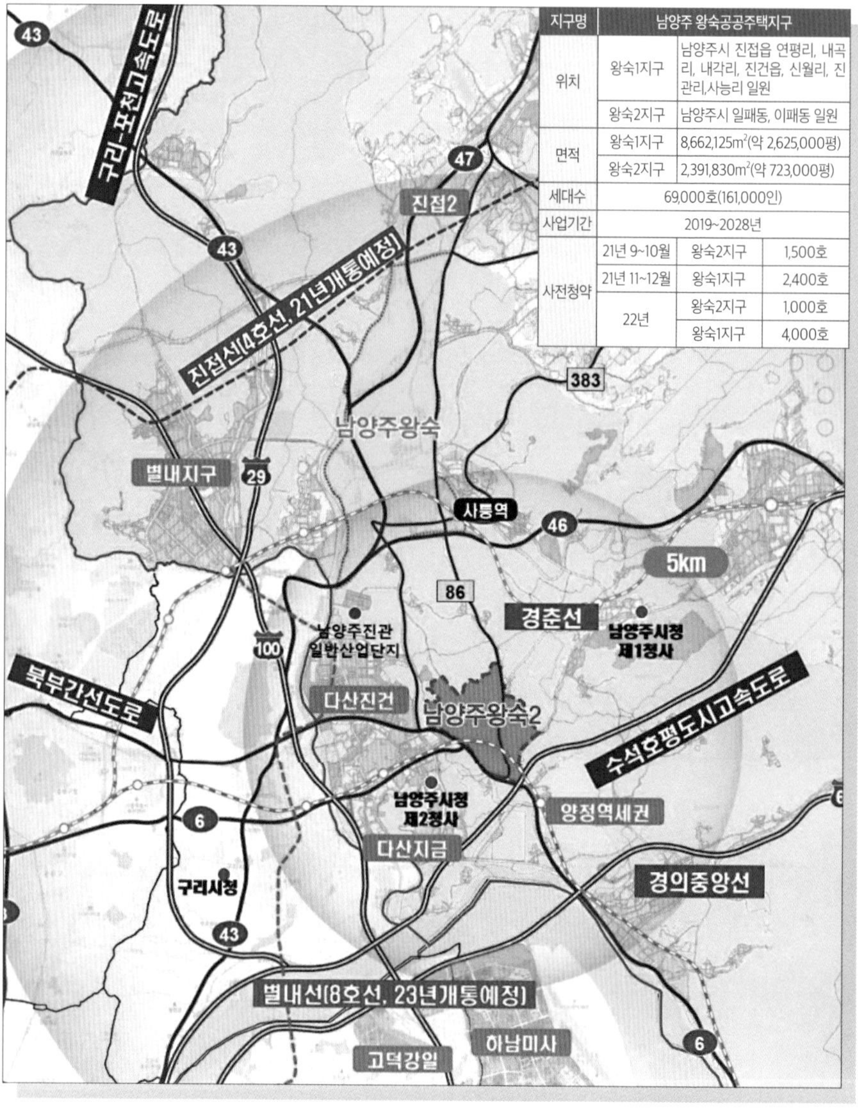

자료 : 환경영향평가정보지원시스템

남양주 교통혁명의 중심 왕숙지구

남양주 왕숙지구는 3기 신도시들 중에서 가장 큰 규모로 일산과 맞먹는다. 규모가 크다는 것은 주택 공급 물량이 많다는 것을 의미하고 대량의 인구 유입이 예상되기 때문에 교통 기반 시설 확충이 불가피하며 다양한 생활편의시설도 계획해야 한다.

남양주 왕숙지구는 1지구와 2지구로 구분되어 있다. 왕숙1지구는 5만 4,000호의 주택 공급을 계획하고 있는데 경제 중심 도시의 자족도시를 표방하여 지역경제 활성화와 충분한 일자리 창출을 기대하고 있다. 왕숙2지구는 1만 5,000호의 주택 공급을 계획하고 있는데 전시, 공연, 창작 등의 기능이 융화된 문화예술 중심 도시로 조성될 예정이다.

GTX-B(수도권 광역급행철도) 노선을 왕숙1지구로 끌어오면서 수도권 동북부의 거점이 될 수 있는 근간을 세웠으며 왕숙2지구에는 경의중앙선 역사가 신설될 예정이다. 그리고 서울 강일지구, 하남 미사지구를 거쳐 남양주 왕숙지구까지 지하철 9호선을 연장한다는 계획이 확정되어 이 일대 광역 철도망이 획기적으로 구축될 것이다.

그 밖에 한강 교량 신설 및 올림픽대로, 북부간선도로, 경춘북로 확장 등 도로 교통 부분도 크게 개선되어 서울 주요 거점 지역까지의 통행시간이 크게 단축될 것으로 예상된다. 수도권 동부권과 서부권을 빠르게 연결시켜 주는 GTX-B의 파급 효과는 실로 엄청날 것이며 지하철 9호선까지 확정되어 서울 동남권 접근성까지 크게 개선되었다. GTX와 지하철 4·6·8·9호선 연장으로 남양주는 교통혁명을 일으키고 있는데 그 중심이 바로 3기 신도시 왕숙지구이다.

■ 왕숙지구 광역 철도 계획(안)

자료 : 국토교통부

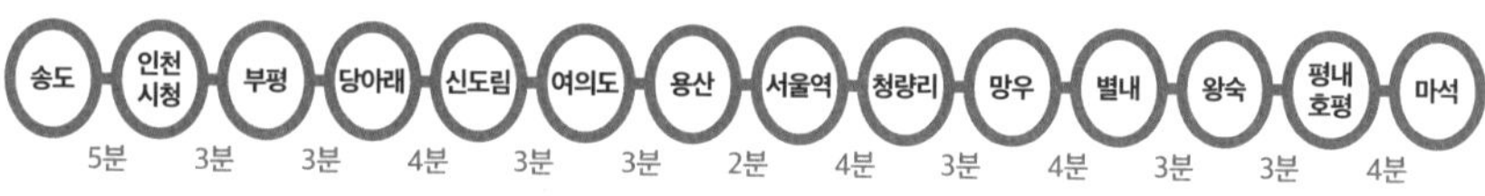

GTX-B 노선

'2035 남양주시 도시기본계획'은 남양주시 공간 구조를 1도심 3부도심 2지역중심으로 개편하고 계획인구를 116만 명으로 설정하는 내용을 담고 있다. 도시의 여건 변화 등을 고려해 공간 구조와 생활권을 개편했는데 1도심에 왕숙지구가 포함된 것을 알 수 있다. 목표 인구를 달성하기 위해서는 자족도시의 기능을 강화해야 하는데 기대가 컸던 '구리남양주 테크노밸리' 조성사업은 결국 무산되었다. 하지만 왕숙지구에 판교 테크노밸리의 2배 규모(42만 평)의 자족용지를 확보했기 때문에 이를 잘 활용하여 남양주도시기본계획의 내용을 잘 실천해 나가길 기대한다.

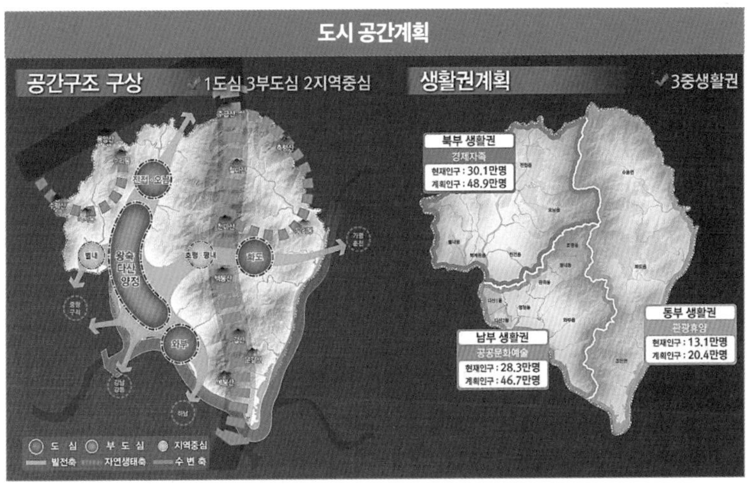

자료 : 2035 남양주 도시기본계획

남양주 왕숙지구 개발을 진행하면서 도로 교통 개선 대책도 발표했는데 한강변 도로망의 교통 수요 분산을 위해 한강교량을 신설하고 올림픽대로도 확장할 계획이다. 상습정체구간인 북부간선도로와 경춘북로, 국도46호선도 확장해 남양주~서울 방면의 교통도 개선할 계획이다. 남양주 왕숙지구의 광역 교통 개선 대책이 잘 추진되어 완성되면 서울역 방면은 기존 45분에서 25분으로, 강남역 방면은 기존 70분에서 45분으로 통행시간이 크게 단축되고 북부간선도로, 강변북로, 올림픽대로 등 기존 도로의 교통 여건이 크게 개선될 전망이다.

■ 왕숙지구 광역 교통 개선 대책(안)

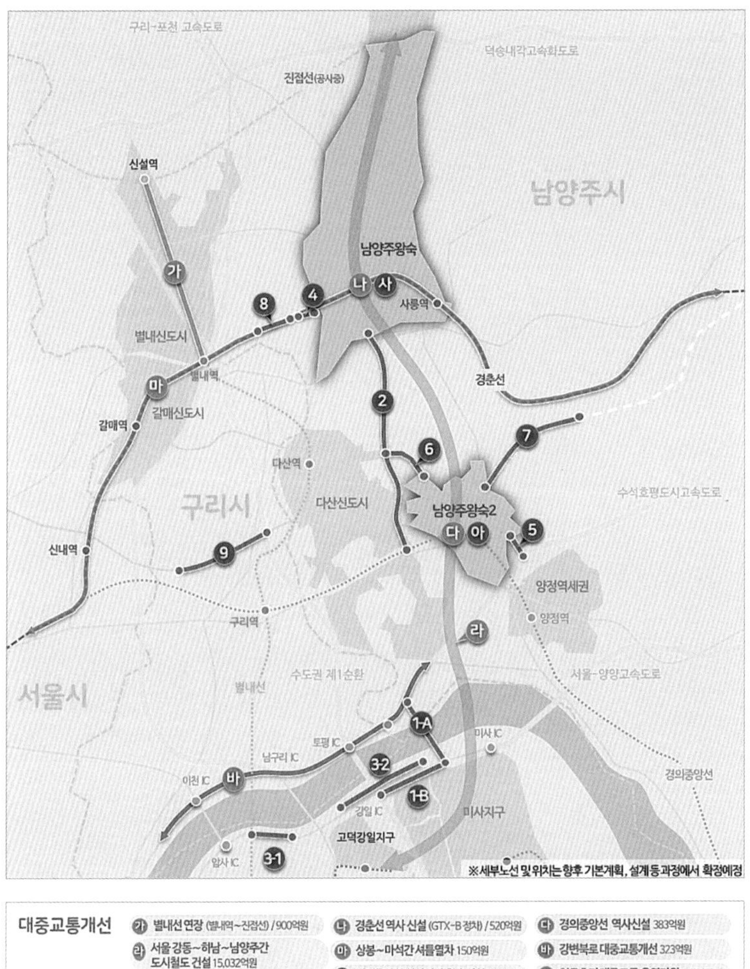

대중교통개선
- ㉮ 별내선 연장 (별내역~진접선) / 900억원
- ㉯ 경춘선 역사 신설 (GTX-B 정차) / 520억원
- ㉰ 경의중앙선 역사신설 383억원
- ㉱ 서울 강동~하남~남양주간 도시철도 건설 15,032억원
- ㉲ 상봉~마석간 셔틀열차 150억원
- ㉳ 강변북로 대중교통개선 323억원
- ㉴ 경춘선 신설 역사환승시설 480억원
- ㉵ 경의중앙선 신설역사 환승시설 350억원
- - 입주초기 대중교통 운영지원 145억원

도로교통 개선
- 1-A 한강 교량 신설(4차로/1,962억원)
- 1-B 올림픽대로 확장(강일IC~선동IC / 31억원)
- 2 지방도383호선 확장(왕숙2~도농4) / 708억원
- 3-1 올림픽대로 확장(암사IC~강동IC) / 86억원
- 3-2 강일IC 우회도로 신설 292억원
- 4 진관교 확장 40억원
- 5 연결도로 신설(왕숙2~양정역세권) / 228억원
- 6 연계도로 신설(왕숙2~다산) / 311억원
- 7 구국도46호선 확장 (진인4~금곡4) / 577억원
- 8 경춘북로 확장 (퇴계원4~진관교) / 617억원
- 9 북부간선도로 확장(인창IC~구리IC) / 490억원

자료 : 국토교통부

■ 남양주 왕숙1지구 토지이용계획(안)

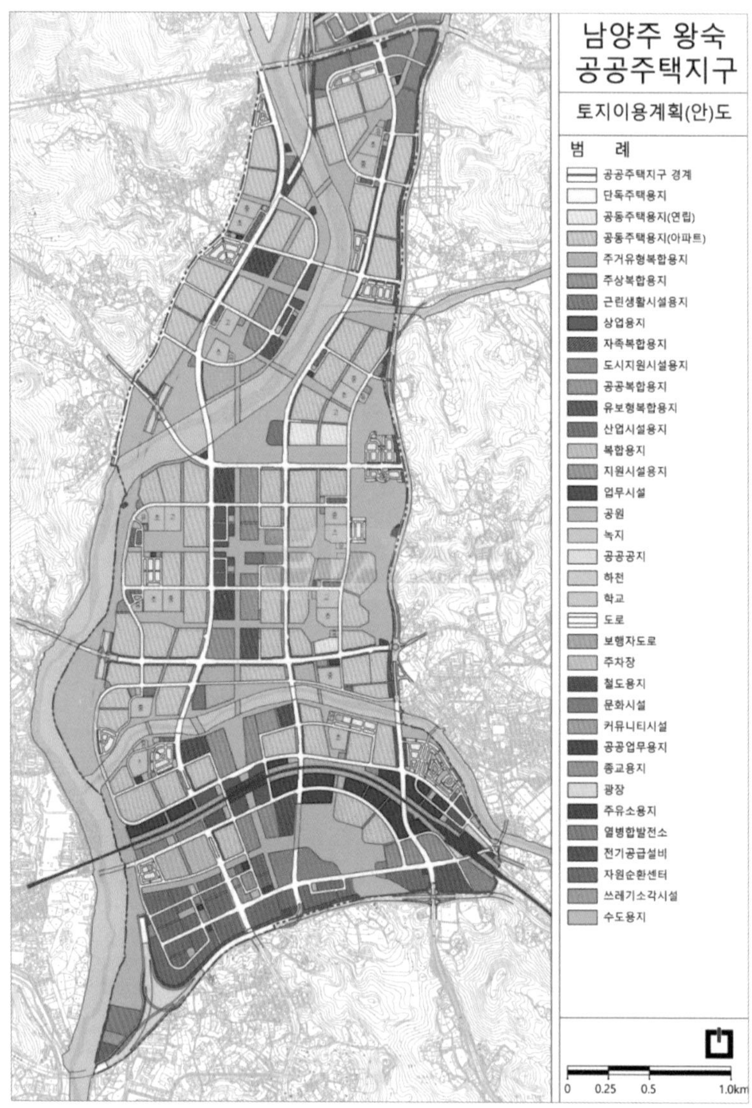

자료 : 환경영향평가정보지원시스템

왕숙1지구 토지이용계획안 : GTX-B 역세권 특화 계획

남양주 왕숙1지구의 토지이용계획안을 살펴보면 GTX-B 역사 주변을 '특별계획구역'으로 지정하여 역세권 특화 계획을 도보하고 있으며, 자족용지를 철도 역사 인근 남쪽으로 집중 배치해 주택용지와 단절시켜 쾌적한 주거 환경을 조성했다. 왕숙천과 사릉천변에 접근도로를 만들어 수변공간의 열린 공원 조성으로 접근성이 용이해 보이며 수변공간과 연계된 특화주거단지 배치가 기대된다.

단점으로는 아파트의 과밀화를 들 수 있는데 사업지구면적 8,662,125m²에 주택 5만 4,000호를 계획했으니 이 부분은 어쩔 수 없이 안고 가야 할 문제인 듯하다. 참고로 2기 신도시 판교는 사업지구면적 8,921,788m²에 주택 29,263호를 공급했다.

주택 외 다른 부동산을 추천하자면 상가 투자를 최우선으로 꼽을 수 있다. 수용계획인구에 비해 사업지구 면적이 작기 때문에 항아리 상권 형성으로 소비가 집중되는 지역이 눈에 보인다. GTX와 지하철 9호선 노선이 상당히 좋기 때문에 철도 대중교통을 이용하는 인구가 많다고 예상했을 때 역세권 상가 투자는 큰 성공을 기대할 수 있을 것이다.

왕숙1지구 토지이용계획을 보완할 수 있다면 2가지를 제안하고 싶다. 첫째는 단독주택용지 구성 비율이 약 2%로 공동주택에 비해 적어 보인다. 단독주택을 원하는 수요도 많기 때문에 이 부분을 고려하여 단독주택용지 구성 비율을 약간 더 높이는 것이 바람직하다. 둘째는 최남쪽에 교육 시설이 없는데 아마도 지원시설용지를 집중해서 배치했기 때문인 듯하다. 교육 환경이 떨어져서 학교 등의 교육 시설 배치를 전혀 고려하지 않았겠지만 최남쪽에도 주택용지가 있으니 학교 통학 문제도 고려해야 한다. 주택용지와 자족용지를 완전 분리, 단절시켜 북쪽에 있는 자족용지와 남쪽에 있는 주택용지의 위치를 맞바꾸는 방안이 더 좋아 보인다.

■ 남양주 왕숙2지구 토지이용계획(안)

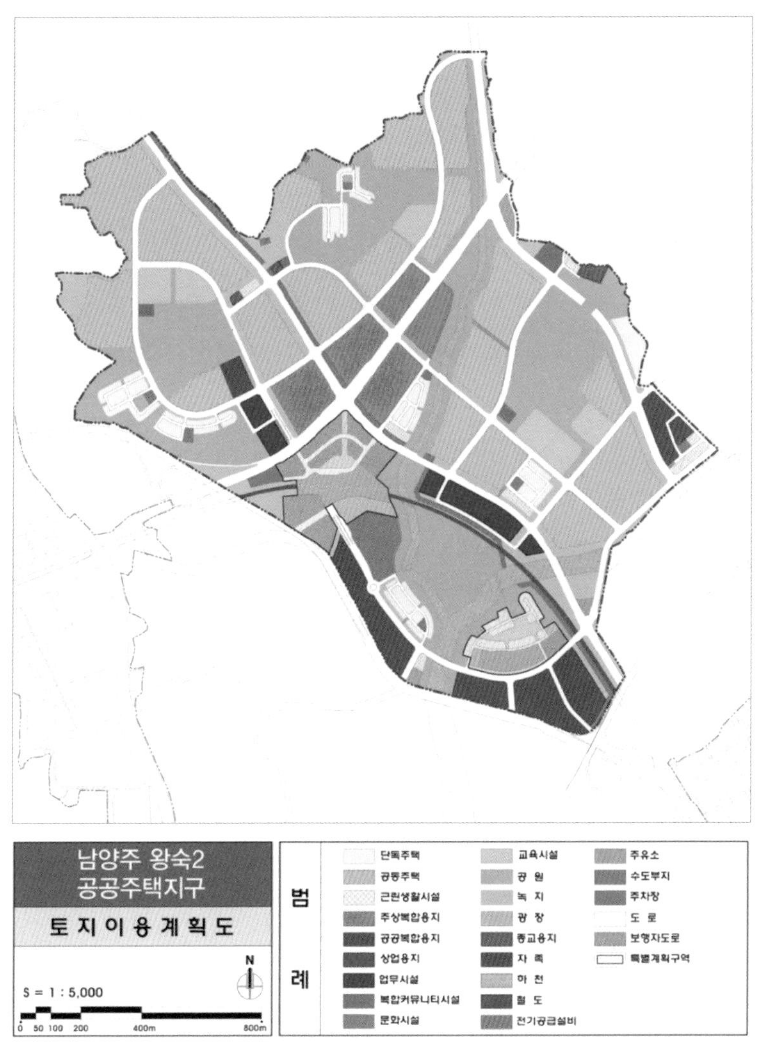

자료 : 환경영향평가정보지원시스템

왕숙2지구 토지이용계획안 : 지하철 역사 예정지에 문화시설 배치

사업지구 내 공원녹지 비율을 30% 정도 확보한 친환경 주거단지 조성을 강조한 토지이용계획안이라 평가할 수 있다. 일패천, 홍릉천 수변을 따라 공원녹지를 계획함으로써 사업지구 내외부를 연계하는 생태 네트워크를 구축하여 개발과 환경이 공존하는 사업 계획을 수립했다. 문화시설용지를 상업용지와 함께 중심 지역에 배치해 왕숙2지구를 문화예술의 도시로 조성하겠다는 정부의 계획을 적극 반영한 토지이용계획이다.

단점으로는 도시지원시설과 상업업무 기능 축소에 따라 다양한 생활편의시설을 기대할 수 없다는 점과 비정형 모양의 주거용지로 인해 건축 배치가 불리하다는 점을 들 수 있다.

왕숙2지구는 총 1만 5,000세대로 계획인구가 적기 때문에 활발한 상권 형성을 기대하기 힘들어 상가 투자를 고려한다면 신중히 접근해야 할 것이다. 지하철 9호선 신설 역사 예정지 인근의 점포겸용주택은 투자성이 매우 높아 보인다. 지하철 역사까지 반경 300m 내로 역세권이면서 수변을 끼고 있어 1층 식음 업종 상권의 활성화와 주거지로서의 쾌적함을 동시에 충족하고 있는 점포겸용주택 최적의 입지 조건이다.

왕숙1지구와 2지구를 묶어서 설명하고 있지만 두 지역의 거리가 꽤 떨어져 있어 생활권이 다른 각각의 택지지구로 보는 것이 맞을 수도 있는데 GTX-B 역사와 가깝고 다양한 편의시설을 통해 편리한 생활 인프라를 기대할 수 있는 왕숙1지구 청약 선호도가 높다고 볼 수 있다. 자족기능 강화에 초점을 맞춘 왕숙1지구와 문화생활이 중심이 되는 왕숙2지구의 성격이 완전히 다르기 때문에 차별해서 청약 계획을 세워야 한다.

왕숙지구 청약 전략

■ 왕숙1지구 1차 사전청약 물량 배정표

2021년 11~12월 예정

	다자녀 (10%)		노부모부양 (5%)			신혼부부 (30%)			생애최초 (25%)			기타 (15%)	일반 (15%)		
	경기도 (50%)	수도권 (50%)	남양주시 (30%)	경기도 (20%)	수도권 (50%)	남양주시 (30%)	경기도 (20%)	수도권 (50%)	남양주시 (30%)	경기도 (20%)	수도권 (50%)		남양주시 (30%)	경기도 (20%)	수도권 (50%)
물량	120	120	36	24	60	216	144	360	180	120	300	360	108	72	180

■ 왕숙1지구 2차 사전청약 물량 배정표

2022년 예정

	다자녀 (10%)		노부모부양 (5%)			신혼부부 (30%)			생애최초 (25%)			기타 (15%)	일반 (15%)		
	경기도 (50%)	수도권 (50%)	남양주시 (30%)	경기도 (20%)	수도권 (50%)	남양주시 (30%)	경기도 (20%)	수도권 (50%)	남양주시 (30%)	경기도 (20%)	수도권 (50%)		남양주시 (30%)	경기도 (20%)	수도권 (50%)
물량	200	200	60	40	100	360	240	600	300	200	500	600	180	120	300

■ 왕숙2지구 1차 사전청약 물량 배정표

2021년 9~10월 예정

	다자녀 (10%)		노부모부양 (5%)			신혼부부 (30%)			생애최초 (25%)			기타 (15%)	일반 (15%)		
	경기도 (50%)	수도권 (50%)	남양주시 (30%)	경기도 (20%)	수도권 (50%)	남양주시 (30%)	경기도 (20%)	수도권 (50%)	남양주시 (30%)	경기도 (20%)	수도권 (50%)		남양주시 (30%)	경기도 (20%)	수도권 (50%)
물량	75	75	23	15	37	135	90	225	113	75	187	225	68	45	112

■ 왕숙2지구 2차 사전청약 물량 배정표

2022년 예정

	다자녀 (10%)		노부모부양 (5%)			신혼부부 (30%)			생애최초 (25%)			기타 (15%)	일반 (15%)		
	경기도 (50%)	수도권 (50%)	남양주시 (30%)	경기도 (20%)	수도권 (50%)	남양주시 (30%)	경기도 (20%)	수도권 (50%)	남양주시 (30%)	경기도 (20%)	수도권 (50%)		남양주시 (30%)	경기도 (20%)	수도권 (50%)
물량	50	50	15	10	25	90	60	150	75	50	125	150	45	30	75

남양주는 비투기과열지구로 다음과 같은 순서대로 공급한다.(다자녀 특별공급과 기관 추천 등 기타 물량은 다른 규칙 적용)

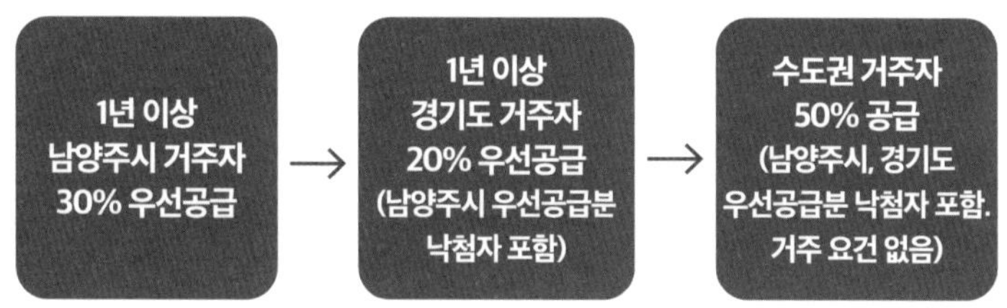

남양주 왕숙지구 사전청약은 왕숙2지구가 먼저 시작한다. 아무래도 왕숙2지구가 왕숙1지구에 비해 무게감이 떨어지니 청약 점수가 부족한 청약자들은 왕숙2지구를 타깃으로 삼아야 할 것이다. 먼저 본인이 가지고 있는 청약 통장이 왕숙2지구를 넘기고 왕숙1지구에 도전할 만큼 날카로운지를 객관적으로 점검해 보기 바란다.

남양주는 투기과열지구가 아니기 때문에 당해 우선공급 거주 요건이 1년이다. 사전청약 시에 남양주로 주소지를 옮겨 당첨에 성공한 후 본청약 시까지 1년의 거주 요건만 충족하면 되기에 지금도 이 지역 청약을 위한 이사 수요가 상당히 많다. 남양주 왕숙지구는 3기 신도시 중에서 공급 물량이 가장 많기 때문에 아파트 당첨을 위한 전략으로 주소지 이전을 진지하게 고민할 필요가 있다.

■ 왕숙지구 국민주택에 도전 가능한 청약 요건

	다자녀 (10%)		노부모부양 (5%)			신혼부부 (30%)			생애최초 (25%)			기타 (15%)	일반 (15%)		
	경기도 (50%)	수도권 (50%)	남양주시 (30%)	경기도 (20%)	수도권 (50%)	남양주시 (30%)	경기도 (20%)	수도권 (50%)	남양주시 (30%)	경기도 (20%)	수도권 (50%)		남양주시 (30%)	경기도 (20%)	수도권 (50%)
커트라인	40점 이상	60점 이상	800만원 이상	1,200만원 이상	1,200만원 이상	7점 이상	8점 이상	8점 이상	추첨			-	1,300만원 이상	1,600만원 이상	1,650만원 이상

과거에 남양주 대규모 택지개발지구인 다산신도시 청약이 한창일 때 부동산 주택 경기가 나쁘지 않았는데도 아파트 청약 경쟁은 그리 높지 않아 당첨의 문턱은 매우 낮았고 일부 단지에서는 청약 1순위 미달까지 있었다. 그 정도로 대중에게 소외받았던 지역인 남양주

가 지금은 철도 교통 호재를 품고 무주택자들의 워너비 지역으로 우뚝 자리 잡았다.

그러므로 과거 다산신도시 공공분양과 민간분양 아파트 당첨 커트라인을 비교하여 청약 계획을 세우고 있다면 당장 수정해야 한다. 수도권 아파트의 가격 폭등으로 내 집 마련에 실패한 무주택자들이 주변 시세보다 싸게 나오는 3기 신도시 분양만을 목 빼고 기다리고 있다는 것을 다시 한 번 상기하여 청약 경쟁력이 다소 부족하다고 생각된다면 먼저 분양하는 왕숙2지구에 집중해야 한다.

만약 왕숙1지구를 먼저 분양했다면 대다수 사람이 순차적으로 2개 지구 모두 청약에 도전할 테지만 입지가 조금 더 우수하다고 평가받는 왕숙1지구가 나중에 분양하므로 왕숙2지구 사전청약을 그냥 지나치는 사람이 많을 것이다. 청약 점수가 높지 않다면 대중의 이런 심리를 공략해야 한다.

앞에서 제시한 표는 최저 당첨 커트라인을 예상한 것으로 지하철 역세권 단지는 청약 점수가 훨씬 더 높아야 당첨을 기대할 수 있을 것이다. 치열한 경쟁이 예상되는 왕숙1지구에 도전할 것인지, 아니면 당첨의 문턱이 약간 낮은 왕숙2지구에 집중할 것인지 잘 생각하여 현명한 판단을 하길 바란다.

왕숙지구 민영주택 청약 가점 커트라인은 50점대

민간분양 아파트 전략도 마찬가지이다. 역세권과 비역세권에 따라 당첨 커트라인 점수 차이가 매우 클 것이다. 자기 자신을 아는 것이 어려운 일이지만 다시 한 번 강조한다. 자신의 상황을 객관적으로 점검하여 GTX, 9호선 역세권 아파트에 소신 지원할 것인지, 아니면 당첨을 위해 비역세권 아파트에 하향 안정 지원할 것인지 지금부터 고민하고 연구해야 한다. 왕숙지구 민영주택 분양 시점의 분위기는 지금과 다를 수도 있겠지만 현재의 뜨거운 청약 열기가 식지 않은 상황이라고 가정한다면 당해 지역 가점 64점 이상, 수도권 가점 67점 이상의 대상자 외에는 청약 경쟁이 치열한 곳은 피해야 할 것이다.

고양 창릉지구 혁신 청약 전략

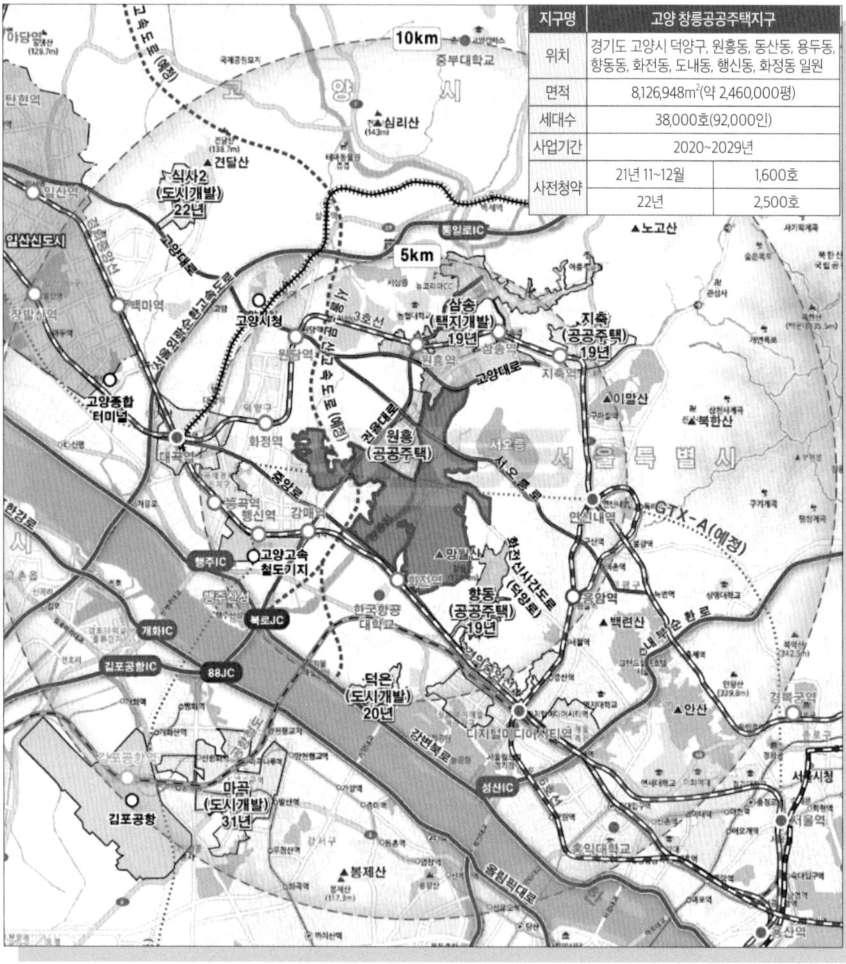

지구명	고양 창릉공공주택지구	
위치	경기도 고양시 덕양구, 원흥동, 동산동, 용두동, 향동동, 화전동, 도내동, 행신동, 화정동 일원	
면적	8,126,948m^2(약 2,460,000평)	
세대수	38,000호(92,000인)	
사업기간	2020~2029년	
사전청약	21년 11~12월	1,600호
	22년	2,500호

자료 : 환경영향평가정보지원시스템

GTX-A 창릉역 신설 확정으로 몸값 급등

향후 수도권 부동산 가격은 GTX 길 따라 재편될 것이라는 데 이견은 없을 것이다. 창릉역이 신설되면 GTX를 타고 강남 삼성역까지 10분이면 도달한다고 하니 가히 교통혁명이라 할 수 있다. 창릉지구를 GTX-B와 지하철 9호선이 예정된 왕숙지구와 동급으로 표기했지만 가장 빠르게 진행되고 있는 GTX-A의 철도 공사 상황을 보면 창릉지구가 한 수 위라고 볼 수도 있다.

어쩌면 창릉지구 내에서도 역세권 최고 입지의 아파트 단지는 3기 신도시 통틀어 시세가 가장 높을 수도 있기에 별 4개의 평가는 박하다고 생각하는 독자도 분명 있을 것이다. 잠재력이 무궁무진하기 때문에 3기 신도시 선호도 최상위권 지역으로 생각하고 청약 1순위 후보군에 포함시켜 계속 관심 있게 지켜봐야 한다.

GTX-A로 강남 생활권을 품으려는 고양 창릉지구

GTX-A의 파급력은 실로 어마어마할 것이다. IT, 방송, 미디어, 통신, 문화 등이 집적해 있는 '상암동 디지털미디어시티(DMC)' 종사자들의 배후 주거지로 주목받는 고양 창릉지구는 'GTX-A 창릉역'으로 인해 종로, 강남 등의 고급 비즈니스 수요까지 광역적으로 흡수할 수 있는 여건까지 갖췄기 때문에 지금은 확실히 저평가됐다는 생각이 든다. 서울 은평구 수색증산뉴타운 및 고양시 향동지구, 덕은지구, 창릉지구로 이어지는 서북권 신 주거 벨트 라인은 인근 지역 주민의 삶의 질을 향상시켜 수도권의 떠오르는 투자처로 각광받을 것이다.

그 밖에 '고양~서울 은평간 철도건설(고양시청~새절역)', '중앙로~통일로 BRT 연계' 등의 대중교통 개선과 '수색교', '강변북로' 확장 등의 도로 교통 개선 계획이 있다.

■ **창릉지구 광역 교통 개선 대책(안)**

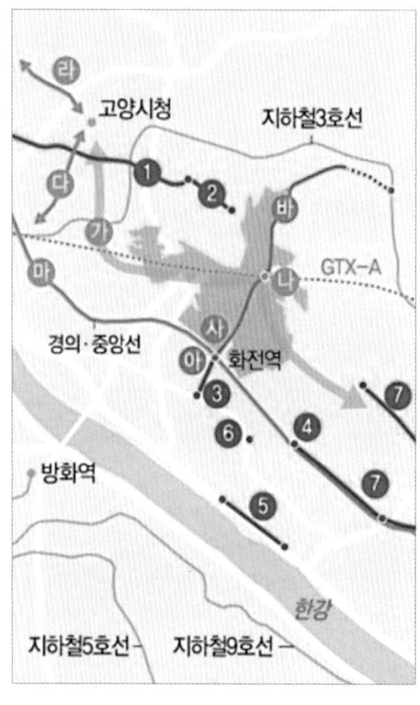

■ **대중 교통 개선**

가. 고양~서울 은평 간 철도건설(고양시청~새절역)
나. GTX-A 창릉역 신설
다. 대곡~고양시청 신교통수단 신설
라. 고양시청~식사지구 신교통수단
마. 경의중앙선 증차
●. 입주 초기 대중교통 운영 지원
바. 중앙로~통일로 BRT 연계
사. 화전역 환승시설
아. 화전역~BRT 정류장 연계
자. 광역버스 교통체계 개선

■ **도로교통 개선**

1. 일산~서오릉도 연결도로
2. 서오릉로 부분 확장(4차로 → 6차로)
3. 중앙로~제2자유로 연결도로
4. 수색교 확장(7차로 → 9차로)
5. 강변북로 확장(10차로 → 12차로)
6. 덕은2교 교차로 개선
7. 서울 간선도로 TSM

자료 : 국토교통부

GTX-A 노선

고양시는 일산 킨텍스를 중심으로 국제적 규모의 MICE 복합단지를 조성하여 국제화를 선도하는 '국제정보교류도시'의 미래상을 계획하고 있다. 그리고 경원선과 연결되는 교외선 정비 및 개성으로 연결되는 서울~문산 고속도로 개통 등 남북 교류의 중심지 구축을 위한 중·장기적 계획을 실천해 가는 중이다.

고양시는 MBC, SBS, EBS 등 방송·영상 관련 산업이 이미 특화되어 있고 킨텍스, 한류월드 등 국제적 규모의 기반 시설 확보로 문화·예술 기반의 창조문화산업도시로서 발전해 왔다. 그런데 아직도 일

자료 : 고양시 도시기본계획

산 1기 신도시는 베드타운의 이미지를 벗어나지 못하고 있는 형국이다. 베드타운이라는 오명을 벗기 위해 CJ라이브시티 아레나, 테마파크 등 디지털 미디어 중심 문화산업의 확충과 일산 테크노밸리, 창릉 자족시설용지의 개발을 추진 중인데 아직은 도시 규모에 비해 많이 부족하다. 3기 신도시 창릉지구가 고양시 자족기능 강화의 촉매제 역할을 할 것으로 기대해 본다.

■ 고양 창릉지구 토지이용구상(안)

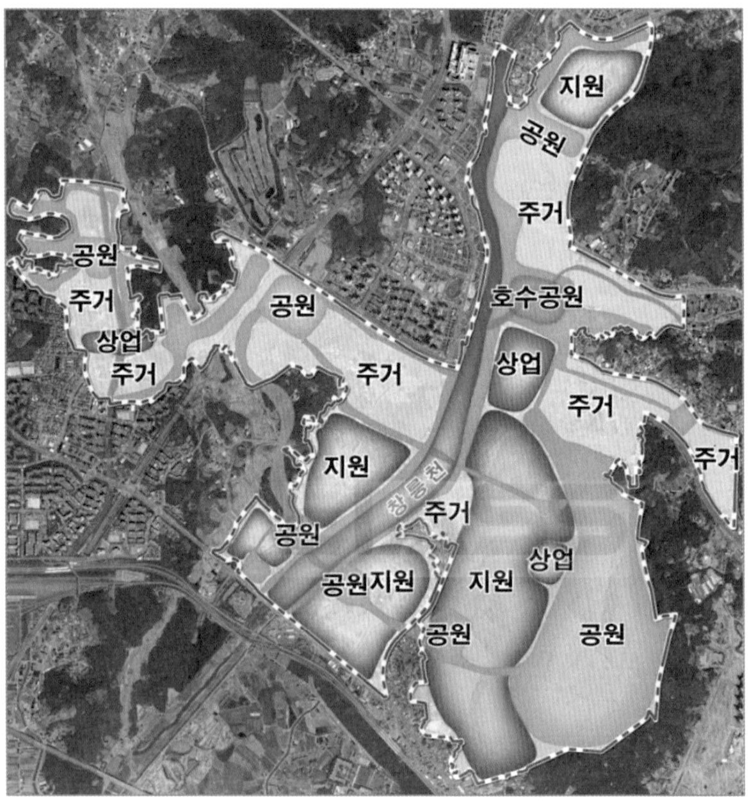

자료 : 환경영향평가정보지원시스템

창릉지구 토지이용계획안 : GTX-A 역사를 중심으로 생활권 구분

환경영향평가정보지원시스템을 통해 고양 창릉지구의 대략적인 토지이용구상안이 공개된 직후 구역별 세부 계획까지 담은 토지이용계획안이 사전 유출되는 해프닝이 있었다. 이는 대규모 개발 사업의 호재를 미끼로 시세 차익을 노린 기획부동산 등 부동산 업자들이 만든 거짓 정보일 가능성이 높기 때문에 토지이용계획 수립이 확정되기 전에 부정확한 정보를 통한 투자는 조심할 필요가 있다.

환경부의 토지이용구상안을 보면 창릉천과 연계한 공원, 녹지 공간을 조성했고 지형의 훼손을 최소화하여 친환경적인 주택용지를 확보했다. GTX-A 역사 예정지 주변으로 상업용지를 집중 배치했으며 지원 시설을 남쪽으로 집적하여 주거용지와 분리시킨 것이 특징이다.

고양 창릉지구에 투자할 생각이라면 GTX-A 역세권만 집중하면 된다. GTX의 파급 효과는 여러 번 강조해도 지나치지 않는데, 창릉지구를 관통하는 GTX-A 노선은 GTX 4개 노선 중 가장 빠르게 추진되고 있으며 다이아몬드 노선이라 평가받고 있다. 수도권 핵심 업무지구인 '킨텍스 복합개발지구', '마포 여의도(5호선 환승)', '광화문 시청 CBD', '삼성동 GBD', '판교 테크노밸리', '용인 플랫폼시티'와 빠르게 연결되는 GTX-A 노선은 직주근접의 끝판대장이라 할 수 있다.

창릉지구 내 '화랑교차로'가 GTX-A 역사 예정지인데 서쪽으로 창릉천이 인접해 있다. 교통, 생활편의성을 확보하는 동시에 쾌적한 주거 요건까지 갖추고 있어 역세권 주거용 오피스텔 투자를 강력히 추천한다.

창릉지구 청약 전략

■ 창릉지구 1차 사전청약 물량 배정표

2021년 11~12월 예정

	다자녀 (10%)		노부모부양 (5%)			신혼부부 (30%)			생애최초 (25%)			기타 (15%)	일반 (15%)		
	경기도 (50%)	수도권 (50%)	고양시 (30%)	경기도 (20%)	수도권 (50%)	고양시 (30%)	경기도 (20%)	수도권 (50%)	고양시 (30%)	경기도 (20%)	수도권 (50%)		고양시 (30%)	경기도 (20%)	수도권 (50%)
물량	80	80	24	16	40	144	96	240	120	80	200	240	72	48	120

■ 창릉지구 2차 사전청약 물량 배정표

2022년 예정

	다자녀 (10%)		노부모부양 (5%)			신혼부부 (30%)			생애최초 (25%)			기타 (15%)	일반 (15%)		
	경기도 (50%)	수도권 (50%)	고양시 (30%)	경기도 (20%)	수도권 (50%)	고양시 (30%)	경기도 (20%)	수도권 (50%)	고양시 (30%)	경기도 (20%)	수도권 (50%)		고양시 (30%)	경기도 (20%)	수도권 (50%)
물량	125	125	38	25	62	225	150	375	188	125	312	375	113	75	187

고양시는 비투기과열지구로 다음과 같은 순서대로 공급한다.(다자녀 특별공급과 기관 추천 등 기타 물량은 다른 규칙 적용)

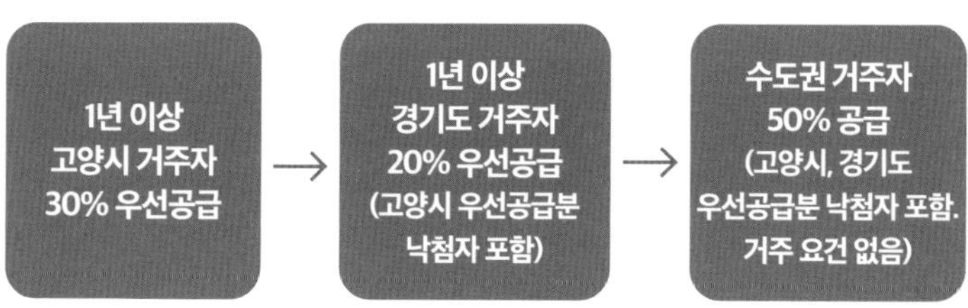

고양시는 2014년 인구 100만을 돌파해 대도시로 진입했고 2020년 특례시로 지정됐다. 인구수가 많기 때문에 청약 경쟁이 당연히 치열하고 당첨 커트라인이 높아야 하는데 지금까지 상황을 살펴보면 생각만큼 청약 경쟁이 높지 않았다. 일산 1기 신도시 이후 삼송지구, 원흥지구, 지축지구, 향동지구, 덕은지구 등에서 아파트 공급이 계속 이어졌지만 교통, 생활편의성이 떨어지는 단점이 있는 데다 청약 분위기가 지금처럼 달아오르지 않았던 때라 쉽게 당첨될 수 있었다.

인구가 비슷한 성남시의 경우 신규 아파트를 공급하기만 하면 점수가 높은 청약 통장들이 끊임없이 쏟아져 나와 당첨 커트라인이 매우 높았는데 이와는 청약 분위기가 대조적이었다. 하지만 교통 호재가 확실한 창릉지구는 고양시에서 청약할 수 있는 통장이 모두 쏟아져 나올 것이 분명하기에 인구수가 많다는 점을 감안한 청약 전략 수립이 필요해 보인다.

■ **창릉지구 국민주택에 도전 가능한 청약 요건**

	다자녀 (10%)		노부모부양 (5%)			신혼부부 (30%)			생애최초 (25%)			기타 (15%)	일반 (15%)		
	경기도 (50%)	수도권 (50%)	고양시 (30%)	경기도 (20%)	수도권 (50%)	고양시 (30%)	경기도 (20%)	수도권 (50%)	고양시 (30%)	경기도 (20%)	수도권 (50%)		고양시 (30%)	경기도 (20%)	수도권 (50%)
커트라인	50점 이상	65점 이상	1,000만원 이상	1,400만원 이상	1,400만원 이상	8점 이상	9점 이상	9점 이상	추첨			-	1,300만원 이상	1,700만원 이상	1,700만원 이상

GTX-A 공사 착공과 창릉지구 3기 신도시 지정으로 고양시의 위상이 과거와 많이 달라졌기 때문에 만만하게 보고 도전했다가는 큰코다칠 수 있다. 사전청약에 당첨된다고 해서 청약 통장이 없어지는 것은 아니기 때문에 "일단 사전청약에 당첨되고 보자."라는 청약 전략으로 묻지 마 청약 분위기가 조성될 것이 뻔해 당첨 커트라인은 매우 높아질 것으로 예상된다.

부연설명을 하자면 사전청약에 당첨되면 다른 택지지구 아파트는 사전청약을 할 수 없지만 사전청약이 아닌 다른 분양주택의 일반청약에는 신청할 수 있다. 물론 다른 분양주택의 일반청약에 당첨되었을 경우 사전청약 당첨 효력은 없어지니 이 점을 유의해야 한다.

창릉지구 민영주택 청약 가점 커트라인은 60점대

GTX-A 역사가 신설되는 역세권 단지의 당첨 커트라인은 상상을 초월할 수 있다. 앞서 설명했듯이 GTX-A 광역급행철도의 파급력을 예상했을 때 창릉지구 역세권 아파트는 3기 신도시의 모든 아파트를 통틀어 최고의 가치를 품었다고 평가할 수 있어서 고가점자들이 그냥 보고 지나치진 않을 것이다. 선호도가 높은 단지의 경우 청약 가점 커트라인이 69점 이상으로 예상되기 때문에 역세권과 비역세권의 청약 전략을 다르게 하여 본인 조건에 맞는 아파트를 선별해 당첨의 기쁨을 누릴 수 있길 바란다.

부천 대장지구 혁신 청약 전략

지구명	부천 대장공공주택지구	
위치	경기도 부천시 대장동, 오정동, 원종동, 삼정동 일원	
면적	3,434,660m²(약 1,040,000평)	
세대수	20,000호(48,000인)	
사업기간	2020~2029년	
사전청약	21년 11~12월	2,000호
	22년	1,000호

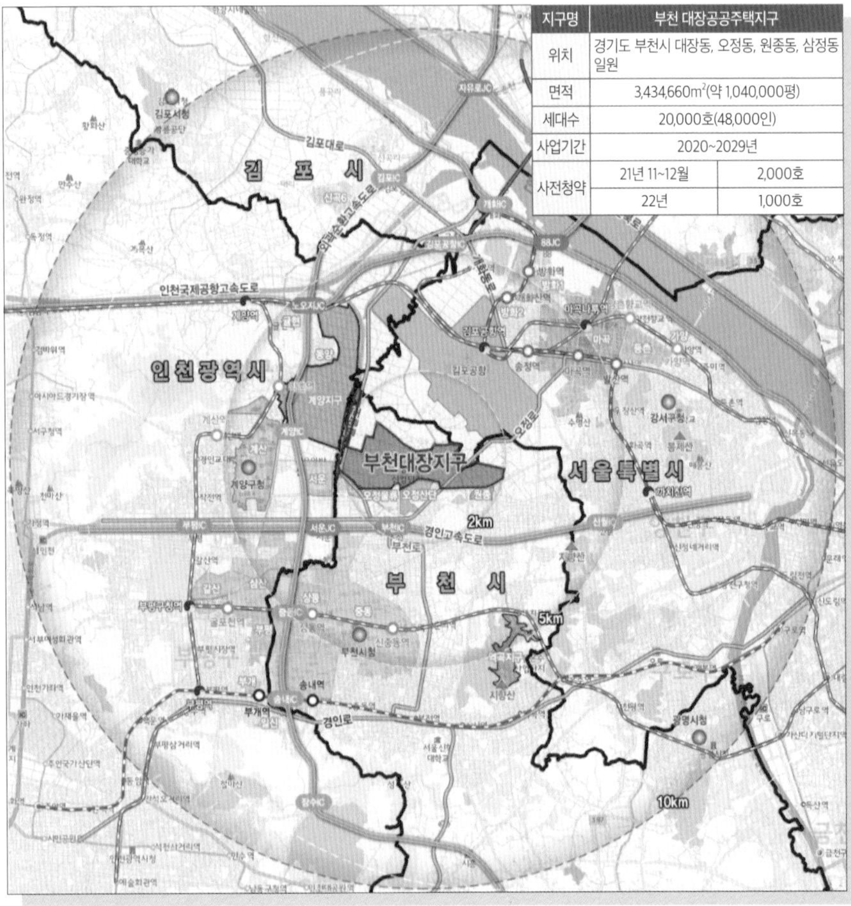

자료 : 환경영향평가정보지원시스템

마곡과 연계한 서부권 신 첨단 산업 벨트 조성의 한 축

김포공항 남쪽에 위치한 부천 대장지구는 서울 마곡지구와 인접하여 상호 연계 효과로 인한 서부권 기업 벨트 구축을 위한 계획도시이다. 인천 계양지구와 부천 대장지구는 행정구역만 다를 뿐 연접해 있는 지역으로 이 2개 지역을 묶어 하나의 신도시로 보기도 한다. 용인, 수원 2개의 행정구역이 있는 광교신도시 그리고 서울, 성남, 하남 3개의 행정구역이 있는 위례신도시와 비슷하다고 볼 수 있다.

실제 토지이용계획안을 보면 교통, 도로 등의 기반시설이 인천 계양지구와 부천 대장지구의 연계성을 고려해 계획되어 있다. 두 지역을 하나의 생활권으로 볼 수 있지만 서울과 조금 더 인접한 대장지구 선호도가 약간 더 우위에 있다고 평가할 수 있다.

대장지구의 단점은 교통 개선 대책에 지하철 계획이 전혀 없다는 것이다. 김포공항역과 부천종합운동장을 잇는 S-BRT(super-간선급행버스) 교통 인프라 구축을 계획하고 있지만 타 신도시에 비해 철도 교통 계획이 미흡하다는 것이 단점으로 지적되어 대중의 선호도 순위가 약간 뒤로 밀려 있다.

기존 도로 확대 및 서운IC, 고강IC 등의 신설로 원활한 차량통행을 위해 도로 교통 개선에 힘쓰고 있지만 다른 3기 신도시의 획기적인 철도 교통 계획에 비해서는 아직도 많이 부족하다. '원종~홍대선' 노선을 대장지구까지 연장하겠다는 대안이 해결책으로 나왔는데, 철도망 구축이 빨리 이루어져야 서울 서부권 비즈니스 인구를 흡수할 수 있을 것이다.

■ 대장지구 광역 교통 개선 대책(안)

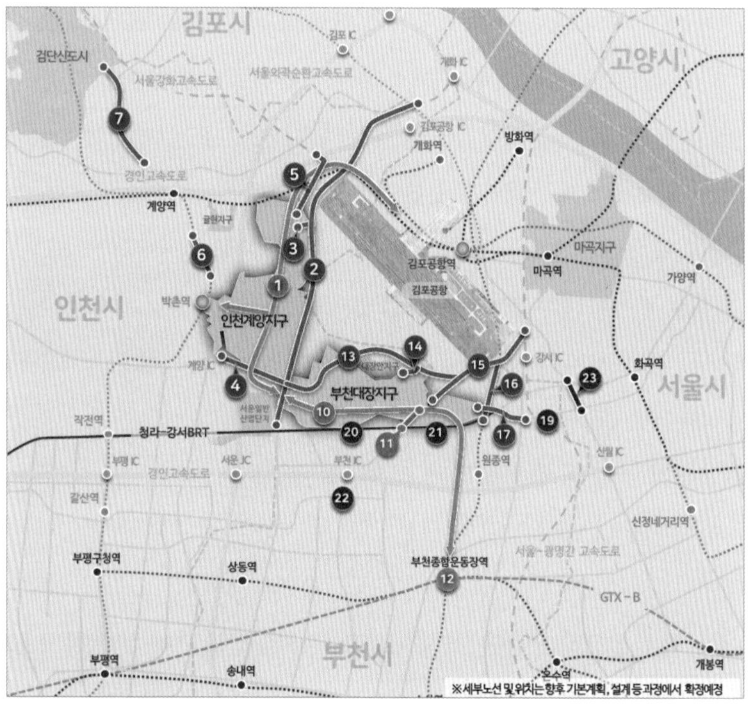

인천계양지구

대중교통
1. S-BRT 등 신교통수단 신설 (김포공항역~박촌역) / 2,900억원
9. 대중교통 운영지원금 및 회차공간 확보 / 54억원

도로교통
2. 국도39호선(벌말로) 확장 / 2,530억원
3. 국도39호선 연계도로 신설 / 80억원
4. 경명대로 확장 / 350억원
5. 인천공항고속도로 IC 신설(접속도로) / 650억원
6. 장제로 기능개선 (확장 및 교차로개량) / 100억원
7. 장제로 확장 / 370억원
8. 서울간선도로 TSM / 15억원

부천대장지구

대중교통
10. S-BRT 등 신교통수단 신설(계양지구~부천) / 3,600억원
11. 청라-강서 BRT 연계노선 신설 / 30억원
12. 환승시설 설치(부천종합운동장) / 450억원
24. 대중교통 운영지원금 및 회차공간 확보 / 51억원

도로교통
13. 경명대로 신설 / 720억원
14. 대장안지구 연결도로 신설 / 30억원
15. 오정로 확장 / 860억원
16. 소사로 확장 / 210억원
17. 고강IC 연결도로 신설 / 160억원
18. 서울간선도로 TSM / 15억원
19. 고강IC신설 / 300억원
20. 봉오IC신설 / 110억원
21. 오정 IC신설 / 260억원
22. 내동 지하차도 신설 / 400억원
23. 신월지하차도 신설 / 700억원

자료 : 국토교통부

부천의 잠재 가치를 바라보는 대장지구

부천시 주요 사업으로 '부천종합운동장 역세권' 개발 사업이 있다. 부천종합운동장역은 복합환승센터로 개발되어 7호선과 소사~대곡선, GTX-B 노선이 이미 확정되었으며 추가로 GTX-D 노선까지 추진하고 있어 쿼드 역세권 교통의 요충지로의 발전이 기대된다. 부천의 미래 중심 지역으로 부천 거주자뿐만 아니라 외지인들의 관심이 매우 높은데 대장지구에서 S-BRT를 이용해 부천종합운동장역까지 빠르게 접근할 수 있을 것으로 기대된다.

부천시 상동 일원에 조성하는 '부천영상문화단지' 개발 사업도 큰 호재라 할 수 있다. 약 4조 원이 투입되는 이 사업은 영화, 만화, 영상, 방송 등 문화콘텐츠산업 활성화를 위한 융복합단지를 조성하고 복합상업시설, 관광호텔을 건설하여 관광 기능까지 접목할 계획이다. 일자리 창출, 지역경제 활성화 등 도시경쟁력을 강화하고 부천 시민의 삶의 질 향상에 기여할 수 있을 것으로 보인다.

그 밖에 오정 군부대 부지에 친환경 스마트시티 조성, 오정물류단지에 대규모 점포시설 유치 등 개발 이슈가 많아 부천의 가치는 지금보다 올라갈 것으로 기대된다.

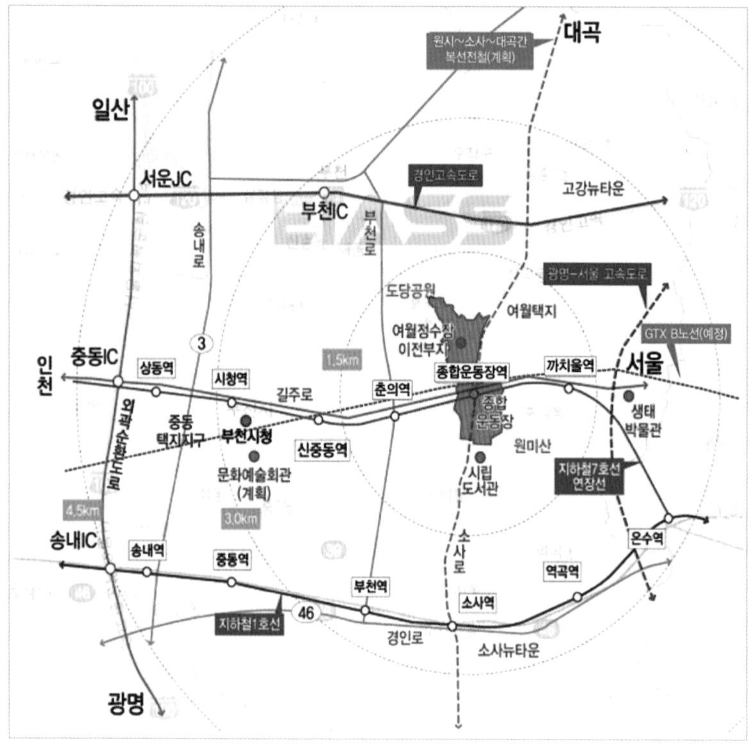

자료 : 환경영향평가정보지원시스템

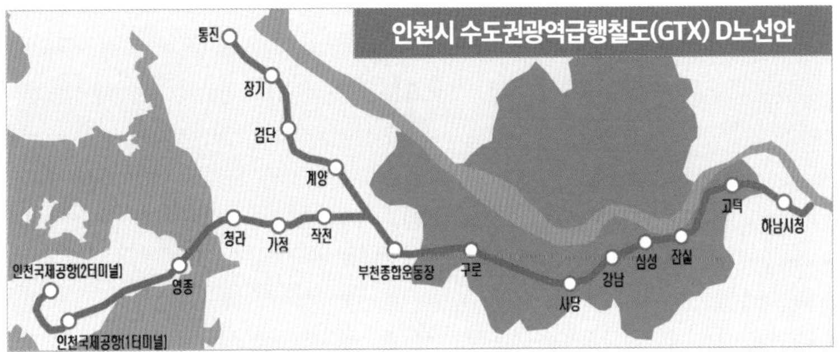

■ 부천 대장지구 토지이용구상(안)

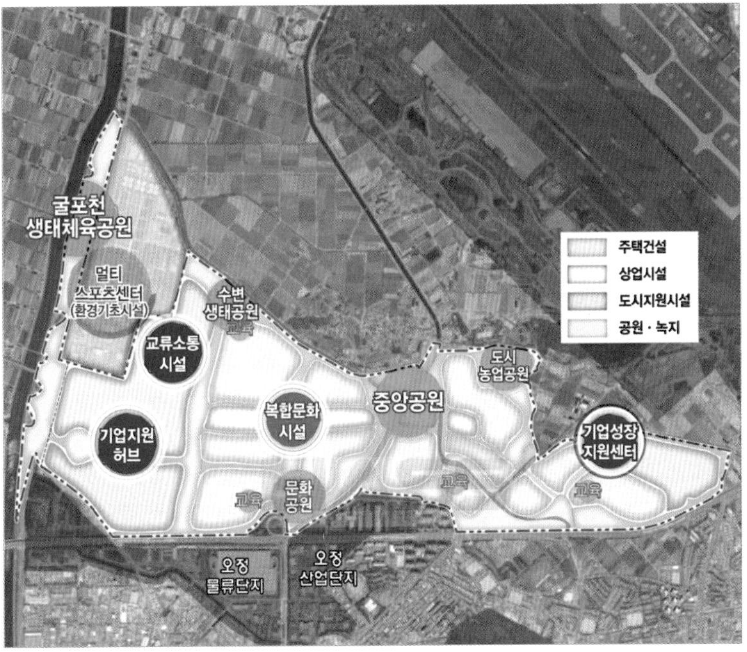

자료 : 환경영향평가정보지원시스템

대장지구 토지이용계획안 : 가로축 중심의 수변 생활권 배치

부천 대장지구는 넓은 평지로 5개의 하천을 그대로 살린 친환경 수변도시로 굴포천변을 생태체육공원으로 조성하고 서쪽 계양지구와 연계하여 통합 개발을 추진할 계획이다. 사업지구 서쪽에 자족기능을 집적함으로써 기존 산업단지(서운산업단지)와 연계하여 산업 효율성 증대를 기대할 수 있고 김포국제공항 항공기 소음 영향을 고려하여 동쪽은 비주거시설로 토지이용구상안을 수립했다.

가로축으로 중앙공원과 연결되는 상업시설용지의 배치가 눈에 띄는데 김포공항으로 인해 북쪽으로는 도시 확장 가능성이 낮아 배후수요가 중앙으로 집중될 수 있는 스트리트형 상권으로의 발전 가능성을 보고 상업시설 투자를 고려할 만하다. 그리고 일반 실수요자 대상으로 입찰 분양하는 점포겸용단독주택용지를 투자 관심 물건으로 주위 깊게 지켜볼 만하다.

대장지구는 99.9%가 그린벨트 농지로 점포겸용단독주택을 우선 공급받을 수 있는 이주자택지 대상자들이 몇 명 없을 것으로 예상되기 때문에 일반인에게 최고가 낙찰 방식으로 분양하는 점포겸용단독주택 물량이 많을 것이다. 투자성이 높으니 건물주가 꿈이라면 공급 소식을 절대 놓치면 안 된다.

대장지구 청약 전략

■ 대장지구 1차 사전청약 물량 배정표

2021년 11~12월 예정

	다자녀 (10%)		노부모부양 (5%)			신혼부부 (30%)			생애최초 (25%)			기타 (15%)	일반 (15%)		
	경기도 (50%)	수도권 (50%)	부천시 (30%)	경기도 (20%)	수도권 (50%)	부천시 (30%)	경기도 (20%)	수도권 (50%)	부천시 (30%)	경기도 (20%)	수도권 (50%)		부천시 (30%)	경기도 (20%)	수도권 (50%)
물량	100	100	30	20	50	180	120	300	150	100	250	300	90	60	150

■ 대장지구 2차 사전청약 물량 배정표

2022년 예정

	다자녀 (10%)		노부모부양 (5%)			신혼부부 (30%)			생애최초 (25%)			기타 (15%)	일반 (15%)		
	경기도 (50%)	수도권 (50%)	부천시 (30%)	경기도 (20%)	수도권 (50%)	부천시 (30%)	경기도 (20%)	수도권 (50%)	부천시 (30%)	경기도 (20%)	수도권 (50%)		부천시 (30%)	경기도 (20%)	수도권 (50%)
물량	50	50	15	10	25	90	60	150	75	50	125	150	45	30	75

부천시는 비투기과열지구로 다음과 같은 순서대로 공급한다.(다자녀 특별공급과 기관 추천 등 기타 물량은 다른 규칙 적용)

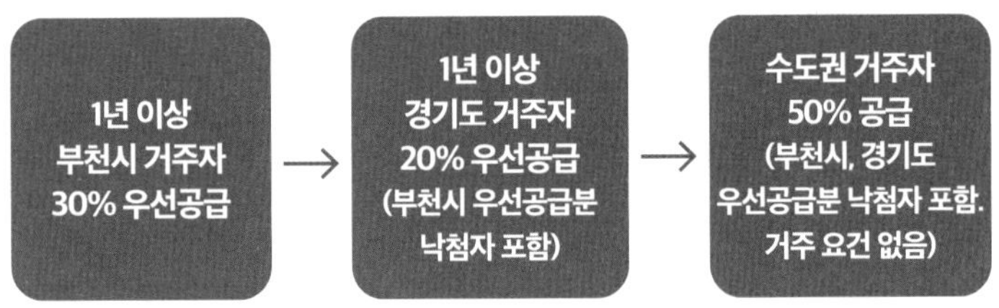

부천시 인구는 약 82만 명인데 지역 내에 근래 분양했던 신축 아파트 물량이 적었기 때문에 조건이 좋은 통장을 보유한 인구가 상당히 많을 것으로 예상된다. 여기에 청약을 위해 이사한 수요까지 더한다면 당해 지역 우선공급에서도 경쟁이 치열할 것으로 보인다.

대장지구는 여러 개발 호재를 품고 있지만 철도 교통 계획이 불확실하기 때문에 부천 당해 지역에 거주하면서 청약 점수가 높은 청약자는 '부천 상동 영상문화단지', '부천종합운동장' 등의 구도심 신규 주택 분양을 더 갈망할 것이다. 하지만 현재 소문만 무성한 GTX-D 노선이 대장지구를 경유한다면 청약 분위기는 180도 바뀌게 되므로 상황에 맞는 청약 전략 수립이 필요하다.

■ 대장지구 국민주택에 도전 가능한 청약 요건

	다자녀 (10%)		노부모부양 (5%)			신혼부부 (30%)			생애최초 (25%)			기타 (15%)	일반 (15%)		
	경기도 (50%)	수도권 (50%)	부천시 (30%)	경기도 (20%)	수도권 (50%)	부천시 (30%)	경기도 (20%)	수도권 (50%)	부천시 (30%)	경기도 (20%)	수도권 (50%)		부천시 (30%)	경기도 (20%)	수도권 (50%)
커트라인	45점 이상	55점 이상	1,000만원 이상	1,200만원 이상	1,200만원 이상	8점 이상	8점 이상	8점 이상	추첨			-	1,200만원 이상	1,400만원 이상	1,400만원 이상

부천 대장지구는 지구 내 철도 교통망 구축 계획이 없어 다른 3기 신도시에 비해 선호도가 다소 떨어지는 것은 사실이므로 타 3기 신도시에 비해 당첨 커트라인이 비교적 낮을 것으로 예상된다. 하향 안정 지원을 통해 당첨 확률을 높이고자 하는 예비 청약자들은 이 지역에 대한 정보 수집을 지속적으로 하여 철저히 준비할 필요가 있다.

인접한 인천 계양지구의 인구수까지 감안한다면 추가 교통 개선 대책이 나올 만한 잠재력이 충분하기에 지금과는 분위기가 180도 달라질 수 있다는 점을 항시 염두에 두어야 한다.

대장지구 민영주택 청약 가점 커트라인은 50점대

대장지구 민영주택 또한 다른 3기 신도시에 비해 당첨의 문턱은 비교적 낮을 것으로 예상된다. 문재인 정권 막바지에 주택 공급을 대폭 확대하여 고가점자들의 선택의 폭이 넓어졌는데 이런 부동산 정책을 반영한다면 60점 이하의 청약 가점자들도 충분히 당첨되는 분위기가 조성될 수 있다. 토지이용계획이 확정된 후 면밀한 분석을 통해 전략적으로 청약을 준비한다면 대장지구 민영주택 당첨은 절대 꿈이 아닌 현실이 될 것이다.

인천 계양지구 혁신 청약 전략

지구명	인천 계양공공주택지구	
위치	인천광역시 계양구 귤현동, 동양동, 박촌동, 병방동, 상야동 일원	
면적	3,331,714m²(약 1,010,000평)	
세대수	17,000호(39,000인)	
사업기간	2019~2026년	
사전청약	21년 7~8월	1,100호
	22년	1,500호

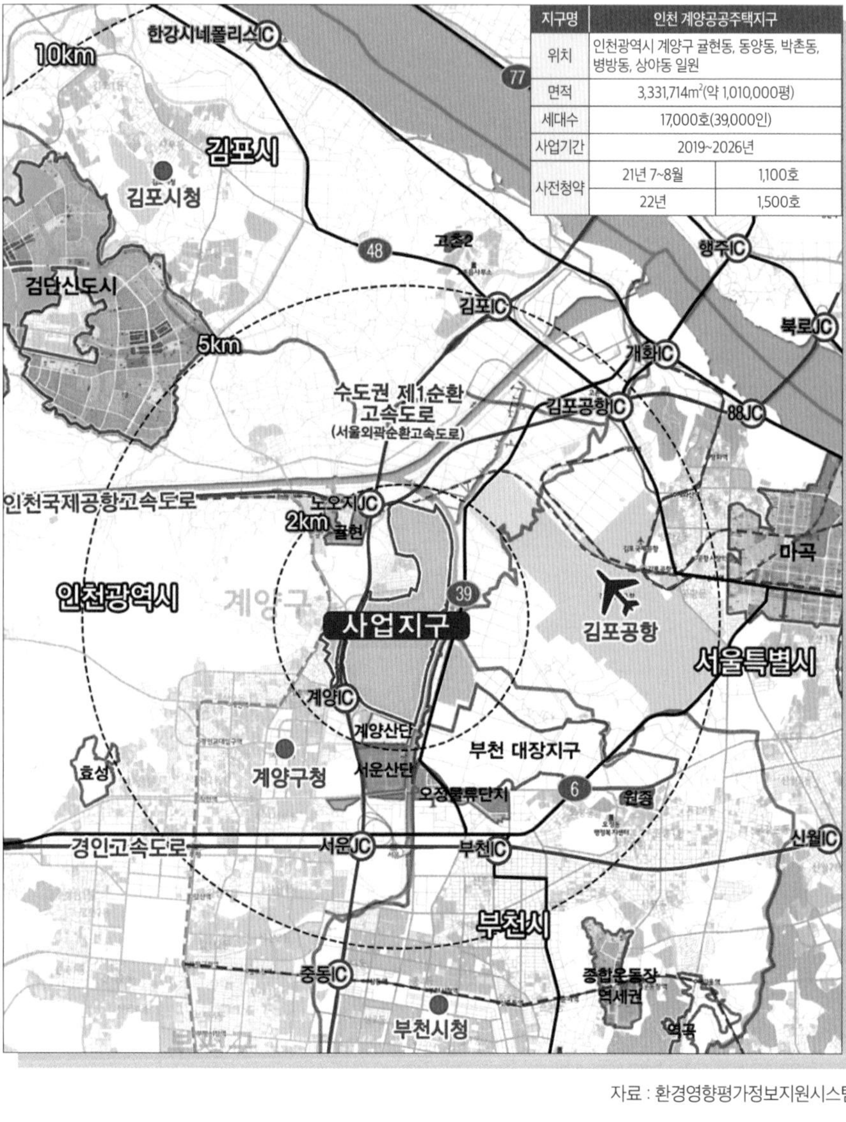

자료 : 환경영향평가정보지원시스템

바늘구멍을 뚫기 위해 계양지구를 공략하라

부천 대장지구와 인접해 하나의 생활권으로 묶이는 인천 계양지구는 3기 신도시 중 선호도 최하위권에 속해 있다. 대중교통계획으로 S-BRT가 계획되어 있지만 지하철 신설 계획이 전무하기 때문에 다른 3기 신도시에 비해 무게감이 떨어진다. 이렇게 대중의 관심도가 가장 낮은 인천 계양지구가 사전청약은 가장 빨리 시작한다. 이는 상당히 의미가 있는 공급 순서라 할 수 있다.

대중의 심리는 비슷하다. 수도권 주택 가격을 잡기 위해 3기 신도시 등 수도권 요지에 공공택지지구를 지정하여 대규모 공급 계획 방안이 나오니 우수한 입지 조건을 갖춘 지역의 아파트에 계속 청약을 넣으면 당첨될 수 있다는 기대감이 생기고 내가 바로 주인공이 될 수 있을 거라는 희망과 확신이 든다. 그러다 보니 계양지구에 청약하여 덜컥 당첨되면 기쁨보다는 후회가 더 클 것 같다는 불안감이 생긴다. 이러한 이유로 가장 먼저 분양하는 계양지구 사전청약의 기회를 그냥 지나치는 사람이 많을 것이다.

여기서 다시 한 번 강조한다. 청약은 전쟁터와 같고 이 치열한 전쟁터에서 승리하기 위해서는 전략이 필요하다. 자신의 전투력을 객관적으로 점검해야 필승 전략을 세울 수 있다. 다른 경쟁자들에 비해 청약 경쟁력이 많이 뒤처진다고 생각한다면 가장 먼저 분양하는 인천 계양지구에 모든 신경을 집중해야 한다.

김포공항 남서쪽에 위치한 인천 계양지구는 부천 대장지구와 인접해 있어 기반시설 등을 상호 연계하여 조성할 계획이다. 대장지구와 마찬가지로 대중이 가장 갈망하는 지하철 교통 개선 대책만 있다면 위상이 180도 달라질 텐데 'GTX-D'와 '원종~홍대선' 연장선이 그 대안으로 손꼽히고 있다. 계양지구의 지리적 입지 조건, 광역 교통 개선 대책 등은 대장지구와 맥락을 같이 하고 있으니 '6장. 부천 대장지구 혁신 청약 전략' 편을 참고하길 바란다. 여기에서는 GTX-D 노선과 원종~홍대선에 대해 조금 더 상세히 설명하겠다.

원종홍대선 노선(안)

서부광역철도(원종~홍대선)는 오래전부터 계획 중이었다. 사업수익성 검토 결과도 양호하게 나왔는데 차량기지와 지자체 상호협력 문제 등의 이유로 지지부진한 상태였다. 하지만 최근 부천 대장지구가 계획되면서 부천시에서 대장지구까지의 연장을 요구하는 중이다.

원종~홍대선의 사업 목적은 수도권 서부 지역과 서울을 잇는 광역철도 사업 확장을 통해 도로 교통체증을 해소하고, 인근 지역과의 활발한 교류로 지역 상권을 활성화하는 데 있다. 최근 민자사업 방식으로 추진하는 것으로 확정되면서 사업 진행 속도가 빨라질 것으로 기대된다. 현대건설이 원종~홍대선을 부천 대장지구까지 연장하는 방안을 국토교통부에 제안하면서 3기 신도시 중 유일하게 지하철 계획이 없는 계양·대장지구의 청약을 기다리는 예비 청약자들의 기대가 매우 크다.

■ 기존안

■ 연장안

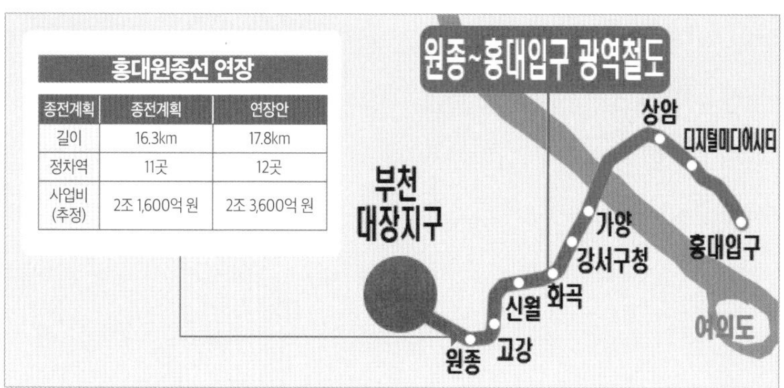

홍대원종선 연장		
종전계획	종전계획	연장안
길이	16.3km	17.8km
정차역	11곳	12곳
사업비 (추정)	2조 1,600억 원	2조 3,600억 원

■ GTX-D 노선(안)

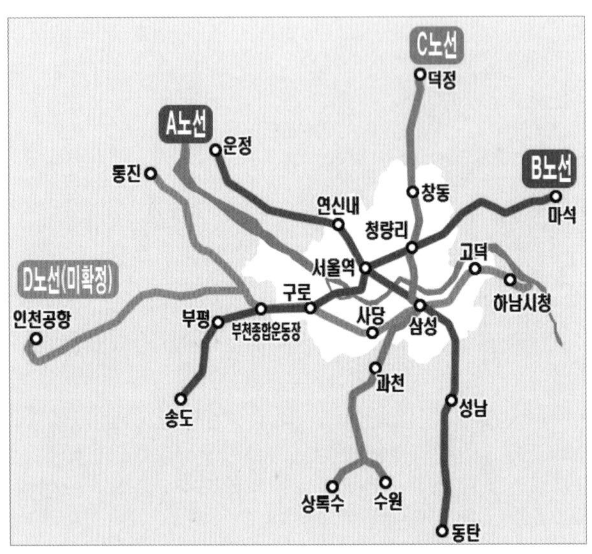

도심 접근성이 약하다는 지적을 받아 온 인천과 김포 등의 교통 문제를 해결하고 지역 균형 발전을 위해 현재 진행 중인 GTX 3개 노선 외에 새로운 GTX-D 노선의 신설 계획이 새롭게 등장했다. 아직 확정된 것은 아니나 김포~하남을 잇는 노선이 유력한 것으로 전해지고 있다. 인천시는 GTX-D 노선으로 인천공항과 김포에서 출발, 부천에서 합류해 하남시까지 이어지는 Y자 형태가 최적이라는 연구용역 결과를 발표했는데 총 사업비가 10조 원이 넘어 실현 가능성은 희박하다는 의견이 있다.

GTX-D 노선이 현실화한다면 현재 기존 GTX 노선의 공백 지역인 한강 이남 지역을 횡단하는 형태가 될 것이 유력하다. 강남을 관통하기 때문에 그 파급 효과는 실로 엄청날 것이라 이 노선의 영향권에 들 수도 있는 계양지구를 계속 주목할 필요가 있다.

■ 인천 계양지구 토지이용계획안

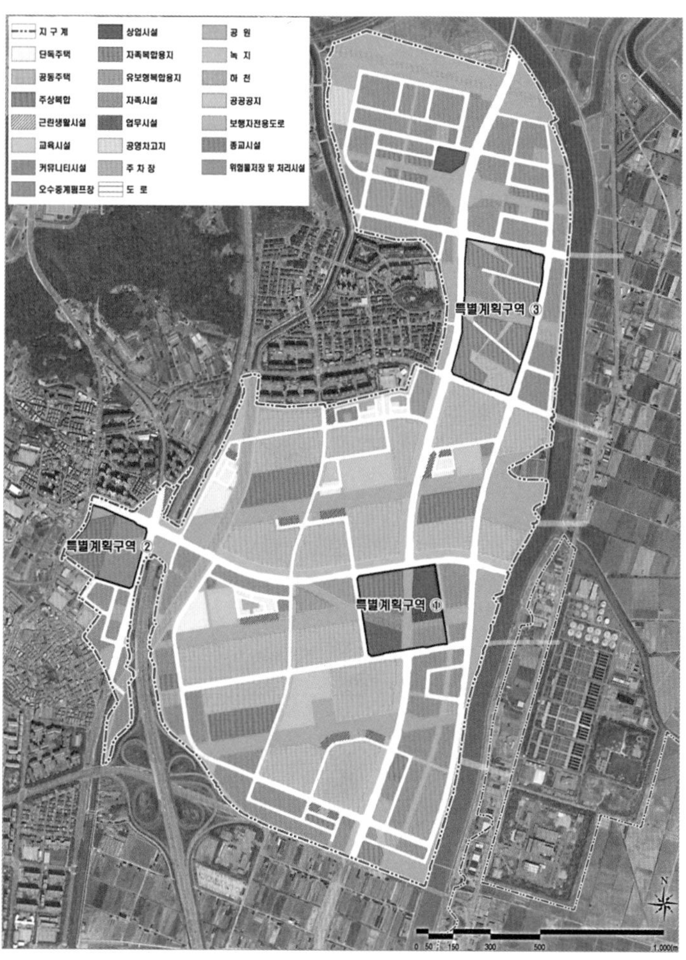

자료 : 환경영향평가정보지원시스템

계양지구 토지이용계획안 : 수변 중심의 자족기능 강화

90만m^2 이상을 첨단 산업을 유치할 수 있는 자족시설용지로 조성하겠다는 계획을 발표하여 '계양 테크노밸리'라고도 불리는 계양지구의 토지이용계획안이 공개되었는데 자족시설용지 면적이 60만m^2 수준으로 당초 계획에 비해 많이 축소되었다. 판교신도시를 벤치마킹하여 지식정보와 IT산업의 중심지로 키우기 위해 입주 기업들에게 토지 원가 공급, 취득세 50% 감면, 5년간 법인세 35% 감면 등의 혜택이 부여되는 도시첨단산업단지 지정까지 추진하고 있는데 자족기능 강화를 위한 배치 구상 계획이라 평가할 수 있다.

수변공간을 연계한 공원녹지와 생활권별로 집중형 근린공원 계획으로 자연 친화적 주거 환경을 조성할 계획이고, 동쪽으로 인접한 대장지구와의 연계성을 고려하여 굴포천 수변공원 조성에 공을 들일 전망이다. S-BRT 정거장 예정 지역을 상업, 주상복합 등 대규모 복합시설 입지로 도시 상징성 증대를 위해 특별계획구역으로 계획했는데 대형 앵커 시설 유치 여부에 따라 지역경제 활성화를 이룰 수 있을 것이다.

주택 외 부동산 중 매력적인 투자 대상이 될 수 있는 부동산으로는 굴포천 수변을 따라 배치되어 있는 북쪽 자족시설용지 저층부에 설계될 근린생활시설을 꼽을 수 있다. 자족시설용지가 북쪽으로 집중 배치되어 있어 풍부한 비즈니스 배후 수요를 흡수할 수 있는 수변과 연계된 식음 관련 업종 입점으로 임대차 기대 수익률이 높은 상가 투자가 유망해 보인다.

계양지구 청약 전략

■ 계양지구 1차 사전청약 물량 배정표

2021년 7~8월 예정

	다자녀 (10%)		노부모부양 (5%)		신혼부부 (30%)		생애최초 (25%)		기타 (13%)	일반 (17%)	
	인천시 (50%)	수도권 (50%)	인천시 (50%)	수도권 (50%)	인천시 (50%)	수도권 (50%)	인천시 (50%)	수도권 (50%)		인천시 (50%)	수도권 (50%)
물량	55	55	28	27	165	165	138	137	143	94	93

■ 계양지구 2차 사전청약 물량 배정표

2022년 예정

	다자녀 (10%)		노부모부양 (5%)		신혼부부 (30%)		생애최초 (25%)		기타 (13%)	일반 (17%)	
	인천시 (50%)	수도권 (50%)	인천시 (50%)	수도권 (50%)	인천시 (50%)	수도권 (50%)	인천시 (50%)	수도권 (50%)		인천시 (50%)	수도권 (50%)
물량	75	75	38	37	225	225	188	187	195	128	127

인천 계양지구는 광역시 비투기과열지구로 다음과 같은 순서대로 공급한다.(다자녀 특별공급과 기관 추천 등 기타 물량은 다른 규칙 적용)

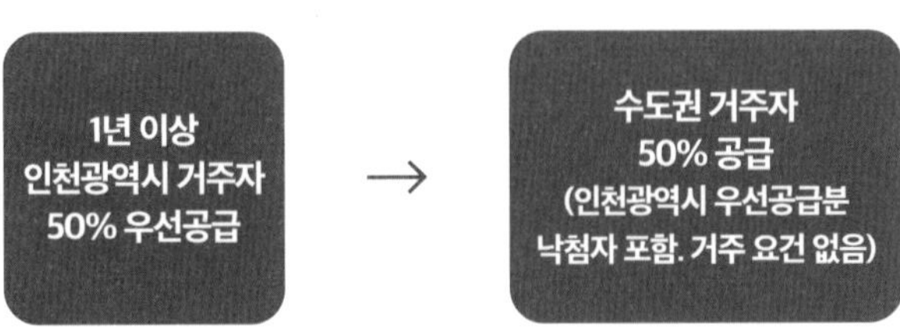

인천은 광역시로 당해 지역 우선공급 비율이 50%나 된다. 인천광역시에 1년 이상 거주한 자에게 50%를 우선공급한 후 나머지 50%는 수도권 거주자에게 공급한다. 경기도에 지정된 타 신도시보다 우선공급 비율이 20%나 더 많기 때문에 당해 지역 청약자에게 매우 유리한 청약 조건이라 할 수 있다.

최근 몇 년간 송도신도시, 검단신도시 등 인천 지역에서 대량의 주택 공급이 있었기 때문에 점수가 높은 청약 통장은 많이 소진되었을 테지만 인천광역시 인구가 300만 명에 육박하기 때문에 방심은 금물이다. 그래도 다른 3기 신도시에 비해 당첨 커트라인은 낮을 것이 분명하기 때문에 청약 점수가 뒤처진다고 생각된다면 가장 먼저 분양하는 계양지구를 적극 공략해야 할 것이다.

■ 계양지구 국민주택에 도전 가능한 청약 요건

	다자녀 (10%)		노부모부양 (5%)		신혼부부 (30%)		생애최초 (25%)		기타 (13%)	일반 (17%)	
	인천시 (50%)	수도권 (50%)	인천시 (50%)	수도권 (50%)	인천시 (50%)	수도권 (50%)	인천시 (50%)	수도권 (50%)		인천시 (50%)	수도권 (50%)
커트라인	45점 이상	55점 이상	1,000만 원 이상	1,100만 원 이상	8점 이상	8점 이상	추첨		-	1,100만 원 이상	1,200만 원 이상

인천 계양지구는 부천 대장지구와 비슷한 청약 플랜으로 접근할 수 있다. 사업지구 내 S-BRT가 계획되어 있긴 하지만 지하철에 비해 무게감이 떨어지는 것은 분명하기에 다른 3기 신도시에 비해 청약 경쟁은 덜 치열할 것이다. 과천, 하남, 남양주 등 선호도가 높은 지역을 공략하기 위한 무기가 날카롭지 못하다고 판단된다면 눈높이를 낮춰 공략 가능한 지역을 찾아야 하는데 인천 계양지구가 그나마 만만한 곳 중 하나일 것이다. 인천광역시는 검단신도시, 송도국제도시 등 공급 물량이 아직 많이 남아 있기 때문에 청약 수요 분산 효과까지 있어 3기 신도시 중 당첨 커트라인이 가장 낮을 수도 있다.

계양지구 민영주택 청약 가점 커트라인은 50점대

계양지구는 공공분양 물량이 민간분양 물량보다 월등히 높게 계획되어 있다. 민간분양으로 공급하는 물량이 너무 적어 당첨 청약 점수가 필자의 생각보다 훨씬 더 높을 수 있겠지만, 그래도 청약 가점 50점대는 충분히 도전해 볼 만할 것으로 예상된다. 계양지구 내에서도 아파트 입지 조건에 따라 당첨 커트라인 편차가 클 수 있다는 점을 염두에 둔 청약 전략이 필요하기 때문에 구체적인 토지이용계획이 공개되면 철저한 분석이 필요하다.

안산 장상지구 혁신 청약 전략

지구명	안산 장상공공주택지구	
위치	경기도 안산시 상록구 장상동, 장하동, 수암동, 부곡동, 양상동 일원	
면적	2,213,319m²(약670,000평)	
세대수	14,000호(33,000인)	
사업기간	2020~2026년	
사전청약	21년 11~12월	1,000호
	22년	1,200호

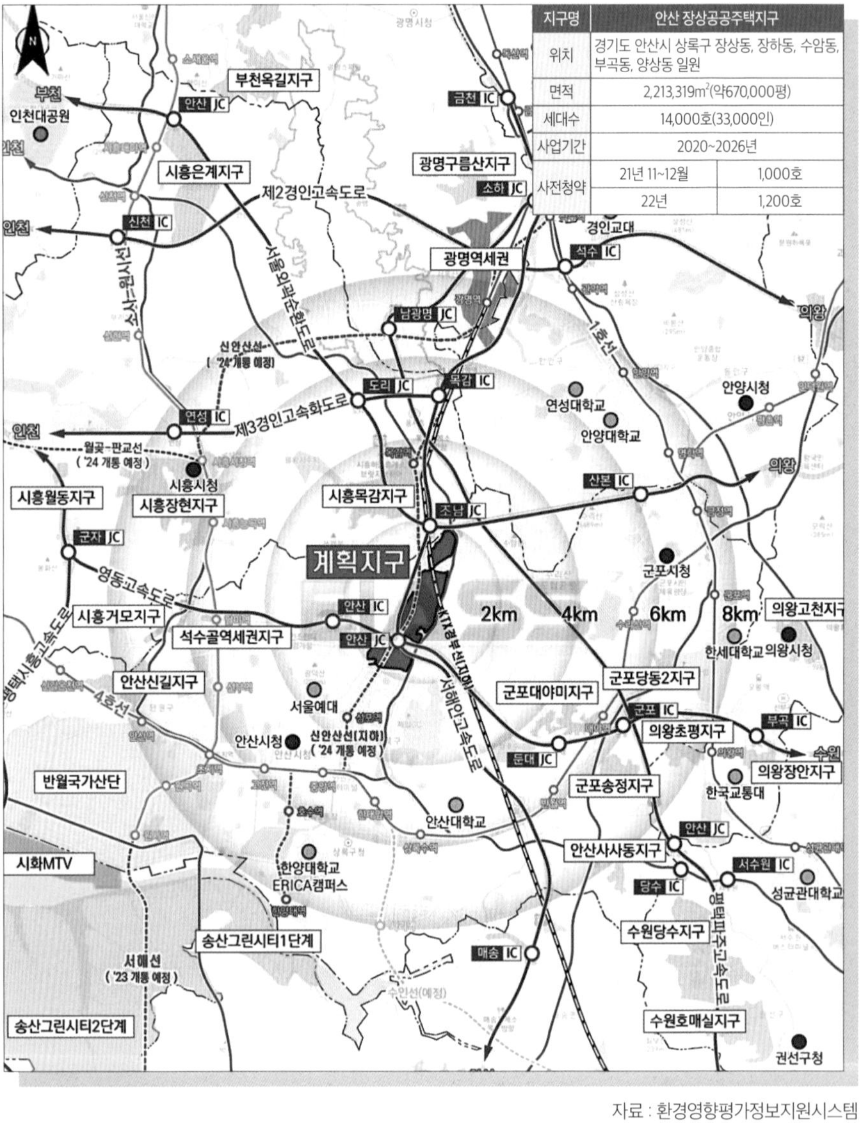

자료 : 환경영향평가정보지원시스템

청약 저가점자들은 장상지구를 주목하라

안산 장상지구는 신도시 기준 면적 330만m²에 크게 못 미치지만 정부에서 안내하는 3기 신도시에 포함되어 있다. 3기 신도시 중에서 서울과 지리적으로 가장 멀리 떨어져 있고, 안산 지역 내에서도 중심 생활권에서 벗어난 외곽에 위치해 있어 안산 장상시구에 대한 대중의 선호도는 최하위권이라 평가할 수 있다. 외곽순환도로, 영동고속도로, 서해안고속도로 등 수도권 주요 고속도로 접근성이 우수하며 KTX 광명역과 반경 8km 내 근거리에 위치해 있다는 점은 강점이다.

현재의 장상지구는 안산 생활권에서 크게 벗어난 외곽에 위치해 있고 서울 접근성이 떨어져 3기 신도시 예비 청약자들의 관심도는 다소 떨어지지만 수도권 서남권 지역 핵심 철도건설사업인 '신안산선'의 가치를 안다면 결코 그냥 지나쳐서 안 되는 지역이다. 20여 년의 기다림과 진통 끝에 2019년 공사의 첫 삽을 뜨게 된 신안산선은 서울의 두 도심인 여의도와 서울역을 관통한다.

신안산선은 지하 40미터 이하 대심도에 철도를 건설하여 지하 매설물이나 지상 토지 사용에 관련 없이 직선화 노선을 80~110km/h의 고속으로 운행하여 GTX 광역급행철도와 비견할 수 있는 혁신적인 철도 교통수단이라 할 수 있다.(신분당선 운행속도 : 50km/h) 신안산선 권역은 종로, 여의도, 가산디지털단지, 구로디지털단지 등에 직장이 있는 사람들의 비즈니스 수요를 흡수함으로써 신분당선에 버금가는 위상을 보여 줄 것으로 기대된다.

■ 신안산선 노선도

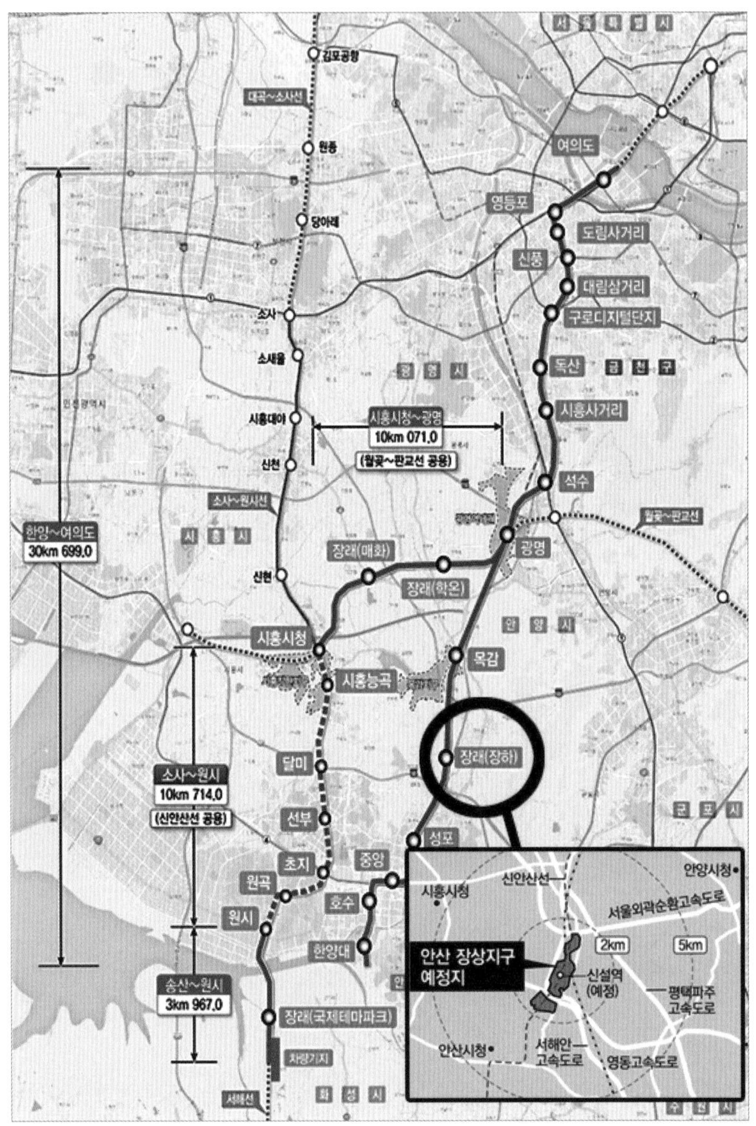

자료 : 국토교통부

GTX-C 운행 가능성으로 다시 주목받는 안산

안산 중심 생활권에서 여의도까지 30분, 서울역까지 35분이 소요되는 신안산선 교통 호재도 대단하지만 최근에 더 강력한 호재가 나왔다. 바로 GTX-C 광역급행철도가 상록수역 운행 가능성이 있다는

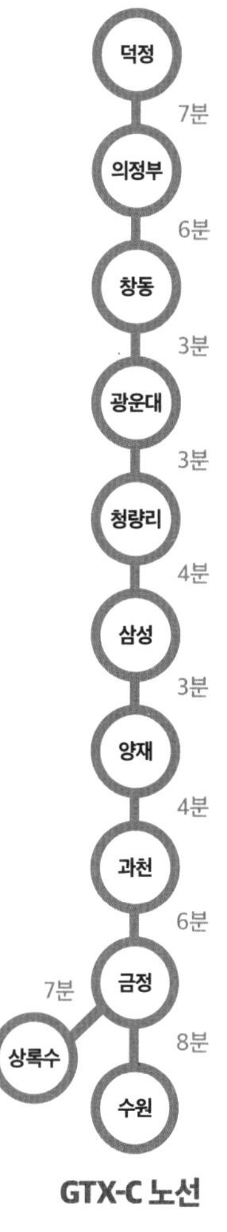

GTX-C 노선

것이다.

GTX-C 노선의 안산 상록수역 정차 여부는 아직 결정되지 않았지만 "수원역과 금정역 간 노선 혼잡으로 안산선을 활용해 일부 차량을 상록수역 쪽에서 회차할 수 있도록 하는 방안을 기본계획상에 반영한 것은 맞다."라는 국토교통부의 발표가 나오자마자 이 일대 부동산에 투자 수요가 집중되고 있다. 3기 신도시 중 대중의 선호도 면에서 최하위권에 있었던 장상지구는 지구 내에 신설되는 신안산선을 타고 중앙역에서 환승하면 상록수역까지 쉽게 도달해 GTX-C 노선을 이용할 수 있다는 점 때문에 최근에 새로이 조명 받고 있다.

역세권 개발 및 스마트시티 조성으로 변신을 준비하는 안산

그 밖에도 안산시에서 추진하고 있는 개발 호재가 무척 많다. 서해안 시대의 중추 역할을 하게 될 '서해선복선전철', 수도권 서남부 지역과 강원권을 연결하여 한반도 동서횡단철도의 축을 완성하는 사업인 '월곶~판교선', 인천발 KTX가 연결되는 '초지역세권 개발', 인근 화성 송산에 국내 최대 복합관광단지(잠실롯데월드의 32배 규모)로 조성되는 '신세계 국제테마파크', 강소연구개발특구로 지정되어 신사업을 창출할 도시첨단산업단지로 조성되는 '안산 사이언스밸리', 4차 산업혁명의 선두주자로서 미래도시 건설을 위한 전진기지인 '안산

스마트시티', 안산 스마트시티와 연계하여 비즈니스 체류 수요를 위한 숙박시설 및 쇼핑센터가 조성되는 '안산AK몰' 등이다. 천지개벽하고 있는 안산시의 미래가 기대된다.

■ 안산 장상지구 토지이용구상(안)

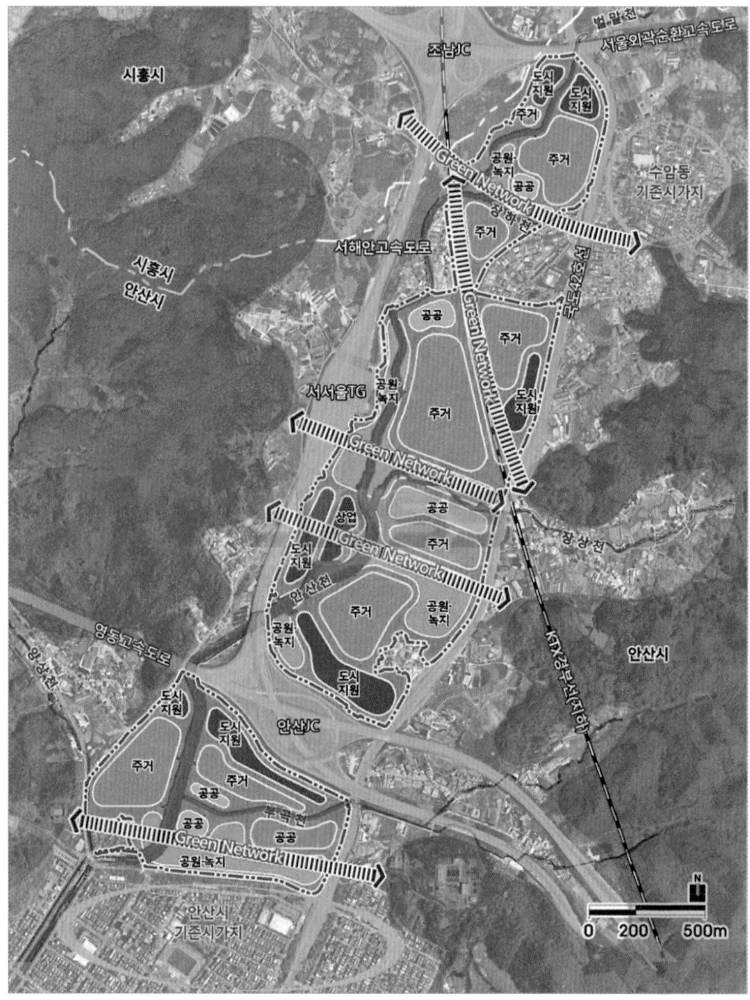

자료 : 환경영향평가정보지원시스템

장상지구 토지이용계획안 : 인구밀도를 낮춘 친환경 주거단지

안산 장상지구의 토지이용구상안을 살펴보면 지하에서 빠른 속도로 운행하는 KTX 경부선의 진동에 따른 영향을 최소화하기 위한 녹지축을 확보하여 거주민의 다양한 활동과 커뮤니티 형성을 위한 선형 공원을 조성한 것이 특징이다. 고속도로 주변으로 주거용지 배치를 지양하여 소음, 먼지 등의 환경 영향을 줄이고자 노력한 흔적이 돋보이며 사업지구 주변의 하천, 산림 등의 자연 지형을 그대로 살린 그린 네트워크를 구축했다.

다른 3기 신도시에 비해 지원시설용지 비율과 인구밀도를 낮춰 자연 친화적이고 쾌적한 주거단지를 조성하고자 했지만 고속도로에 둘러싸인 입지 특성상 한계가 있어 보인다. 또한 장상지구에는 14개의 고압송전탑이 있는데 친환경 주거단지 조성 계획안에 입각해 지중화 계획이 차질 없이 진행되어야 할 것이다.

장상지구의 토지이용구상안에는 상업용지 비율이 상당히 낮다. 근린생활시설의 희소성으로 인해 상가 투자를 고려할 만하지만 지형적인 특성상 영동고속도로 남쪽 배후 주거지는 역세권 상권과 단절되어 있고 지원시설용지 비율 축소로 소비력이 강한 비즈니스 수요가 적기 때문에 강력한 상권 발전은 기대하기 힘들어 보인다.

상업용지 비율이 낮다는 것은 다양한 생활편의시설의 입점이 제한적이라는 것을 의미하기 때문에 20~30대 젊은 층이 주로 거주하는 주거용 오피스텔도 장점이 있어 보이지는 않는다. 신안산선 확정으로 장상지구 내 역세권 주변의 투자를 권유하는 사람도 많겠지만 역세권 투자가 무조건 성공한다는 보장은 없으니 신중을 기해야 한다.

안산 장상지구 청약 전략

■ 장상지구 1차 사전청약 물량 배정표

2021년 11~12월 예정

	다자녀 (10%)		노부모부양 (5%)			신혼부부 (30%)			생애최초 (25%)			기타 (15%)	일반 (15%)		
	경기도 (50%)	수도권 (50%)	안산시 (30%)	경기도 (20%)	수도권 (50%)	안산시 (30%)	경기도 (20%)	수도권 (50%)	안산시 (30%)	경기도 (20%)	수도권 (50%)		안산시 (30%)	경기도 (20%)	수도권 (50%)
물량	50	50	15	10	25	90	60	150	75	50	125	150	45	30	75

■ 장상지구 2차 사전청약 물량 배정표

2022년 예정

	다자녀 (10%)		노부모부양 (5%)			신혼부부 (30%)			생애최초 (25%)			기타 (15%)	일반 (15%)		
	경기도 (50%)	수도권 (50%)	안산시 (30%)	경기도 (20%)	수도권 (50%)	안산시 (30%)	경기도 (20%)	수도권 (50%)	안산시 (30%)	경기도 (20%)	수도권 (50%)		안산시 (30%)	경기도 (20%)	수도권 (50%)
물량	60	60	18	12	30	108	72	180	90	60	150	180	54	36	90

안산 장상지구는 비투기과열지구로 다음과 같은 순서대로 공급한다. (다자녀 특별공급과 기관 추천 등 기타 물량은 다른 규칙 적용)

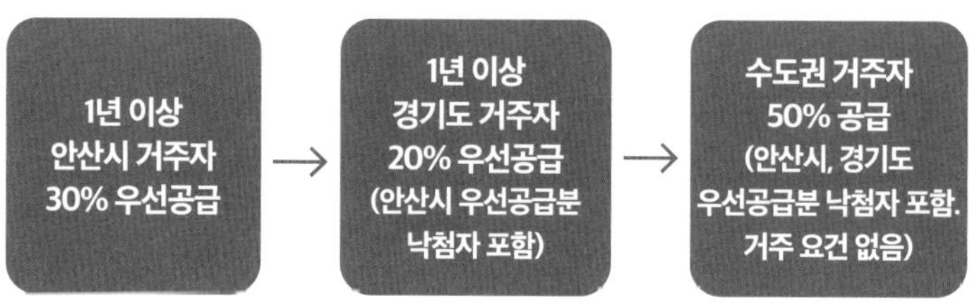

장상지구는 수도권 서남권에서 신분당선급만큼의 파급력을 갖춘 신안산선 지하철이 확정이기에 이 지역이 생활권인 주민들에게는 인기가 매우 높지만 기타 지역의 사람들에게는 특별한 매력이 없을 수도 있다. 철도 교통 대책도 중요하지만 대한민국 부동산에서 가장 우선시되는 것이 바로 서울 강남과의 지리적 접근성인데, 장상지구는 다른 3기 신도시에 비해 이 부분이 부족해서 그 한계가 청약 접수 결과에 그대로 반영되어 청약 경쟁이 가장 약할 것이다.

정부에서 발표한 2021년 사전청약 일정을 보면 장상지구를 포함하여 11~12월에 공급이 집중되는데 만약 타 신도시와 함께 동시분양으로 청약을 진행한다면 청약 통장이 선호도 높은 지역으로 분산되기 때문에 장상지구 아파트 청약은 무주택의 서러움을 씻어 낼 수 있는 천금 같은 기회가 될 수 있다. 안산에 대해 잘 모른다면 이 지역과 친해지려고 노력해 보는 것도 괜찮다. 본인이 잘 아는 지역에만 매달리지 말고 수도권 전역을 광범위하게 공부해야 청약 통장의 활용성이 높아져 내 집 마련의 꿈을 빨리 달성할 수 있다.

■ 장상지구 국민주택에 도전 가능한 청약 요건

	다자녀 (10%)		노부모부양 (5%)			신혼부부 (30%)			생애최초 (25%)			기타 (15%)	일반 (15%)		
	경기도 (50%)	수도권 (50%)	안산시 (30%)	경기도 (20%)	수도권 (50%)	안산시 (30%)	경기도 (20%)	수도권 (50%)	안산시 (30%)	경기도 (20%)	수도권 (50%)		안산시 (30%)	경기도 (20%)	수도권 (50%)
커트라인	45점 이상	50점 이상	900만원 이상	1,100만원 이상	1,100만원 이상	8점 이상	8점 이상	8점 이상	추첨			-	1,100만원 이상	1,200만원 이상	1,200만원 이상

정부에서 추진하는 3기 신도시 중 서울과 물리적 거리가 가장 멀리 느껴지는 안산 장상지구의 국민주택 커트라인은 위 표와 비슷할 것으로 예상된다. 물론 장상지구 내에서도 신안산선 지하철 역사와의 접근성이 좋은 단지는 이보다 당첨 커트라인이 높기 때문에 역세권, 비역세권의 청약 전략을 다르게 세워야 한다. 사전청약과 본청약과의 시간차에 따라 변수가 많으니 청약 시장의 분위기, 그로 인한 대중 심리 등 여러 요인을 반영하여 상황에 맞게끔 대응하는 것이 가장 중요하다.

장상지구 민영주택 청약 가점 커트라인은 50점대

장상지구 민영주택 또한 역세권, 비역세권의 청약 가점 편차가 크기 때문에 본인의 청약 가점 경쟁력이 어느 정도 수준인지 객관적으로 점검하는 것이 가장 중요하다. 청약 가점 60점대 이상의 고가점자들은 분양 초기에 이 장상지구 청약을 넘겨 버리고 선호도가 조금 더 높은 인기 지역에 도전하고자 하는 심리가 크기 때문에 가점 경쟁력이 떨어지는 사람들에게는 좋은 기회가 될 수 있다. 시간이 흐를수록 계획했던 공급 물량은 청약으로 그 수가 줄어들 것이고 경쟁도 점점 치열해져 당첨 점수는 계속 상향 조정될 것이기에 청약 가점이 애매하다면 분양 초기에 확실한 하향 지원으로 과감한 승부수를 띄우는 것도 좋은 전략일 수 있다.

PART 5

2021 수도권 주요 아파트 혁신 청약 전략

01

서울 강동구 둔촌주공 재건축 아파트

단군 이래 최대 재건축 아파트 단지

서울 송파구와 강동구 경계에 접해 있는 '하남 감일지구'는 서하남 IC 인근에 지정된 공공주택지구로 경기도 하남시 감일동, 감이동 일대에 1,685,848.2m^2(약 51만 평)의 면적으로 조성되는 미니 신도시이다. 총 13,797세대로 계획되어 아파트 입주가 순차적으로 진행되고 있는데 이런 감일지구 전체 세대수와 맞먹는 단일 아파트 단지가 바로 '둔촌주공 아파트 재건축(이하 둔촌주공)' 단지이다.

총 12,032가구로 일반공급 물량만 무려 4,786가구가 계획되어 있어 단일 규모로는 국내 최대 아파트 재건축 사업지라 할 수 있다. 착

사업 개요			
정비구역 명칭	둔촌주공아파트 주택재건축정비사업	**연면적**	218,882.44m²
정비구역 위치	서울시 강동구 둔촌동 17-1번지 일대	**건폐율**	18.24%
시공사	현대건설, HDC, 대우건설, 롯데건설	**용적률**	273.85%
조합원 수	6,181명	**규모**	지하 3층 ~ 지상 35층, 85개 동
주용도	아파트 및 부대복리시설	**임대**	1,046세대
정비구역 면적	626,232.5m²	**분양**	조합 6,181세대 / 일반 4,786세대
정비기반시설	103,217.1m²	**총 세대수**	12,032세대
대지 면적	432,771.4m²		

공은 들어갔지만 분양 가격, 조합 내부 갈등 등의 사유로 일반 분양을 하지 못했는데, 현재는 모든 문제를 해결하여 2021년 하반기 분양이 예상되면서 서울 지역 아파트의 공급 가뭄에 단비가 될 것으로 기대하고 있다.

지금까지 국내 최대 규모의 아파트 단지는 가락시영아파트 재건축 사업으로 건설된 '송파 헬리오시티'인데 총 9,510가구 중 일반공급 물량이 1,558가구였다. 일반공급 물량만 본다면 둔촌주공이 약 3배가량 많은데 실로 어마어마한 숫자이다. 한 번에 쏟아지는 공급 물량은 청약자 입장에서 확실히 유리한데, 특히 가점이 낮은 청약자들은 타입 선택을 잘한다면 당첨 확률이 높아질 것이다.

가점 항목 중 부양가족 수 점수는 고정되어 있고 무주택 기간과 청약 통장 가입 기간 항목은 합하여 1년에 1~3점씩 올라가는데 청약자들마다 1년이 경과하는 기준 시점이 제각각이라 높은 가점의 통장이 끊임없이 쏟아진다. 그래서 한 번에 공급하는 물량이 많다면 입주자 모집공고일을 기준으로 가점 변동이 없기에 커트라인이 낮아질 수밖에 없다. 서울 시민이면서 아직까지 무주택이라면 둔촌주공 일반분양이라는 일생일대 절호의 찬스를 놓쳐서는 안 된다.

일반공급 청약 1순위 조건과 당첨자 선정 방식

■ 일반공급 청약 1순위 조건

- 세대주
- 1주택자 이하
- 청약 통장 가입 기간 24개월 경과
- 청약 통장 납입 인정금액이 지역별 예치금액 이상
- 세대원 전원이 과거 5년 이내에 다른 주택에 당첨된 사실이 없어야 함
- 만 19세 이상인 자 또는 자녀를 양육하거나 형제자매를 부양하는 미성년 세대주

■ 일반공급 당첨자 선정 방식

- 주택건설지역 당해 지역인 서울 2년 이상 거주자에게 100% 우선공급
- 전용면적 85m² 이하 : 100% 가점제
- 전용면적 85m² 초과 : 50% 가점제, 50% 추첨제
  (추첨제 물량 중 75%는 무주택자에게 우선공급)

일반공급 청약 1순위 조건은 '입주자 모집공고일' 전일(청약예치금 충족은 당일)까지가 기준이다. 'PART 2. 아파트 청약 규칙' 편을 정독했다면 둔촌주공 1순위 청약 조건과 당첨자 선정 방식을 이해하는 데 큰 어려움이 없을 텐데 다시 한 번 간단하게 중요한 부분만 설명하겠다.

둔촌주공은 '서울 투기과열지역'에서 분양하는 '민영주택'으로 청약 1순위 내 경쟁이 있을 경우 서울 2년 이상 거주자에게 100% 우선공급을 해야 한다는 청약 규칙이 있다. 서울 거주자 대상으로 일반공급 신청을 먼저 받는데 여기에서 미달이 나지 않는 이상 서울 외 지역의 수도권 거주자들은 청약할 기회조차 없다. 현실적으로 둔촌주공은 서울 거주자들 사이에서도 경쟁이 치열하기 때문에 입주자 모집공고일까지 서울에 2년 이상 거주한 청약자만이 당첨의 기회를 바라볼 수 있다.

둔촌주공 일반공급 물량은 전부 전용면적 85m² 이하이기 때문에 100% 가점제가 적용되어 청약 가점이 높은 순서대로 당첨자가 결정

된다. 추첨 물량이 하나도 없기 때문에 1주택자들은 청약 1순위 조건을 갖추고 있어도 청약 기회 자체가 없다.

정리하면 ① 청약 1순위 조건을 갖추고 ② 서울에 2년 이상 거주한 사람 중에서 ③ 청약 가점이 높은 청약자가 당첨되는 시스템이다.

특별공급 청약 1순위 조건과 당첨자 선정 방식은 PART 2의 '2장. 특별공급 청약 자격과 당첨자 선정 방식' 편을 참고하길 바란다.

타입별 청약 가점 커트라인 예상하기

매머드급의 대단지 아파트 단지는 구조 설계 특성상 다양한 면적과 주택형으로 구성되어 있는데, 청약할 때는 그중 하나의 타입만 선택해야 한다는 규칙이 있다. 그런데 전문가들도 타입별로 청약 가점 당첨 커트라인을 예측하는 것을 매우 어려워하고 부담스러워 한다. 아파트 당첨 기준 점수를 예측할 때는 청약 당시의 시장 분위기, 대중 심리, 분양 가격, 공급 물량, 전매 제한, 중도금 대출 여부, 실거주 의무기간 등 여러 요소를 유기적으로 분석하여 과거 경험과 접목시켜야 하는데 일반인들에게는 결코 쉬운 일이 아니다.

둔촌주공 타입별 청약 가점 커트라인을 예상할 때 핵심 포인트는 '중도금 대출 가능 여부'를 꼽을 수 있다. 현재 분양 가격이 9억 원이 넘어갈 경우 중도금 대출이 실행되지 않아 현금 동원 능력에 따라 선택할 수 있는 주택형이 결정될 것이다.

둔촌주공 84형(구 34평형)의 예상 분양 가격은 9억 원 이상일 것이므로 중도금 대출이 전혀 안 될 것이다. 관건은 59형(구 25평형)의 분양 가격인데 만약 59형마저 중도금 대출이 안 된다면 이미 일반공급 분양이 늦어진 상황이라 계약자들의 현금흐름 계획에 대한 압박이 엄청날 것이며 중도금 마련이 안 되는 청약 포기자도 상당수 있을 것으로 예상된다.

이어서 타입별 청약 전략과 도전 가능한 조건을 예상해서 설명할 것인데 다시 한 번 강조하지만 절대 맹신하지 말고 참고만 하길 바란다. 설계 변경 등의 사유로 자료에 오류가 있을 수 있으니 정확한 것은 입주자 모집공고문을 꼭 확인하길 바란다.

■ 둔촌주공 재건축 아파트 타입별 물량배정표

정확한 타입별 공급 물량은 입주자 모집공고문 통해서 필히 확인 요망

	29	39A	39B	49	59A	59B	59C	59D	59E	84A	84B	84C	84D	84E	84F	84G	84H	합계
총세대수	326	1,644	80	1,200	1,240	344	170	68	58	1,780	49	297	770	840	230	58	346	9,500
조합	43	224	75	25	158	-	-	-	-	1,562	30	221	569	280	185	40	237	3,649
보류지	1	3	-	2	4	-	-	-	-	4	-	-	3	2	-	-	-	19
임대	272	272	-	272	176	54	-	-	-	-	-	-	-	-				1,046
기관추천	1	115	-	90	90	29	17	7	6	-	-	-	-	-	-	-	-	355
다자녀	-	115	-	90	91	29	17	7	6	-	-	-	-	-	-	-	-	355
노부모	-	34	-	27	27	9	5	2	2	-	-	-	-	-	-	-	-	106
신혼부부	2	229	-	180	180	58	34	14	12	-	-	-	-	-	-	-	-	709
생애최초	1	80	-	63	63	20	12	5	4	-	-	-	-	-	-	-	-	248
일반공급	6	572	5	451	451	145	85	33	28	214	19	76	198	558	45	18	109	3,012

■ 둔촌주공 재건축 아파트 단지 배치도

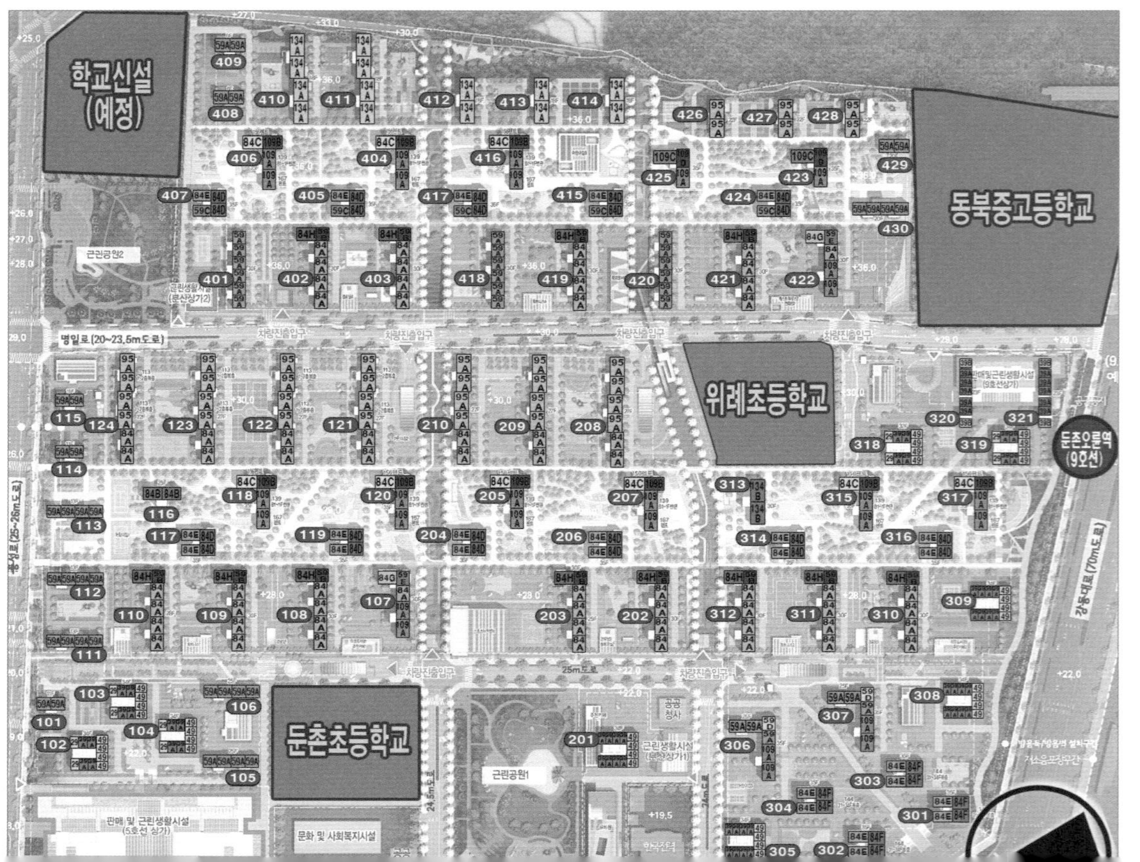

■ 둔촌주공 동·호 배치도

- 일반분양
- 조합원
- 보류지
- 필로티 및 세대 없음

101동

1	2
1101	1102
1001	1002
901	902
801	802
701	702
601	602
501	502
401	402
301	302
201	202
101	
59A	59A
동	동

102동

1	2	3	4	5	6	7	8	9	10
3401	3402	3403	3404	3405	3406	3407	3408	3409	3410
3301	3302	3303	3304	3305	3306	3307	3308	3309	3310
3201	3202	3203	3204	3205	3206	3207	3208	3209	3210
3101	3102	3103	3104	3105	3106	3107	3108	3109	3110
3001	3002	3003	3004	3005	3006	3007	3008	3009	3010
2901	2902	2903	2904	2905	2906	2907	2908	2909	2910
2801	2802	2803	2804	2805	2806	2807	2808	2809	2810
2701	2702	2703	2704	2705	2706	2707	2708	2709	2710
2601	2602	2603	2604	2605	2606	2607	2608	2609	2610
2501	2502	2503	2504	2505	2506	2507	2508	2509	2510
2401	2402	2403	2404	2405	2406	2407	2408	2409	2410
2301	2302	2303	2304	2305	2306	2307	2308	2309	2310
2201	2202	2203	2204	2205	2206	2207	2208	2209	2210
2101	2102	2103	2104	2105	2106	2107	2108	2109	2110
2001	2002	2003	2004	2005	2006	2007	2008	2009	2010
1901	1902	1903	1904	1905	1906	1907	1908	1909	1910
1801	1802	1803	1804	1805	1806	1807	1808	1809	1810
1701	1702	1703	1704	1705	1706	1707	1708	1709	1710
1601	1602	1603	1604	1605	1606	1607	1608	1609	1610
1501	1502	1503	1504	1505	1506	1507	1508	1509	1510
1401	1402	1403	1404	1405	1406	1407	1408	1409	1410
1301	1302	1303	1304	1305	1306	1307	1308	1309	1310
1201	1202	1203	1204	1205	1206	1207	1208	1209	1210
1101	1102	1103	1104	1105	1106	1107	1108	1109	1110
1001	1002	1003	1004	1005	1006	1007	1008	1009	1010
901	902	903	904	905	906	907	908	909	910
801	802	803	804	805	806	807	808	809	810
701	702	703	704	705	706	707	708	709	710
601	602	603	604	605	606	607	608	609	610
501	502	503	504	505	506	507	508	509	510
401	402	403	404	405	406	407	408	409	410
301	302	303	304	305	306	307	308	309	310
201	202	203	204	205	206	207	208	209	210
			104	105	106	107			
29A	39A	39A	49A	49A	49A	49A	39A	39A	29A
동	동	동	남	남	남	남	서	서	서

103동

1	2	3	4	5	6	7	8	9	10
3401	3402	3403	3404	3405	3406	3407	3408	3409	3410
3301	3302	3303	3304	3305	3306	3307	3308	3309	3310
3201	3202	3203	3204	3205	3206	3207	3208	3209	3210
3101	3102	3103	3104	3105	3106	3107	3108	3109	3110
3001	3002	3003	3004	3005	3006	3007	3008	3009	3010
2901	2902	2903	2904	2905	2906	2907	2908	2909	2910
2801	2802	2803	2804	2805	2806	2807	2808	2809	2810
2701	2702	2703	2704	2705	2706	2707	2708	2709	2710
2601	2602	2603	2604	2605	2606	2607	2608	2609	2610
2501	2502	2503	2504	2505	2506	2507	2508	2509	2510
2401	2402	2403	2404	2405	2406	2407	2408	2409	2410
2301	2302	2303	2304	2305	2306	2307	2308	2309	2310
2201	2202	2203	2204	2205	2206	2207	2208	2209	2210
2101	2102	2103	2104	2105	2106	2107	2108	2109	2110
2001	2002	2003	2004	2005	2006	2007	2008	2009	2010
1901	1902	1903	1904	1905	1906	1907	1908	1909	1910
1801	1802	1803	1804	1805	1806	1807	1808	1809	1810
1701	1702	1703	1704	1705	1706	1707	1708	1709	1710
1601	1602	1603	1604	1605	1606	1607	1608	1609	1610
1501	1502	1503	1504	1505	1506	1507	1508	1509	1510
1401	1402	1403	1404	1405	1406	1407	1408	1409	1410
1301	1302	1303	1304	1305	1306	1307	1308	1309	1310
1201	1202	1203	1204	1205	1206	1207	1208	1209	1210
1101	1102	1103	1104	1105	1106	1107	1108	1109	1110
1001	1002	1003	1004	1005	1006	1007	1008	1009	1010
901	902	903	904	905	906	907	908	909	910
801	802	803	804	805	806	807	808	809	810
701	702	703	704	705	706	707	708	709	710
601	602	603	604	605	606	607	608	609	610
501	502	503	504	505	506	507	508	509	510
401	402	403	404	405	406	407	408	409	410
301	302	303	304	305	306	307	308	309	310
201	202	203	204	205	206	207	208	209	210
			104	105	106	107			
29A	39A	39A	49A	49A	49A	49A	39A	39A	29A
동	동	동	남	남	남	남	서	서	서

3401	3402	3403	3404	3405	3406	3407	3408	3409	3410
3301	3302	3303	3304	3305	3306	3307	3308	3309	3310
3201	3202	3203	3204	3205	3206	3207	3208	3209	3210
3101	3102	3103	3104	3105	3106	3107	3108	3109	3110
3001	3002	3003	3004	3005	3006	3007	3008	3009	3010
2901	2902	2903	2904	2905	2906	2907	2908	2909	2910
2801	2802	2803	2804	2805	2806	2807	2808	2809	2810
2701	2702	2703	2704	2705	2706	2707	2708	2709	2710
2601	2602	2603	2604	2605	2606	2607	2608	2609	2610
2501	2502	2503	2504	2505	2506	2507	2508	2509	2510
2401	2402	2403	2404	2405	2406	2407	2408	2409	2410
2301	2302	2303	2304	2305	2306	2307	2308	2309	2310
2201	2202	2203	2204	2205	2206	2207	2208	2209	2210
2101	2102	2103	2104	2105	2106	2107	2108	2109	2110
2001	2002	2003	2004	2005	2006	2007	2008	2009	2010
1901	1902	1903	1904	1905	1906	1907	1908	1909	1910
1801	1802	1803	1804	1805	1806	1807	1808	1809	1810
1701	1702	1703	1704	1705	1706	1707	1708	1709	1710
1601	1602	1603	1604	1605	1606	1607	1608	1609	1610
1501	1502	1503	1504	1505	1506	1507	1508	1509	1510
1401	1402	1403	1404	1405	1406	1407	1408	1409	1410
1301	1302	1303	1304	1305	1306	1307	1308	1309	1310
1201	1202	1203	1204	1205	1206	1207	1208	1209	1210
1101	1102	1103	1104	1105	1106	1107	1108	1109	1110
1001	1002	1003	1004	1005	1006	1007	1008	1009	1010
901	902	903	904	905	906	907	908	909	910
801	802	803	804	805	806	807	808	809	810
701	702	703	704	705	706	707	708	709	710
601	602	603	604	605	606	607	608	609	610
501	502	503	504	505	506	507	508	509	510
401	402	403	404	405	406	407	408	409	410
301	302	303	304	305	306	307	308	309	310
201	202	203	204	205	206	207	208	209	210
			104	105	106	107			
1	2	3	4	5	6	7	8	9	10
29A	39A	39A	49A	49A	49A	49A	39A	39A	29A
동	동	동	남	남	남	남	서	서	서

104동

2501	2502	2503	2504
2401	2402	2403	2404
2301	2302	2303	2304
2201	2202	2203	2204
2101	2102	2103	2104
2001	2002	2003	2004
1901	1902	1903	1904
1801	1802	1803	1804
1701	1702	1703	1704
1601	1602	1603	1604
1501	1502	1503	1504
1401	1402	1403	1404
1301	1302	1303	1304
1201	1202	1203	1204
1101	1102	1103	1104
1001	1002	1003	1004
901	902	903	904
801	802	803	804
701	702	703	704
601	602	603	604
501	502	503	504
401	402	403	404
301	302	303	304
201	202	203	204
1	2	3	4
59A	59A	59A	59A
동	동	동	동

105동

2501	2502	2503	2504
2401	2402	2403	2404
2301	2302	2303	2304
2201	2202	2203	2204
2101	2102	2103	2104
2001	2002	2003	2004
1901	1902	1903	1904
1801	1802	1803	1804
1701	1702	1703	1704
1601	1602	1603	1604
1501	1502	1503	1504
1401	1402	1403	1404
1301	1302	1303	1304
1201	1202	1203	1204
1101	1102	1103	1104
1001	1002	1003	1004
901	902	903	904
801	802	803	804
701	702	703	704
601	602	603	604
501	502	503	504
401	402	403	404
301	302	303	304
201	202	203	204
1	2	3	4
59A	59A	59A	59A
동	동	동	동

106동

1	2	3	4	5
3001	3002	3003	3004	3005
2901	2902	2903	2904	2905
2801	2802	2803	2804	2805
2701	2702	2703	2704	2705
2601	2602	2603	2604	2605
2501	2502	2503	2504	2505
2401	2402	2403	2404	2405
2301	2302	2303	2304	2305
2201	2202	2203	2204	2205
2101	2102	2103	2104	2105
2001	2002	2003	2004	2005
1901	1902	1903	1904	1905
1801	1802	1803	1804	1805
1701	1702	1703	1704	1705
1601	1602	1603	1604	1605
1501	1502	1503	1504	1505
1401	1402	1403	1404	1405
1301	1302	1303	1304	1305
1201	1202	1203	1204	1205
1101	1102	1103	1104	1105
1001	1002	1003	1004	1005
901	902	903	904	905
801	802	803	804	805
701	702	703	704	705
601	602	603	604	605
501	502	503	504	505
401	402	403	404	405
301	302	303	304	305
201	202	203	204	205
84G	59E	84A	109A	109A
동	남	남	남	남

107동

1	2	3	4	5	6
3001	3002	3003	3004	3005	3006
2901	2902	2903	2904	2905	2906
2801	2802	2803	2804	2805	2806
2701	2702	2703	2704	2705	2706
2601	2602	2603	2604	2605	2606
2501	2502	2503	2504	2505	2506
2401	2402	2403	2404	2405	2406
2301	2302	2303	2304	2305	2306
2201	2202	2203	2204	2205	2206
2101	2102	2103	2104	2105	2106
2001	2002	2003	2004	2005	2006
1901	1902	1903	1904	1905	1906
1801	1802	1803	1804	1805	1806
1701	1702	1703	1704	1705	1706
1601	1602	1603	1604	1605	1606
1501	1502	1503	1504	1505	1506
1401	1402	1403	1404	1405	1406
1301	1302	1303	1304	1305	1306
1201	1202	1203	1204	1205	1206
1101	1102	1103	1104	1105	1106
1001	1002	1003	1004	1005	1006
901	902	903	904	905	906
801	802	803	804	805	806
701	702	703	704	705	706
601	602	603	604	605	606
501	502	503	504	505	506
401	402	403	404	405	406
301	302	303	304	305	306
201	202	203	204	205	206
84H	59B	84A	84A	84A	84A
동	남	남	남	남	남

108동

1	2	3	4	5	6
3001	3002	3003	3004	3005	3006
2901	2902	2903	2904	2905	2906
2801	2802	2803	2804	2805	2806
2701	2702	2703	2704	2705	2706
2601	2602	2603	2604	2605	2606
2501	2502	2503	2504	2505	2506
2401	2402	2403	2404	2405	2406
2301	2302	2303	2304	2305	2306
2201	2202	2203	2204	2205	2206
2101	2102	2103	2104	2105	2106
2001	2002	2003	2004	2005	2006
1901	1902	1903	1904	1905	1906
1801	1802	1803	1804	1805	1806
1701	1702	1703	1704	1705	1706
1601	1602	1603	1604	1605	1606
1501	1502	1503	1504	1505	1506
1401	1402	1403	1404	1405	1406
1301	1302	1303	1304	1305	1306
1201	1202	1203	1204	1205	1206
1101	1102	1103	1104	1105	1106
1001	1002	1003	1004	1005	1006
901	902	903	904	905	906
801	802	803	804	805	806
701	702	703	704	705	706
601	602	603	604	605	606
501	502	503	504	505	506
401	402	403	404	405	406
301	302	303	304	305	306
201	202	203	204	205	206
84H	59B	84A	84A	84A	84A
동	남	남	남	남	남

109동

1	2	3	4	5	6
2801	2802	2803	2804	2805	2806
2701	2702	2703	2704	2705	2706
2601	2602	2603	2604	2605	2606
2501	2502	2503	2504	2505	2506
2401	2402	2403	2404	2405	2406
2301	2302	2303	2304	2305	2306
2201	2202	2203	2204	2205	2206
2101	2102	2103	2104	2105	2106
2001	2002	2003	2004	2005	2006
1901	1902	1903	1904	1905	1906
1801	1802	1803	1804	1805	1806
1701	1702	1703	1704	1705	1706
1601	1602	1603	1604	1605	1606
1501	1502	1503	1504	1505	1506
1401	1402	1403	1404	1405	1406
1301	1302	1303	1304	1305	1306
1201	1202	1203	1204	1205	1206
1101	1102	1103	1104	1105	1106
1001	1002	1003	1004	1005	1006
901	902	903	904	905	906
801	802	803	804	805	806
701	702	703	704	705	706
601	602	603	604	605	606
501	502	503	504	505	506
401	402	403	404	405	406
301	302	303	304	305	306
201	202	203	204	205	206
84H	59B	84A	84A	84A	84A
동	남	남	남	남	남

110동

1	2	3	4
1301	1302	1303	1304
1201	1202	1203	1204
1101	1102	1103	1104
1001	1002	1003	1004
901	902	903	904
801	802	803	804
701	702	703	704
601	602	603	604
501	502	503	504
401	402	403	404
301	302	303	304
201	202	203	204
	102	103	
59A	59A	59A	59A
동	동	동	동

111동

1	2	3	4
1301	1302	1303	1304
1201	1202	1203	1204
1101	1102	1103	1104
1001	1002	1003	1004
901	902	903	904
801	802	803	804
701	702	703	704
601	602	603	604
501	502	503	504
401	402	403	404
301	302	303	304
201	202	203	204
	102	103	
59A	59A	59A	59A
동	동	동	동

112동

1	2	3	4
1301	1302	1303	1304
1201	1202	1203	1204
1101	1102	1103	1104
1001	1002	1003	1004
901	902	903	904
801	802	803	804
701	702	703	704
601	602	603	604
501	502	503	504
401	402	403	404
301	302	303	304
201	202	203	204
	102	103	
59A	59A	59A	59A
동	동	동	동

113동

1101	1102
1001	1002
901	902
801	802
701	702
601	602
501	502
401	402
301	302
201	202
101	X
1	2
59A	59A
동	동

114동

1101	1102
1001	1002
901	902
801	802
701	702
601	602
501	502
401	402
301	302
201	202
101	X
1	2
59A	59A
동	동

115동

2501	2502
2401	2402
2301	2302
2201	2202
2101	2102
2001	2002
1901	1902
1801	1802
1701	1702
1601	1602
1501	1502
1401	1402
1301	1302
1201	1202
1101	1102
1001	1002
901	902
801	802
701	702
601	602
501	502
401	402
301	302
201	202
X	101
1	2
84B	84B
동	동

116동

3501	3502	3503	3504
3401	3402	3403	3404
3301	3302	3303	3304
3201	3202	3203	3204
3101	3102	3103	3104
3001	3002	3003	3004
2901	2902	2903	2904
2801	2802	2803	2804
2701	2702	2703	2704
2601	2602	2603	2604
2501	2502	2503	2504
2401	2402	2403	2404
2301	2302	2303	2304
2201	2202	2203	2204
2101	2102	2103	2104
2001	2002	2003	2004
1901	1902	1903	1904
1801	1802	1803	1804
1701	1702	1703	1704
1601	1602	1603	1604
1501	1502	1503	1504
1401	1402	1403	1404
1301	1302	1303	1304
1201	1202	1203	1204
1101	1102	1103	1104
1001	1002	1003	1004
901	902	903	904
801	802	803	804
701	702	703	704
601	602	603	604
501	502	503	504
401	402	403	404
301	302	303	304
201	202	203	204
X	102	103	X
1	2	3	4
84E	84D	84D	84E
동	남동	남서	서

117동

3501		3503	
3401	3402	3403	3404
3301	3302	3303	3304
3201	3202	3203	3204
3101	3102	3103	3104
3001	3002	3003	3004
2901	2902	2903	2904
2801	2802	2803	2804
2701	2702	2703	2704
2601	2602	2603	2604
2501	2502	2503	2504
2401	2402	2403	2404
2301	2302	2303	2304
2201	2202	2203	2204
2101	2102	2103	2104
2001	2002	2003	2004
1901	1902	1903	1904
1801	1802	1803	1804
1701	1702	1703	1704
1601	1602	1603	1604
1501	1502	1503	1504
1401	1402	1403	1404
1301	1302	1303	1304
1201	1202	1203	1204
1101	1102	1103	1104
1001	1002	1003	1004
901	902	903	904
801	802	803	804
701	702	703	704
601	602	603	604
501	502	503	504
401	402	403	404
301	302	303	304
201	202	203	X
X	102	103	
1	2	3	4
84C	109B	109A	109A
동	남	남	남

118동

3501	3502	3503	3504
3401	3402	3403	3404
3301	3302	3303	3304
3201	3202	3203	3204
3101	3102	3103	3104
3001	3002	3003	3004
2901	2902	2903	2904
2801	2802	2803	2804
2701	2702	2703	2704
2601	2602	2603	2604
2501	2502	2503	2504
2401	2402	2403	2404
2301	2302	2303	2304
2201	2202	2203	2204
2101	2102	2103	2104
2001	2002	2003	2004
1901	1902	1903	1904
1801	1802	1803	1804
1701	1702	1703	1704
1601	1602	1603	1604
1501	1502	1503	1504
1401	1402	1403	1404
1301	1302	1303	1304
1201	1202	1203	1204
1101	1102	1103	1104
1001	1002	1003	1004
901	902	903	904
801	802	803	804
701	702	703	704
601	602	603	604
501	502	503	504
401	402	403	404
301	302	303	304
201	202	203	204
X	102	103	X
1	2	3	4
84E	84D	84D	84E
동	남동	남서	서

119동

3501		3503	
3401	3402	3403	3404
3301	3302	3303	3304
3201	3202	3203	3204
3101	3102	3103	3104
3001	3002	3003	3004
2901	2902	2903	2904
2801	2802	2803	2804
2701	2702	2703	2704
2601	2602	2603	2604
2501	2502	2503	2504
2401	2402	2403	2404
2301	2302	2303	2304
2201	2202	2203	2204
2101	2102	2103	2104
2001	2002	2003	2004
1901	1902	1903	1904
1801	1802	1803	1804
1701	1702	1703	1704
1601	1602	1603	1604
1501	1502	1503	1504
1401	1402	1403	1404
1301	1302	1303	1304
1201	1202	1203	1204
1101	1102	1103	1104
1001	1002	1003	1004
901	902	903	904
801	802	803	804
701	702	703	704
601	602	603	604
501	502	503	504
401	402	403	404
301	302	303	304
201	202	203	
	102	103	
1	2	3	4
84C	109B	109A	109A
동	남	남	남
120동			

2701	2702	2703	2704	2705	2706
2601	2602	2603	2604	2605	2606
2501	2502	2503	2504	2505	2506
2401	2402	2403	2404	2405	2406
2301	2302	2303	2304	2305	2306
2201	2202	2203	2204	2205	2206
2101	2102	2103	2104	2105	2106
2001	2002	2003	2004	2005	2006
1901	1902	1903	1904	1905	1906
1801	1802	1803	1804	1805	1806
1701	1702	1703	1704	1705	1706
1601	1602	1603	1604	1605	1606
1501	1502	1503	1504	1505	1506
1401	1402	1403	1404	1405	1406
1301	1302	1303	1304	1305	1306
1201	1202	1203	1204	1205	1206
1101	1102	1103	1104	1105	1106
1001	1002	1003	1004	1005	1006
901	902	903	904	905	906
801	802	803	804	805	806
701	702	703	704	705	706
601	602	603	604	605	606
501	502	503	504	505	506
401	402	403	404	405	406
301	302	303	304	305	306
				205	206
101	102	103	104		106
1	2	3	4	5	6
95A	95A	95A	95A	84A	84A
남	남	남	남	남	남
121동					

2701	2702	2703	2704	2705	2706
2601	2602	2603	2604	2605	2606
2501	2502	2503	2504	2505	2506
2401	2402	2403	2404	2405	2406
2301	2302	2303	2304	2305	2306
2201	2202	2203	2204	2205	2206
2101	2102	2103	2104	2105	2106
2001	2002	2003	2004	2005	2006
1901	1902	1903	1904	1905	1906
1801	1802	1803	1804	1805	1806
1701	1702	1703	1704	1705	1706
1601	1602	1603	1604	1605	1606
1501	1502	1503	1504	1505	1506
1401	1402	1403	1404	1405	1406
1301	1302	1303	1304	1305	1306
1201	1202	1203	1204	1205	1206
1101	1102	1103	1104	1105	1106
1001	1002	1003	1004	1005	1006
901	902	903	904	905	906
801	802	803	804	805	806
701	702	703	704	705	706
601	602	603	604	605	606
501	502	503	504	505	506
401	402	403	404	405	406
301	302	303	304	305	306
				205	206
101	102	103	104		106
1	2	3	4	5	6
95A	95A	95A	95A	84A	84A
남	남	남	남	남	남
122동					

2701	2702	2703	2704	2705	2706
2601	2602	2603	2604	2605	2606
2501	2502	2503	2504	2505	2506
2401	2402	2403	2404	2405	2406
2301	2302	2303	2304	2305	2306
2201	2202	2203	2204	2205	2206
2101	2102	2103	2104	2105	2106
2001	2002	2003	2004	2005	2006
1901	1902	1903	1904	1905	1906
1801	1802	1803	1804	1805	1806
1701	1702	1703	1704	1705	1706
1601	1602	1603	1604	1605	1606
1501	1502	1503	1504	1505	1506
1401	1402	1403	1404	1405	1406
1301	1302	1303	1304	1305	1306
1201	1202	1203	1204	1205	1206
1101	1102	1103	1104	1105	1106
1001	1002	1003	1004	1005	1006
901	902	903	904	905	906
801	802	803	804	805	806
701	702	703	704	705	706
601	602	603	604	605	606
501	502	503	504	505	506
401	402	403	404	405	406
301	302	303	304	305	306
101	102	103	104	205	206
					106
1	2	3	4	5	6
95A	95A	95A	95A	84A	84A
남	남	남	남	남	남

123동

2201	2202	2203	2204	2205	2206
2101	2102	2103	2104	2105	2106
2001	2002	2003	2004	2005	2006
1901	1902	1903	1904	1905	1906
1801	1802	1803	1804	1805	1806
1701	1702	1703	1704	1705	1706
1601	1602	1603	1604	1605	1606
1501	1502	1503	1504	1505	1506
1401	1402	1403	1404	1405	1406
1301	1302	1303	1304	1305	1306
1201	1202	1203	1204	1205	1206
1101	1102	1103	1104	1105	1106
1001	1002	1003	1004	1005	1006
901	902	903	904	905	906
801	802	803	804	805	806
701	702	703	704	705	706
601	602	603	604	605	606
501	502	503	504	505	506
401	402	403	404	405	406
301	302	303	304	305	306
101	102	103	104	205	206
					106
1	2	3	4	5	6
95A	95A	95A	95A	84A	84A
남	남	남	남	남	남

124동

3401	3402	3403	3404	3405	3406	3407	3408	3409	3410
3301	3302	3303	3304	3305	3306	3307	3308	3309	3310
3201	3202	3203	3204	3205	3206	3207	3208	3209	3210
3101	3102	3103	3104	3105	3106	3107	3108	3109	3110
3001	3002	3003	3004	3005	3006	3007	3008	3009	3010
2901	2902	2903	2904	2905	2906	2907	2908	2909	2910
2801	2802	2803	2804	2805	2806	2807	2808	2809	2810
2701	2702	2703	2704	2705	2706	2707	2708	2709	2710
2601	2602	2603	2604	2605	2606	2607	2608	2609	2610
2501	2502	2503	2504	2505	2506	2507	2508	2509	2510
2401	2402	2403	2404	2405	2406	2407	2408	2409	2410
2301	2302	2303	2304	2305	2306	2307	2308	2309	2310
2201	2202	2203	2204	2205	2206	2207	2208	2209	2210
2101	2102	2103	2104	2105	2106	2107	2108	2109	2110
2001	2002	2003	2004	2005	2006	2007	2008	2009	2010
1901	1902	1903	1904	1905	1906	1907	1908	1909	1910
1801	1802	1803	1804	1805	1806	1807	1808	1809	1810
1701	1702	1703	1704	1705	1706	1707	1708	1709	1710
1601	1602	1603	1604	1605	1606	1607	1608	1609	1610
1501	1502	1503	1504	1505	1506	1507	1508	1509	1510
1401	1402	1403	1404	1405	1406	1407	1408	1409	1410
1301	1302	1303	1304	1305	1306	1307	1308	1309	1310
1201	1202	1203	1204	1205	1206	1207	1208	1209	1210
1101	1102	1103	1104	1105	1106	1107	1108	1109	1110
1001	1002	1003	1004	1005	1006	1007	1008	1009	1010
901	902	903	904	905	906	907	908	909	910
801	802	803	804	805	806	807	808	809	810
701	702	703	704	705	706	707	708	709	710
601	602	603	604	605	606	607	608	609	610
501	502	503	504	505	506	507	508	509	510
401	402	403	404	405	406	407	408	409	410
301	302	303	304	305	306	307	308	309	310
201	202	203	204	205	206	207	208	209	210
1	2	3	4	5	6	7	8	9	10
39A	39A	39A	49A	49A	49A	49A	39A	39A	39A
동	동	동	남	남	남	남	서	서	서

201동

202동

1	2	3	4	5	6
84H	59B	84A	84A	84A	84A
동	남	남	남	남	남
3001	3002	3003	3004	3005	3006
2901	2902	2903	2904	2905	2906
2801	2802	2803	2804	2805	2806
2701	2702	2703	2704	2705	2706
2601	2602	2603	2604	2605	2606
2501	2502	2503	2504	2505	2506
2401	2402	2403	2404	2405	2406
2301	2302	2303	2304	2305	2306
2201	2202	2203	2204	2205	2206
2101	2102	2103	2104	2105	2106
2001	2002	2003	2004	2005	2006
1901	1902	1903	1904	1905	1906
1801	1802	1803	1804	1805	1806
1701	1702	1703	1704	1705	1706
1601	1602	1603	1604	1605	1606
1501	1502	1503	1504	1505	1506
1401	1402	1403	1404	1405	1406
1301	1302	1303	1304	1305	1306
1201	1202	1203	1204	1205	1206
1101	1102	1103	1104	1105	1106
1001	1002	1003	1004	1005	1006
901	902	903	904	905	906
801	802	803	804	805	806
701	702	703	704	705	706
601	602	603	604	605	606
501	502	503	504	505	506
401	402	403	404	405	406
301	302	303	304	305	306
201	202	203	204	205	206

203동

1	2	3	4	5	6
84H	59B	84A	84A	84A	84A
동	남	남	남	남	남
3001	3002				
2901	2902				
2801	2802				
2701	2702				
2601	2602				
2501	2502	2503	2504	2505	2506
2401	2402	2403	2404	2405	2406
2301	2302	2303	2304	2305	2306
2201	2202	2203	2204	2205	2206
2101	2102	2103	2104	2105	2106
2001	2002	2003	2004	2005	2006
1901	1902	1903	1904	1905	1906
1801	1802	1803	1804	1805	1806
1701	1702	1703	1704	1705	1706
1601	1602	1603	1604	1605	1606
1501	1502	1503	1504	1505	1506
1401	1402	1403	1404	1405	1406
1301	1302	1303	1304	1305	1306
1201	1202	1203	1204	1205	1206
1101	1102	1103	1104	1105	1106
1001	1002	1003	1004	1005	1006
901	902	903	904	905	906
801	802	803	804	805	806
701	702	703	704	705	706
601	602	603	604	605	606
501	502	503	504	505	506
401	402	403	404	405	406
301	302	303	304	305	306
201	202	203	204	205	206

204동

1	2	3	4
84E	84D	84D	84E
동	남동	남서	서
3501	3502	3503	3504
3401	3402	3403	3404
3301	3302	3303	3304
3201	3202	3203	3204
3101	3102	3103	3104
3001	3002	3003	3004
2901	2902	2903	2904
2801	2802	2803	2804
2701	2702	2703	2704
2601	2602	2603	2604
2501	2502	2503	2504
2401	2402	2403	2404
2301	2302	2303	2304
2201	2202	2203	2204
2101	2102	2103	2104
2001	2002	2003	2004
1901	1902	1903	1904
1801	1802	1803	1804
1701	1702	1703	1704
1601	1602	1603	1604
1501	1502	1503	1504
1401	1402	1403	1404
1301	1302	1303	1304
1201	1202	1203	1204
1101	1102	1103	1104
1001	1002	1003	1004
901	902	903	904
801	802	803	804
701	702	703	704
601	602	603	604
501	502	503	504
401	402	403	404
301	302	303	304
201	202	203	204
	102	103	

205동

1	2	3	4
84C	109B	109A	109A
동	남	남	남
3501		3503	
3401	3402	3403	3404
3301	3302	3303	3304
3201	3202	3203	3204
3101	3102	3103	3104
3001	3002	3003	3004
2901	2902	2903	2904
2801	2802	2803	2804
2701	2702	2703	2704
2601	2602	2603	2604
2501	2502	2503	2504
2401	2402	2403	2404
2301	2302	2303	2304
2201	2202	2203	2204
2101	2102	2103	2104
2001	2002	2003	2004
1901	1902	1903	1904
1801	1802	1803	1804
1701	1702	1703	1704
1601	1602	1603	1604
1501	1502	1503	1504
1401	1402	1403	1404
1301	1302	1303	1304
1201	1202	1203	1204
1101	1102	1103	1104
1001	1002	1003	1004
901	902	903	904
801	802	803	804
701	702	703	704
601	602	603	604
501	502	503	504
401	402	403	404
301	302	303	304
201	202	203	
	102	103	

3501	3502	3503	3504
3401	3402	3403	3404
3301	3302	3303	3304
3201	3202	3203	3204
3101	3102	3103	3104
3001	3002	3003	3004
2901	2902	2903	2904
2801	2802	2803	2804
2701	2702	2703	2704
2601	2602	2603	2604
2501	2502	2503	2504
2401	2402	2403	2404
2301	2302	2303	2304
2201	2202	2203	2204
2101	2102	2103	2104
2001	2002	2003	2004
1901	1902	1903	1904
1801	1802	1803	1804
1701	1702	1703	1704
1601	1602	1603	1604
1501	1502	1503	1504
1401	1402	1403	1404
1301	1302	1303	1304
1201	1202	1203	1204
1101	1102	1103	1104
1001	1002	1003	1004
901	902	903	904
801	802	803	804
701	702	703	704
601	602	603	604
501	502	503	504
401	402	403	404
301	302	303	304
201	202	203	204
	102	103	
1	2	3	4
84E	84D	84D	84E
동	남동	남서	서

206동

3501		3503	
3401	3402	3403	3404
3301	3302	3303	3304
3201	3202	3203	3204
3101	3102	3103	3104
3001	3002	3003	3004
2901	2902	2903	2904
2801	2802	2803	2804
2701	2702	2703	2704
2601	2602	2603	2604
2501	2502	2503	2504
2401	2402	2403	2404
2301	2302	2303	2304
2201	2202	2203	2204
2101	2102	2103	2104
2001	2002	2003	2004
1901	1902	1903	1904
1801	1802	1803	1804
1701	1702	1703	1704
1601	1602	1603	1604
1501	1502	1503	1504
1401	1402	1403	1404
1301	1302	1303	1304
1201	1202	1203	1204
1101	1102	1103	1104
1001	1002	1003	1004
901	902	903	904
801	802	803	804
701	702	703	704
601	602	603	604
501	502	503	504
401	402	403	404
301	302	303	304
201	202	203	
	102	103	
1	2	3	4
84C	109B	109A	109A
동	남	남	남

207동

2701	2702	2703	2704	2705	2706
2601	2602	2603	2604	2605	2606
2501	2502	2503	2504	2505	2506
2401	2402	2403	2404	2405	2406
2301	2302	2303	2304	2305	2306
2201	2202	2203	2204	2205	2206
2101	2102	2103	2104	2105	2106
2001	2002	2003	2004	2005	2006
1901	1902	1903	1904	1905	1906
1801	1802	1803	1804	1805	1806
1701	1702	1703	1704	1705	1706
1601	1602	1603	1604	1605	1606
1501	1502	1503	1504	1505	1506
1401	1402	1403	1404	1405	1406
1301	1302	1303	1304	1305	1306
1201	1202	1203	1204	1205	1206
1101	1102	1103	1104	1105	1106
1001	1002	1003	1004	1005	1006
901	902	903	904	905	906
801	802	803	804	805	806
701	702	703	704	705	706
601	602	603	604	605	606
501	502	503	504	505	506
401	402	403	404	405	406
301	302	303	304	305	306
201	202	203	204	205	206
1	2	3	4	5	6
95A	95A	95A	95A	84A	84A
남	남	남	남	남	남

208동

2701	2702	2703	2704	2705	2706
2601	2602	2603	2604	2605	2606
2501	2502	2503	2504	2505	2506
2401	2402	2403	2404	2405	2406
2301	2302	2303	2304	2305	2306
2201	2202	2203	2204	2205	2206
2101	2102	2103	2104	2105	2106
2001	2002	2003	2004	2005	2006
1901	1902	1903	1904	1905	1906
1801	1802	1803	1804	1805	1806
1701	1702	1703	1704	1705	1706
1601	1602	1603	1604	1605	1606
1501	1502	1503	1504	1505	1506
1401	1402	1403	1404	1405	1406
1301	1302	1303	1304	1305	1306
1201	1202	1203	1204	1205	1206
1101	1102	1103	1104	1105	1106
1001	1002	1003	1004	1005	1006
901	902	903	904	905	906
801	802	803	804	805	806
701	702	703	704	705	706
601	602	603	604	605	606
501	502	503	504	505	506
401	402	403	404	405	406
301	302	303	304	305	306
201	202	203	204	205	206
1	2	3	4	5	6
95A	95A	95A	95A	84A	84A
남	남	남	남	남	남

209동

210동

1	2	3	4	5	6
2701	2702	2703	2704	2705	2706
2601	2602	2603	2604	2605	2606
2501	2502	2503	2504	2505	2506
2401	2402	2403	2404	2405	2406
2301	2302	2303	2304	2305	2306
2201	2202	2203	2204	2205	2206
2101	2102	2103	2104	2105	2106
2001	2002	2003	2004	2005	2006
1901	1902	1903	1904	1905	1906
1801	1802	1803	1804	1805	1806
1701	1702	1703	1704	1705	1706
1601	1602	1603	1604	1605	1606
1501	1502	1503	1504	1505	1506
1401	1402	1403	1404	1405	1406
1301	1302	1303	1304	1305	1306
1201	1202	1203	1204	1205	1206
1101	1102	1103	1104	1105	1106
1001	1002	1003	1004	1005	1006
901	902	903	904	905	906
801	802	803	804	805	806
701	702	703	704	705	706
601	602	603	604	605	606
501	502	503	504	505	506
401	402	403	404	405	406
301	302	303	304	305	306
201	202	203	204	205	206
95A	95A	95A	95A	84A	84A
남	남	남	남	남	남

301동

스카이라운지

1	2	3	4
3401	3302	3303	3404
3301			3304
3201	3102	3103	3204
3101			3104
3001	3002	3003	3004
2901	2902	2903	2904
2801	2802	2803	2804
2701	2702	2703	2704
2601	2602	2603	2604
2501	2502	2503	2504
2401	2402	2403	2404
2301	2302	2303	2304
2201	2202	2203	2204
2101	2102	2103	2104
2001	2002	2003	2004
1901	1902	1903	1904
1801	1802	1803	1804
1701	1702	1703	1704
1601	1602	1603	1604
1501	1502	1503	1504
1401	1402	1403	1404
1301	1302	1303	1304
1201	1202	1203	1204
1101	1102	1103	1104
1001	1002	1003	1004
901	902	903	904
801	802	803	804
701	702	703	704
601	602	603	604
501	502	503	504
401	402	403	404
301	302	303	304
201	202	203	
84E	84F	84F	84E
동	남동	남서	서

302동

게스트하우스

1	2	3	4
3401	3302	3303	3404
3301			3304
3201	3102	3103	3204
3101			3104
3001	3002	3003	3004
2901	2902	2903	2904
2801	2802	2803	2804
2701	2702	2703	2704
2601	2602	2603	2604
2501	2502	2503	2504
2401	2402	2403	2404
2301	2302	2303	2304
2201	2202	2203	2204
2101	2102	2103	2104
2001	2002	2003	2004
1901	1902	1903	1904
1801	1802	1803	1804
1701	1702	1703	1704
1601	1602	1603	1604
1501	1502	1503	1504
1401	1402	1403	1404
1301	1302	1303	1304
1201	1202	1203	1204
1101	1102	1103	1104
1001	1002	1003	1004
901	902	903	904
801	802	803	804
701	702	703	704
601	602	603	604
501	502	503	504
401	402	403	404
301	302	303	304
201		203	204
84E	84F	84F	84E
동	남동	남서	서

303동

스카이라운지

1	2	3	4
3401	3302	3303	3404
3301			3304
3201	3102	3103	3204
3101			3104
3001	3002	3003	3004
2901	2902	2903	2904
2801	2802	2803	2804
2701	2702	2703	2704
2601	2602	2603	2604
2501	2502	2503	2504
2401	2402	2403	2404
2301	2302	2303	2304
2201	2202	2203	2204
2101	2102	2103	2104
2001	2002	2003	2004
1901	1902	1903	1904
1801	1802	1803	1804
1701	1702	1703	1704
1601	1602	1603	1604
1501	1502	1503	1504
1401	1402	1403	1404
1301	1302	1303	1304
1201	1202	1203	1204
1101	1102	1103	1104
1001	1002	1003	1004
901	902	903	904
801	802	803	804
701	702	703	704
601	602	603	604
501	502	503	504
401	402	403	404
301	302	303	304
201	202	203	
84E	84F	84F	84E
동	남동	남서	서

게스트하우스			
3401	3302	3303	3404
3301			3304
3201	3102	3103	3204
3101			3104
3001	3002	3003	3004
2901	2902	2903	2904
2801	2802	2803	2804
2701	2702	2703	2704
2601	2602	2603	2604
2501	2502	2503	2504
2401	2402	2403	2404
2301	2302	2303	2304
2201	2202	2203	2204
2101	2102	2103	2104
2001	2002	2003	2004
1901	1902	1903	1904
1801	1802	1803	1804
1701	1702	1703	1704
1601	1602	1603	1604
1501	1502	1503	1504
1401	1402	1403	1404
1301	1302	1303	1304
1201	1202	1203	1204
1101	1102	1103	1104
1001	1002	1003	1004
901	902	903	904
801	802	803	804
701	702	703	704
601	602	603	604
501	502	503	504
401	402	403	404
301	302	303	304
201		203	204
1	2	3	4
84E	84F	84F	84E
동	남동	남서	서

304동

3401	3402	3403	3404	3405	3406	3407	3408	3409	3410
3301	3302	3303	3304	3305	3306	3307	3308	3309	3310
3201	3202	3203	3204	3205	3206	3207	3208	3209	3210
3101	3102	3103	3104	3105	3106	3107	3108	3109	3110
3001	3002	3003	3004	3005	3006	3007	3008	3009	3010
2901	2902	2903	2904	2905	2906	2907	2908	2909	2910
2801	2802	2803	2804	2805	2806	2807	2808	2809	2810
2701	2702	2703	2704	2705	2706	2707	2708	2709	2710
2601	2602	2603	2604	2605	2606	2607	2608	2609	2610
2501	2502	2503	2504	2505	2506	2507	2508	2509	2510
2401	2402	2403	2404	2405	2406	2407	2408	2409	2410
2301	2302	2303	2304	2305	2306	2307	2308	2309	2310
2201	2202	2203	2204	2205	2206	2207	2208	2209	2210
2101	2102	2103	2104	2105	2106	2107	2108	2109	2110
2001	2002	2003	2004	2005	2006	2007	2008	2009	2010
1901	1902	1903	1904	1905	1906	1907	1908	1909	1910
1801	1802	1803	1804	1805	1806	1807	1808	1809	1810
1701	1702	1703	1704	1705	1706	1707	1708	1709	1710
1601	1602	1603	1604	1605	1606	1607	1608	1609	1610
1501	1502	1503	1504	1505	1506	1507	1508	1509	1510
1401	1402	1403	1404	1405	1406	1407	1408	1409	1410
1301	1302	1303	1304	1305	1306	1307	1308	1309	1310
1201	1202	1203	1204	1205	1206	1207	1208	1209	1210
1101	1102	1103	1104	1105	1106	1107	1108	1109	1110
1001	1002	1003	1004	1005	1006	1007	1008	1009	1010
901	902	903	904	905	906	907	908	909	910
801	802	803	804	805	806	807	808	809	810
701	702	703	704	705	706	707	708	709	710
601	602	603	604	605	606	607	608	609	610
501	502	503	504	505	506	507	508	509	510
401	402	403	404	405	406	407	408	409	410
301	302	303	304	305	306	307	308	309	310
201	202	203	204	205	206	207	208	209	210
1	2	3	4	5	6	7	8	9	10
39A	39A	39A	49A	49A	49A	49A	39A	39A	39A
동	동	동	남	남	남	남	서	서	서

305동

		3503	3504	3505	3506
		3403	3404	3405	3406
		3303	3304	3305	3306
		3203	3204	3205	3206
		3103	3104	3105	3106
		3003	3004	3005	3006
		2903	2904	2905	2906
		2803	2804	2805	2806
		2703	2704	2705	2706
2601	2602	2603	2604	2605	2606
2501	2502	2503	2504	2505	2506
2401	2402	2403	2404	2405	2406
2301	2302	2303	2304	2305	2306
2201	2202	2203	2204	2205	2206
2101	2102	2103	2104	2105	2106
2001	2002	2003	2004	2005	2006
1901	1902	1903	1904	1905	1906
1801	1802	1803	1804	1805	1806
1701	1702	1703	1704	1705	1706
1601	1602	1603	1604	1605	1606
1501	1502	1503	1504	1505	1506
1401	1402	1403	1404	1405	1406
1301	1302	1303	1304	1305	1306
1201	1202	1203	1204	1205	1206
1101	1102	1103	1104	1105	1106
1001	1002	1003	1004	1005	1006
901	902	903	904	905	906
801	802	803	804	805	806
701	702	703	704	705	706
601	602	603	604	605	606
501	502	503	504	505	506
401	402	403	404	405	406
301	302	303	304	305	306
201	202	203	204	205	206
101			104	105	
1	2	3	4	5	6
59A	59A	59D	59A	109A	109A
동	동	남	남	남	남

306동

1	2	3	4	5	6
59A	59A	59D	59A	109A	109A
동	동	남	남	남	남
		3503	3504	3505	3506
		3403	3404	3405	3406
		3303	3304	3305	3306
		3203	3204	3205	3206
		3103	3104	3105	3106
		3003	3004	3005	3006
		2903	2904	2905	2906
		2803	2804	2805	2806
		2703	2704	2705	2706
2601	2602	2603	2604	2605	2606
2501	2502	2503	2504	2505	2506
2401	2402	2403	2404	2405	2406
2301	2302	2303	2304	2305	2306
2201	2202	2203	2204	2205	2206
2101	2102	2103	2104	2105	2106
2001	2002	2003	2004	2005	2006
1901	1902	1903	1904	1905	1906
1801	1802	1803	1804	1805	1806
1701	1702	1703	1704	1705	1706
1601	1602	1603	1604	1605	1606
1501	1502	1503	1504	1505	1506
1401	1402	1403	1404	1405	1406
1301	1302	1303	1304	1305	1306
1201	1202	1203	1204	1205	1206
1101	1102	1103	1104	1105	1106
1001	1002	1003	1004	1005	1006
901	902	903	904	905	906
801	802	803	804	805	806
701	702	703	704	705	706
601	602	603	604	605	606
501	502	503	504	505	506
401	402	403	404	405	406
301	302	303	304	305	306
201	202	203	204	205	206
101			104	105	

307동

1	2	3	4	5	6	7	8	9	10
39A	39A	39A	49A	49A	49A	49A	39A	39A	39A
동	동	동	남	남	남	남	서	서	서
3401	3402	3403	3404	3405	3406	3407	3408	3409	3410
3301	3302	3303	3304	3305	3306	3307	3308	3309	3310
3201	3202	3203	3204	3205	3206	3207	3208	3209	3210
3101	3102	3103	3104	3105	3106	3107	3108	3109	3110
3001	3002	3003	3004	3005	3006	3007	3008	3009	3010
2901	2902	2903	2904	2905	2906	2907	2908	2909	2910
2801	2802	2803	2804	2805	2806	2807	2808	2809	2810
2701	2702	2703	2704	2705	2706	2707	2708	2709	2710
2601	2602	2603	2604	2605	2606	2607	2608	2609	2610
2501	2502	2503	2504	2505	2506	2507	2508	2509	2510
2401	2402	2403	2404	2405	2406	2407	2408	2409	2410
2301	2302	2303	2304	2305	2306	2307	2308	2309	2310
2201	2202	2203	2204	2205	2206	2207	2208	2209	2210
2101	2102	2103	2104	2105	2106	2107	2108	2109	2110
2001	2002	2003	2004	2005	2006	2007	2008	2009	2010
1901	1902	1903	1904	1905	1906	1907	1908	1909	1910
1801	1802	1803	1804	1805	1806	1807	1808	1809	1810
1701	1702	1703	1704	1705	1706	1707	1708	1709	1710
1601	1602	1603	1604	1605	1606	1607	1608	1609	1610
1501	1502	1503	1504	1505	1506	1507	1508	1509	1510
1401	1402	1403	1404	1405	1406	1407	1408	1409	1410
1301	1302	1303	1304	1305	1306	1307	1308	1309	1310
1201	1202	1203	1204	1205	1206	1207	1208	1209	1210
1101	1102	1103	1104	1105	1106	1107	1108	1109	1110
1001	1002	1003	1004	1005	1006	1007	1008	1009	1010
901	902	903	904	905	906	907	908	909	910
801	802	803	804	805	806	807	808	809	810
701	702	703	704	705	706	707	708	709	710
601	602	603	604	605	606	607	608	609	610
501	502	503	504	505	506	507	508	509	510
401	402	403	404	405	406	407	408	409	410
301	302	303	304	305	306	307	308	309	310
201	202	203	204	205	206	207	208	209	210

308동

3401	3402	3403	3404	3405	3406	3407	3408	3409	3410
3301	3302	3303	3304	3305	3306	3307	3308	3309	3310
3201	3202	3203	3204	3205	3206	3207	3208	3209	3210
3101	3102	3103	3104	3105	3106	3107	3108	3109	3110
3001	3002	3003	3004	3005	3006	3007	3008	3009	3010
2901	2902	2903	2904	2905	2906	2907	2908	2909	2910
2801	2802	2803	2804	2805	2806	2807	2808	2809	2810
2701	2702	2703	2704	2705	2706	2707	2708	2709	2710
2601	2602	2603	2604	2605	2606	2607	2608	2609	2610
2501	2502	2503	2504	2505	2506	2507	2508	2509	2510
2401	2402	2403	2404	2405	2406	2407	2408	2409	2410
2301	2302	2303	2304	2305	2306	2307	2308	2309	2310
2201	2202	2203	2204	2205	2206	2207	2208	2209	2210
2101	2102	2103	2104	2105	2106	2107	2108	2109	2110
2001	2002	2003	2004	2005	2006	2007	2008	2009	2010
1901	1902	1903	1904	1905	1906	1907	1908	1909	1910
1801	1802	1803	1804	1805	1806	1807	1808	1809	1810
1701	1702	1703	1704	1705	1706	1707	1708	1709	1710
1601	1602	1603	1604	1605	1606	1607	1608	1609	1610
1501	1502	1503	1504	1505	1506	1507	1508	1509	1510
1401	1402	1403	1404	1405	1406	1407	1408	1409	1410
1301	1302	1303	1304	1305	1306	1307	1308	1309	1310
1201	1202	1203	1204	1205	1206	1207	1208	1209	1210
1101	1102	1103	1104	1105	1106	1107	1108	1109	1110
1001	1002	1003	1004	1005	1006	1007	1008	1009	1010
901	902	903	904	905	906	907	908	909	910
801	802	803	804	805	806	807	808	809	810
701	702	703	704	705	706	707	708	709	710
601	602	603	604	605	606	607	608	609	610
501	502	503	504	505	506	507	508	509	510
401	402	403	404	405	406	407	408	409	410
301	302	303	304	305	306	307	308	309	310
201	202	203	204	205	206	207	208	209	210
1	2	3	4	5	6	7	8	9	10
39A	39A	39A	49A	49A	49A	49A	39A	39A	39A
동	동	동	남	남	남	남	서	서	서

309동

3001	3002	3003	3004	3005	3006
2901	2902	2903	2904	2905	2906
2801	2802	2803	2804	2805	2806
2701	2702	2703	2704	2705	2706
2601	2602	2603	2604	2605	2606
2501	2502	2503	2504	2505	2506
2401	2402	2403	2404	2405	2406
2301	2302	2303	2304	2305	2306
2201	2202	2203	2204	2205	2206
2101	2102	2103	2104	2105	2106
2001	2002	2003	2004	2005	2006
1901	1902	1903	1904	1905	1906
1801	1802	1803	1804	1805	1806
1701	1702	1703	1704	1705	1706
1601	1602	1603	1604	1605	1606
1501	1502	1503	1504	1505	1506
1401	1402	1403	1404	1405	1406
1301	1302	1303	1304	1305	1306
1201	1202	1203	1204	1205	1206
1101	1102	1103	1104	1105	1106
1001	1002	1003	1004	1005	1006
901	902	903	904	905	906
801	802	803	804	805	806
701	702	703	704	705	706
601	602	603	604	605	606
501	502	503	504	505	506
401	402	403	404	405	406
301	302	303	304	305	306
201	202	203	204	205	206
1	2	3	4	5	6
84H	59B	84A	84A	84A	84A
동	남	남	남	남	남

310동

1	2	3	4	5	6
3001	3002	3003	3004	3005	3006
2901	2902	2903	2904	2905	2906
2801	2802	2803	2804	2805	2806
2701	2702	2703	2704	2705	2706
2601	2602	2603	2604	2605	2606
2501	2502	2503	2504	2505	2506
2401	2402	2403	2404	2405	2406
2301	2302	2303	2304	2305	2306
2201	2202	2203	2204	2205	2206
2101	2102	2103	2104	2105	2106
2001	2002	2003	2004	2005	2006
1901	1902	1903	1904	1905	1906
1801	1802	1803	1804	1805	1806
1701	1702	1703	1704	1705	1706
1601	1602	1603	1604	1605	1606
1501	1502	1503	1504	1505	1506
1401	1402	1403	1404	1405	1406
1301	1302	1303	1304	1305	1306
1201	1202	1203	1204	1205	1206
1101	1102	1103	1104	1105	1106
1001	1002	1003	1004	1005	1006
901	902	903	904	905	906
801	802	803	804	805	806
701	702	703	704	705	706
601	602	603	604	605	606
501	502	503	504	505	506
401	402	403	404	405	406
301	302	303	304	305	306
201	202	203	204	205	206
84H	59B	84A	84A	84A	84A
동	남	남	남	남	남

311동

1	2	3	4	5	6
3001	3002	3003	3004	3005	3006
2901	2902	2903	2904	2905	2906
2801	2802	2803	2804	2805	2806
2701	2702	2703	2704	2705	2706
2601	2602	2603	2604	2605	2606
2501	2502	2503	2504	2505	2506
2401	2402	2403	2404	2405	2406
2301	2302	2303	2304	2305	2306
2201	2202	2203	2204	2205	2206
2101	2102	2103	2104	2105	2106
2001	2002	2003	2004	2005	2006
1901	1902	1903	1904	1905	1906
1801	1802	1803	1804	1805	1806
1701	1702	1703	1704	1705	1706
1601	1602	1603	1604	1605	1606
1501	1502	1503	1504	1505	1506
1401	1402	1403	1404	1405	1406
1301	1302	1303	1304	1305	1306
1201	1202	1203	1204	1205	1206
1101	1102	1103	1104	1105	1106
1001	1002	1003	1004	1005	1006
901	902	903	904	905	906
801	802	803	804	805	806
701	702	703	704	705	706
601	602	603	604	605	606
501	502	503	504	505	506
401	402	403	404	405	406
301	302	303	304	305	306
201	202	203	204	205	206
84H	59B	84A	84A	84A	84A
동	남	남	남	남	남

312동

1	2
3001	3002
2901	2902
2801	2802
2701	2702
2601	2602
2501	2502
2401	2402
2301	2302
2201	2202
2101	2102
2001	2002
1901	1902
1801	1802
1701	1702
1601	1602
1501	1502
1401	1402
1301	1302
1201	1202
1101	1102
1001	1002
901	902
801	802
701	702
601	602
501	502
401	402
301	302
201	
101	
134B	134B
남	남

313동

3501	3502	3503	3504
3401	3402	3403	3404
3301	3302	3303	3304
3201	3202	3203	3204
3101	3102	3103	3104
3001	3002	3003	3004
2901	2902	2903	2904
2801	2802	2803	2804
2701	2702	2703	2704
2601	2602	2603	2604
2501	2502	2503	2504
2401	2402	2403	2404
2301	2302	2303	2304
2201	2202	2203	2204
2101	2102	2103	2104
2001	2002	2003	2004
1901	1902	1903	1904
1801	1802	1803	1804
1701	1702	1703	1704
1601	1602	1603	1604
1501	1502	1503	1504
1401	1402	1403	1404
1301	1302	1303	1304
1201	1202	1203	1204
1101	1102	1103	1104
1001	1002	1003	1004
901	902	903	904
801	802	803	804
701	702	703	704
601	602	603	604
501	502	503	504
401	402	403	404
301	302	303	304
201	202	203	204
	102	103	
1	2	3	4
84E	84D	84D	84E
동	남동	남서	서
314동			

3501		3503	
3401	3402	3403	3404
3301	3302	3303	3304
3201	3202	3203	3204
3101	3102	3103	3104
3001	3002	3003	3004
2901	2902	2903	2904
2801	2802	2803	2804
2701	2702	2703	2704
2601	2602	2603	2604
2501	2502	2503	2504
2401	2402	2403	2404
2301	2302	2303	2304
2201	2202	2203	2204
2101	2102	2103	2104
2001	2002	2003	2004
1901	1902	1903	1904
1801	1802	1803	1804
1701	1702	1703	1704
1601	1602	1603	1604
1501	1502	1503	1504
1401	1402	1403	1404
1301	1302	1303	1304
1201	1202	1203	1204
1101	1102	1103	1104
1001	1002	1003	1004
901	902	903	904
801	802	803	804
701	702	703	704
601	602	603	604
501	502	503	504
401	402	403	404
301	302	303	304
201	202	203	
	102	103	
1	2	3	4
84C	109B	109A	109A
동	남	남	남
315동			

3501	3502	3503	3504
3401	3402	3403	3404
3301	3302	3303	3304
3201	3202	3203	3204
3101	3102	3103	3104
3001	3002	3003	3004
2901	2902	2903	2904
2801	2802	2803	2804
2701	2702	2703	2704
2601	2602	2603	2604
2501	2502	2503	2504
2401	2402	2403	2404
2301	2302	2303	2304
2201	2202	2203	2204
2101	2102	2103	2104
2001	2002	2003	2004
1901	1902	1903	1904
1801	1802	1803	1804
1701	1702	1703	1704
1601	1602	1603	1604
1501	1502	1503	1504
1401	1402	1403	1404
1301	1302	1303	1304
1201	1202	1203	1204
1101	1102	1103	1104
1001	1002	1003	1004
901	902	903	904
801	802	803	804
701	702	703	704
601	602	603	604
501	502	503	504
401	402	403	404
301	302	303	304
201	202	203	204
	102	103	
1	2	3	4
84E	84D	84D	84E
동	남동	남서	서
316동			

3501		3503	
3401	3402	3403	3404
3301	3302	3303	3304
3201	3202	3203	3204
3101	3102	3103	3104
3001	3002	3003	3004
2901	2902	2903	2904
2801	2802	2803	2804
2701	2702	2703	2704
2601	2602	2603	2604
2501	2502	2503	2504
2401	2402	2403	2404
2301	2302	2303	2304
2201	2202	2203	2204
2101	2102	2103	2104
2001	2002	2003	2004
1901	1902	1903	1904
1801	1802	1803	1804
1701	1702	1703	1704
1601	1602	1603	1604
1501	1502	1503	1504
1401	1402	1403	1404
1301	1302	1303	1304
1201	1202	1203	1204
1101	1102	1103	1104
1001	1002	1003	1004
901	902	903	904
801	802	803	804
701	702	703	704
601	602	603	604
501	502	503	504
401	402	403	404
301	302	303	304
201	202	203	
	102	103	
1	2	3	4
84C	109B	109A	109A
동	남	남	남
317동			

3201	3202	3203	3204	3205	3206	3207	3208	3209	3210
3101	3102	3103	3104	3105	3106	3107	3108	3109	3110
3001	3002	3003	3004	3005	3006	3007	3008	3009	3010
2901	2902	2903	2904	2905	2906	2907	2908	2909	2910
2801	2802	2803	2804	2805	2806	2807	2808	2809	2810
2701	2702	2703	2704	2705	2706	2707	2708	2709	2710
2601	2602	2603	2604	2605	2606	2607	2608	2609	2610
2501	2502	2503	2504	2505	2506	2507	2508	2509	2510
2401	2402	2403	2404	2405	2406	2407	2408	2409	2410
2301	2302	2303	2304	2305	2306	2307	2308	2309	2310
2201	2202	2203	2204	2205	2206	2207	2208	2209	2210
2101	2102	2103	2104	2105	2106	2107	2108	2109	2110
2001	2002	2003	2004	2005	2006	2007	2008	2009	2010
1901	1902	1903	1904	1905	1906	1907	1908	1909	1910
1801	1802	1803	1804	1805	1806	1807	1808	1809	1810
1701	1702	1703	1704	1705	1706	1707	1708	1709	1710
1601	1602	1603	1604	1605	1606	1607	1608	1609	1610
1501	1502	1503	1504	1505	1506	1507	1508	1509	1510
1401	1402	1403	1404	1405	1406	1407	1408	1409	1410
1301	1302	1303	1304	1305	1306	1307	1308	1309	1310
1201	1202	1203	1204	1205	1206	1207	1208	1209	1210
1101	1102	1103	1104	1105	1106	1107	1108	1109	1110
1001	1002	1003	1004	1005	1006	1007	1008	1009	1010
901	902	903	904	905	906	907	908	909	910
801	802	803	804	805	806	807	808	809	810
701	702	703	704	705	706	707	708	709	710
601	602	603	604	605	606	607	608	609	610
501	502	503	504	505	506	507	508	509	510
401	402	403	404	405	406	407	408	409	410
301	302	303	304	305	306	307	308	309	310
201	202	203	204	205	206	207	208	209	210
			104	105	106	107			
1	2	3	4	5	6	7	8	9	10
29A	39A	39A	49A	49A	49A	49A	39A	39A	29A
동	동	동	남	남	남	남	서	서	서

318동

3401	3402	3403	3404	3405	3406	3407	3408	3409	3410
3301	3302	3303	3304	3305	3306	3307	3308	3309	3310
3201	3202	3203	3204	3205	3206	3207	3208	3209	3210
3101	3102	3103	3104	3105	3106	3107	3108	3109	3110
3001	3002	3003	3004	3005	3006	3007	3008	3009	3010
2901	2902	2903	2904	2905	2906	2907	2908	2909	2910
2801	2802	2803	2804	2805	2806	2807	2808	2809	2810
2701	2702	2703	2704	2705	2706	2707	2708	2709	2710
2601	2602	2603	2604	2605	2606	2607	2608	2609	2610
2501	2502	2503	2504	2505	2506	2507	2508	2509	2510
2401	2402	2403	2404	2405	2406	2407	2408	2409	2410
2301	2302	2303	2304	2305	2306	2307	2308	2309	2310
2201	2202	2203	2204	2205	2206	2207	2208	2209	2210
2101	2102	2103	2104	2105	2106	2107	2108	2109	2110
2001	2002	2003	2004	2005	2006	2007	2008	2009	2010
1901	1902	1903	1904	1905	1906	1907	1908	1909	1910
1801	1802	1803	1804	1805	1806	1807	1808	1809	1810
1701	1702	1703	1704	1705	1706	1707	1708	1709	1710
1601	1602	1603	1604	1605	1606	1607	1608	1609	1610
1501	1502	1503	1504	1505	1506	1507	1508	1509	1510
1401	1402	1403	1404	1405	1406	1407	1408	1409	1410
1301	1302	1303	1304	1305	1306	1307	1308	1309	1310
1201	1202	1203	1204	1205	1206	1207	1208	1209	1210
1101	1102	1103	1104	1105	1106	1107	1108	1109	1110
1001	1002	1003	1004	1005	1006	1007	1008	1009	1010
901	902	903	904	905	906	907	908	909	910
801	802	803	804	805	806	807	808	809	810
701	702	703	704	705	706	707	708	709	710
601	602	603	604	605	606	607	608	609	610
501	502	503	504	505	506	507	508	509	510
401	402	403	404	405	406	407	408	409	410
301	302	303	304	305	306	307	308	309	310
201	202	203	204	205	206	207	208	209	210
			104	105	106	107			
1	2	3	4	5	6	7	8	9	10
29A	39A	39A	49A	49A	49A	49A	39A	39A	29A
동	동	동	남	남	남	남	서	서	서

319동

320동

1	2	3	4	5	6	7
39B	39A	39A	39A	39A	39A	39B
남	남	남	남	남	남	남
2301	2302	2303	2304	2305	2306	2307
2201	2202	2203	2204	2205	2206	2207
2101	2102	2103	2104	2105	2106	2107
2001	2002	2003	2004	2005	2006	2007
1901	1902	1903	1904	1905	1906	1907
1801	1802	1803	1804	1805	1806	1807
1701	1702	1703	1704	1705	1706	1707
1601	1602	1603	1604	1605	1606	1607
1501	1502	1503	1504	1505	1506	1507
1401	1402	1403	1404	1405	1406	1407
1301	1302	1303	1304	1305	1306	1307
1201	1202	1203	1204	1205	1206	1207
1101	1102	1103	1104	1105	1106	1107
1001	1002	1003	1004	1005	1006	1007
901	902	903	904	905	906	907
801	802	803	804	805	806	807
701	702	703	704	705	706	707
601	602	603	604	605	606	607
501	502	503	504	505	506	507
401	402	403	404	405	406	407

321동

1	2	3	4	5	6	7
39B	39A	39A	39A	39A	39A	39B
남	남	남	남	남	남	남
2301	2302	2303	2304	2305	2306	2307
2201	2202	2203	2204	2205	2206	2207
2101	2102	2103	2104	2105	2106	2107
2001	2002	2003	2004	2005	2006	2007
1901	1902	1903	1904	1905	1906	1907
1801	1802	1803	1804	1805	1806	1807
1701	1702	1703	1704	1705	1706	1707
1601	1602	1603	1604	1605	1606	1607
1501	1502	1503	1504	1505	1506	1507
1401	1402	1403	1404	1405	1406	1407
1301	1302	1303	1304	1305	1306	1307
1201	1202	1203	1204	1205	1206	1207
1101	1102	1103	1104	1105	1106	1107
1001	1002	1003	1004	1005	1006	1007
901	902	903	904	905	906	907
801	802	803	804	805	806	807
701	702	703	704	705	706	707
601	602	603	604	605	606	607
501	502	503	504	505	506	507
401	402	403	404	405	406	407

3001	3002	3003	3004	3005	3006
2901	2902	2903	2904	2905	2906
2801	2802	2803	2804	2805	2806
2701	2702	2703	2704	2705	2706
2601	2602	2603	2604	2605	2606
2501	2502	2503	2504	2505	2506
2401	2402	2403	2404	2405	2406
2301	2302	2303	2304	2305	2306
2201	2202	2203	2204	2205	2206
2101	2102	2103	2104	2105	2106
2001	2002	2003	2004	2005	2006
1901	1902	1903	1904	1905	1906
1801	1802	1803	1804	1805	1806
1701	1702	1703	1704	1705	1706
1601	1602	1603	1604	1605	1606
1501	1502	1503	1504	1505	1506
1401	1402	1403	1404	1405	1406
1301	1302	1303	1304	1305	1306
1201	1202	1203	1204	1205	1206
1101	1102	1103	1104	1105	1106
1001	1002	1003	1004	1005	1006
901	902	903	904	905	906
801	802	803	804	805	806
701	702	703	704	705	706
601	602	603	604	605	606
501	502	503	504	505	506
401	402	403	404	405	406
301	302	303	304	305	306
201	202	203	204	205	206
1	2	3	4	5	6
59A	59A	59A	59A	59A	59A
남	남	남	남	남	남

401동

3001	3002	3003	3004	3005	3006
2901	2902	2903	2904	2905	2906
2801	2802	2803	2804	2805	2806
2701	2702	2703	2704	2705	2706
2601	2602	2603	2604	2605	2606
2501	2502	2503	2504	2505	2506
2401	2402	2403	2404	2405	2406
2301	2302	2303	2304	2305	2306
2201	2202	2203	2204	2205	2206
2101	2102	2103	2104	2105	2106
2001	2002	2003	2004	2005	2006
1901	1902	1903	1904	1905	1906
1801	1802	1803	1804	1805	1806
1701	1702	1703	1704	1705	1706
1601	1602	1603	1604	1605	1606
1501	1502	1503	1504	1505	1506
1401	1402	1403	1404	1405	1406
1301	1302	1303	1304	1305	1306
1201	1202	1203	1204	1205	1206
1101	1102	1103	1104	1105	1106
1001	1002	1003	1004	1005	1006
901	902	903	904	905	906
801	802	803	804	805	806
701	702	703	704	705	706
601	602	603	604	605	606
501	502	503	504	505	506
401	402	403	404	405	406
301	302	303	304	305	306
201	202	203	204	205	206
1	2	3	4	5	6
84H	59B	84A	84A	84A	84A
동	남	남	남	남	남

402동

3001	3002	3003	3004	3005	3006
2901	2902	2903	2904	2905	2906
2801	2802	2803	2804	2805	2806
2701	2702	2703	2704	2705	2706
2601	2602	2603	2604	2605	2606
2501	2502	2503	2504	2505	2506
2401	2402	2403	2404	2405	2406
2301	2302	2303	2304	2305	2306
2201	2202	2203	2204	2205	2206
2101	2102	2103	2104	2105	2106
2001	2002	2003	2004	2005	2006
1901	1902	1903	1904	1905	1906
1801	1802	1803	1804	1805	1806
1701	1702	1703	1704	1705	1706
1601	1602	1603	1604	1605	1606
1501	1502	1503	1504	1505	1506
1401	1402	1403	1404	1405	1406
1301	1302	1303	1304	1305	1306
1201	1202	1203	1204	1205	1206
1101	1102	1103	1104	1105	1106
1001	1002	1003	1004	1005	1006
901	902	903	904	905	906
801	802	803	804	805	806
701	702	703	704	705	706
601	602	603	604	605	606
501	502	503	504	505	506
401	402	403	404	405	406
301	302	303	304	305	306
201	202	203	204	205	206
1	2	3	4	5	6
84H	59B	84A	84A	84A	84A
동	남	남	남	남	남

403동

1	2	3	4
3501		3503	
3401	3402	3403	3404
3301	3302	3303	3304
3201	3202	3203	3204
3101	3102	3103	3104
3001	3002	3003	3004
2901	2902	2903	2904
2801	2802	2803	2804
2701	2702	2703	2704
2601	2602	2603	2604
2501	2502	2503	2504
2401	2402	2403	2404
2301	2302	2303	2304
2201	2202	2203	2204
2101	2102	2103	2104
2001	2002	2003	2004
1901	1902	1903	1904
1801	1802	1803	1804
1701	1702	1703	1704
1601	1602	1603	1604
1501	1502	1503	1504
1401	1402	1403	1404
1301	1302	1303	1304
1201	1202	1203	1204
1101	1102	1103	1104
1001	1002	1003	1004
901	902	903	904
801	802	803	804
701	702	703	704
601	602	603	604
501	502	503	504
401	402	403	404
301	302	303	304
201	202	203	
	102	103	
84C	109B	109A	109A
동	남	남	남

404동

1	2	3	4
3501	3502	3503	3504
3401	3402	3403	3404
3301	3302	3303	3304
3201	3202	3203	3204
3101	3102	3103	3104
3001	3002	3003	3004
2901	2902	2903	2904
2801	2802	2803	2804
2701	2702	2703	2704
2601	2602	2603	2604
2501	2502	2503	2504
2401	2402	2403	2404
2301	2302	2303	2304
2201	2202	2203	2204
2101	2102	2103	2104
2001	2002	2003	2004
1901	1902	1903	1904
1801	1802	1803	1804
1701	1702	1703	1704
1601	1602	1603	1604
1501	1502	1503	1504
1401	1402	1403	1404
1301	1302	1303	1304
1201	1202	1203	1204
1101	1102	1103	1104
1001	1002	1003	1004
901	902	903	904
801	802	803	804
701	702	703	704
601	602	603	604
501	502	503	504
401	402	403	404
301	302	303	304
201	202	203	204
	102	103	
84E	84D	84D	59C
동	남동	남서	서

405동

1	2	3	4
3501		3503	
3401	3402	3403	3404
3301	3302	3303	3304
3201	3202	3203	3204
3101	3102	3103	3104
3001	3002	3003	3004
2901	2902	2903	2904
2801	2802	2803	2804
2701	2702	2703	2704
2601	2602	2603	2604
2501	2502	2503	2504
2401	2402	2403	2404
2301	2302	2303	2304
2201	2202	2203	2204
2101	2102	2103	2104
2001	2002	2003	2004
1901	1902	1903	1904
1801	1802	1803	1804
1701	1702	1703	1704
1601	1602	1603	1604
1501	1502	1503	1504
1401	1402	1403	1404
1301	1302	1303	1304
1201	1202	1203	1204
1101	1102	1103	1104
1001	1002	1003	1004
901	902	903	904
801	802	803	804
701	702	703	704
601	602	603	604
501	502	503	504
401	402	403	404
301	302	303	304
201	202	203	
	102	103	
84C	109B	109A	109A
동	남	남	남

406동

1	2	3	4
3501	3502	3503	3504
3401	3402	3403	3404
3301	3302	3303	3304
3201	3202	3203	3204
3101	3102	3103	3104
3001	3002	3003	3004
2901	2902	2903	2904
2801	2802	2803	2804
2701	2702	2703	2704
2601	2602	2603	2604
2501	2502	2503	2504
2401	2402	2403	2404
2301	2302	2303	2304
2201	2202	2203	2204
2101	2102	2103	2104
2001	2002	2003	2004
1901	1902	1903	1904
1801	1802	1803	1804
1701	1702	1703	1704
1601	1602	1603	1604
1501	1502	1503	1504
1401	1402	1403	1404
1301	1302	1303	1304
1201	1202	1203	1204
1101	1102	1103	1104
1001	1002	1003	1004
901	902	903	904
801	802	803	804
701	702	703	704
601	602	603	604
501	502	503	504
401	402	403	404
301	302	303	304
201	202	203	204
	102	103	
84E	84D	84D	59C
동	남동	남서	서

407동

408동

1	2
601	602
501	502
401	402
301	302
201	202
101	
59A	59A
동	동

409동

1	2
601	602
501	502
401	402
301	302
201	202
101	
59A	59A
동	동

410동

1	2	3	4
1801	1802	1803	1804
1701	1702	1703	1704
1601	1602	1603	1604
1501	1502	1503	1504
1401	1402	1403	1404
1301	1302	1303	1304
1201	1202	1203	1204
1101	1102	1103	1104
1001	1002	1003	1004
901	902	903	904
801	802	803	804
701	702	703	704
601	602	603	604
501	502	503	504
401	402	403	404
301	302	303	304
201	202	203	204
	102	103	
134A	134A	134A	134A
남	남	남	남

411동

1	2	3	4
1801	1802	1803	1804
1701	1702	1703	1704
1601	1602	1603	1604
1501	1502	1503	1504
1401	1402	1403	1404
1301	1302	1303	1304
1201	1202	1203	1204
1101	1102	1103	1104
1001	1002	1003	1004
901	902	903	904
801	802	803	804
701	702	703	704
601	602	603	604
501	502	503	504
401	402	403	404
301	302	303	304
201	202	203	204
	102	103	
134A	134A	134A	134A
남	남	남	남

412동

1	2
1801	1802
1701	1702
1601	1602
1501	1502
1401	1402
1301	1302
1201	1202
1101	1102
1001	1002
901	902
801	802
701	702
601	602
501	502
401	402
301	302
201	202
101	
134A	134A
남	남

413동

1801	1802
1701	1702
1601	1602
1501	1502
1401	1402
1301	1302
1201	1202
1101	1102
1001	1002
901	902
801	802
701	702
601	602
501	502
401	402
301	302
201	202
101	
1	2
134A	134A
남	남

414동

1801	1802
1701	1702
1601	1602
1501	1502
1401	1402
1301	1302
1201	1202
1101	1102
1001	1002
901	902
801	802
701	702
601	602
501	502
401	402
301	302
201	202
101	
1	2
134A	134A
남	남

415동

3501	3502	3503	3504
3401	3402	3403	3404
3301	3302	3303	3304
3201	3202	3203	3204
3101	3102	3103	3104
3001	3002	3003	3004
2901	2902	2903	2904
2801	2802	2803	2804
2701	2702	2703	2704
2601	2602	2603	2604
2501	2502	2503	2504
2401	2402	2403	2404
2301	2302	2303	2304
2201	2202	2203	2204
2101	2102	2103	2104
2001	2002	2003	2004
1901	1902	1903	1904
1801	1802	1803	1804
1701	1702	1703	1704
1601	1602	1603	1604
1501	1502	1503	1504
1401	1402	1403	1404
1301	1302	1303	1304
1201	1202	1203	1204
1101	1102	1103	1104
1001	1002	1003	1004
901	902	903	904
801	802	803	804
701	702	703	704
601	602	603	604
501	502	503	504
401	402	403	404
301	302	303	304
201	202	203	204
	102	103	
1	2	3	4
84E	84D	84D	59C
동	남동	남서	서

416동

3501		3503	
3401	3402	3403	3404
3301	3302	3303	3304
3201	3202	3203	3204
3101	3102	3103	3104
3001	3002	3003	3004
2901	2902	2903	2904
2801	2802	2803	2804
2701	2702	2703	2704
2601	2602	2603	2604
2501	2502	2503	2504
2401	2402	2403	2404
2301	2302	2303	2304
2201	2202	2203	2204
2101	2102	2103	2104
2001	2002	2003	2004
1901	1902	1903	1904
1801	1802	1803	1804
1701	1702	1703	1704
1601	1602	1603	1604
1501	1502	1503	1504
1401	1402	1403	1404
1301	1302	1303	1304
1201	1202	1203	1204
1101	1102	1103	1104
1001	1002	1003	1004
901	902	903	904
801	802	803	804
701	702	703	704
601	602	603	604
501	502	503	504
401	402	403	404
301	302	303	304
201	202	203	
	102	103	
1	2	3	4
84C	109B	109A	109A
동	남	남	남

417동

3501	3502	3503	3504
3401	3402	3403	3404
3301	3302	3303	3304
3201	3202	3203	3204
3101	3102	3103	3104
3001	3002	3003	3004
2901	2902	2903	2904
2801	2802	2803	2804
2701	2702	2703	2704
2601	2602	2603	2604
2501	2502	2503	2504
2401	2402	2403	2404
2301	2302	2303	2304
2201	2202	2203	2204
2101	2102	2103	2104
2001	2002	2003	2004
1901	1902	1903	1904
1801	1802	1803	1804
1701	1702	1703	1704
1601	1602	1603	1604
1501	1502	1503	1504
1401	1402	1403	1404
1301	1302	1303	1304
1201	1202	1203	1204
1101	1102	1103	1104
1001	1002	1003	1004
901	902	903	904
801	802	803	804
701	702	703	704
601	602	603	604
501	502	503	504
401	402	403	404
301	302	303	304
201	202	203	204
	102	103	
1	2	3	4
84E	84D	84D	59C
동	남동	남서	서

3001	3002	3003	3004	3005	3006
2901	2902	2903	2904	2905	2906
2801	2802	2803	2804	2805	2806
2701	2702	2703	2704	2705	2706
2601	2602	2603	2604	2605	2606
2501	2502	2503	2504	2505	2506
2401	2402	2403	2404	2405	2406
2301	2302	2303	2304	2305	2306
2201	2202	2203	2204	2205	2206
2101	2102	2103	2104	2105	2106
2001	2002	2003	2004	2005	2006
1901	1902	1903	1904	1905	1906
1801	1802	1803	1804	1805	1806
1701	1702	1703	1704	1705	1706
1601	1602	1603	1604	1605	1606
1501	1502	1503	1504	1505	1506
1401	1402	1403	1404	1405	1406
1301	1302	1303	1304	1305	1306
1201	1202	1203	1204	1205	1206
1101	1102	1103	1104	1105	1106
1001	1002	1003	1004	1005	1006
901	902	903	904	905	906
801	802	803	804	805	806
701	702	703	704	705	706
601	602	603	604	605	606
501	502	503	504	505	506
401	402	403	404	405	406
301	302	303	304	305	306
201	202	203	204	205	206
1	2	3	4	5	6
59A	59A	59A	59A	59A	59A
남	남	남	남	남	남

418동

3001	3002	3003	3004	3005	3006
2901	2902	2903	2904	2905	2906
2801	2802	2803	2804	2805	2806
2701	2702	2703	2704	2705	2706
2601	2602	2603	2604	2605	2606
2501	2502	2503	2504	2505	2506
2401	2402	2403	2404	2405	2406
2301	2302	2303	2304	2305	2306
2201	2202	2203	2204	2205	2206
2101	2102	2103	2104	2105	2106
2001	2002	2003	2004	2005	2006
1901	1902	1903	1904	1905	1906
1801	1802	1803	1804	1805	1806
1701	1702	1703	1704	1705	1706
1601	1602	1603	1604	1605	1606
1501	1502	1503	1504	1505	1506
1401	1402	1403	1404	1405	1406
1301	1302	1303	1304	1305	1306
1201	1202	1203	1204	1205	1206
1101	1102	1103	1104	1105	1106
1001	1002	1003	1004	1005	1006
901	902	903	904	905	906
801	802	803	804	805	806
701	702	703	704	705	706
601	602	603	604	605	606
501	502	503	504	505	506
401	402	403	404	405	406
301	302	303	304	305	306
201	202	203	204	205	206
1	2	3	4	5	6
84H	59B	84A	84A	84A	84A
동	남	남	남	남	남

419동

3001	3002	3003	3004	3005	3006
2901	2902	2903	2904	2905	2906
2801	2802	2803	2804	2805	2806
2701	2702	2703	2704	2705	2706
2601	2602	2603	2604	2605	2606
2501	2502	2503	2504	2505	2506
2401	2402	2403	2404	2405	2406
2301	2302	2303	2304	2305	2306
2201	2202	2203	2204	2205	2206
2101	2102	2103	2104	2105	2106
2001	2002	2003	2004	2005	2006
1901	1902	1903	1904	1905	1906
1801	1802	1803	1804	1805	1806
1701	1702	1703	1704	1705	1706
1601	1602	1603	1604	1605	1606
1501	1502	1503	1504	1505	1506
1401	1402	1403	1404	1405	1406
1301	1302	1303	1304	1305	1306
1201	1202	1203	1204	1205	1206
1101	1102	1103	1104	1105	1106
1001	1002	1003	1004	1005	1006
901	902	903	904	905	906
801	802	803	804	805	806
701	702	703	704	705	706
601	602	603	604	605	606
501	502	503	504	505	506
401	402	403	404	405	406
301	302	303	304	305	306
201	202	203	204	205	206
1	2	3	4	5	6
59A	59A	59A	59A	59A	59A
남	남	남	남	남	남

420동

1	2	3	4	5	6
3001	3002	3003	3004	3005	3006
2901	2902	2903	2904	2905	2906
2801	2802	2803	2804	2805	2806
2701	2702	2703	2704	2705	2706
2601	2602	2603	2604	2605	2606
2501	2502	2503	2504	2505	2506
2401	2402	2403	2404	2405	2406
2301	2302	2303	2304	2305	2306
2201	2202	2203	2204	2205	2206
2101	2102	2103	2104	2105	2106
2001	2002	2003	2004	2005	2006
1901	1902	1903	1904	1905	1906
1801	1802	1803	1804	1805	1806
1701	1702	1703	1704	1705	1706
1601	1602	1603	1604	1605	1606
1501	1502	1503	1504	1505	1506
1401	1402	1403	1404	1405	1406
1301	1302	1303	1304	1305	1306
1201	1202	1203	1204	1205	1206
1101	1102	1103	1104	1105	1106
1001	1002	1003	1004	1005	1006
901	902	903	904	905	906
801	802	803	804	805	806
701	702	703	704	705	706
601	602	603	604	605	606
501	502	503	504	505	506
401	402	403	404	405	406
301	302	303	304	305	306
201	202	203	204	205	206
84H	59B	84A	84A	84A	84A
동	남	남	남	남	남

421동

1	2	3	4	5
3001	3002	3003	3004	3005
2901	2902	2903	2904	2905
2801	2802	2803	2804	2805
2701	2702	2703	2704	2705
2601	2602	2603	2604	2605
2501	2502	2503	2504	2505
2401	2402	2403	2404	2405
2301	2302	2303	2304	2305
2201	2202	2203	2204	2205
2101	2102	2103	2104	2105
2001	2002	2003	2004	2005
1901	1902	1903	1904	1905
1801	1802	1803	1804	1805
1701	1702	1703	1704	1705
1601	1602	1603	1604	1605
1501	1502	1503	1504	1505
1401	1402	1403	1404	1405
1301	1302	1303	1304	1305
1201	1202	1203	1204	1205
1101	1102	1103	1104	1105
1001	1002	1003	1004	1005
901	902	903	904	905
801	802	803	804	805
701	702	703	704	705
601	602	603	604	605
501	502	503	504	505
401	402	403	404	405
301	302	303	304	305
201	202	203	204	205
84G	59E	84A	109A	109A
동	남	남	남	남

422동

1	2	3
3501	3502	3503
3401	3402	3403
3301	3302	3303
3201	3202	3203
3101	3102	3103
3001	3002	3003
2901	2902	2903
2801	2802	2803
2701	2702	2703
2601	2602	2603
2501	2502	2503
2401	2402	2403
2301	2302	2303
2201	2202	2203
2101	2102	2103
2001	2002	2003
1901	1902	1903
1801	1802	1803
1701	1702	1703
1601	1602	1603
1501	1502	1503
1401	1402	1403
1301	1302	1303
1201	1202	1203
1101	1102	1103
1001	1002	1003
901	902	903
801	802	803
701	702	703
601	602	603
501	502	503
401	402	403
301	302	303
201	202	
	102	
109C	109D	109A
동	남	남

423동

1	2	3	4
3501	3502	3503	3504
3401	3402	3403	3404
3301	3302	3303	3304
3201	3202	3203	3204
3101	3102	3103	3104
3001	3002	3003	3004
2901	2902	2903	2904
2801	2802	2803	2804
2701	2702	2703	2704
2601	2602	2603	2604
2501	2502	2503	2504
2401	2402	2403	2404
2301	2302	2303	2304
2201	2202	2203	2204
2101	2102	2103	2104
2001	2002	2003	2004
1901	1902	1903	1904
1801	1802	1803	1804
1701	1702	1703	1704
1601	1602	1603	1604
1501	1502	1503	1504
1401	1402	1403	1404
1301	1302	1303	1304
1201	1202	1203	1204
1101	1102	1103	1104
1001	1002	1003	1004
901	902	903	904
801	802	803	804
701	702	703	704
601	602	603	604
501	502	503	504
401	402	403	404
301	302	303	304
201	202	203	204
	102	103	
84E	84D	84D	59C
동	남동	남서	서

424동

425동

1	2	3
3501	3502	3503
3401	3402	3403
3301	3302	3303
3201	3202	3203
3101	3102	3103
3001	3002	3003
2901	2902	2903
2801	2802	2803
2701	2702	2703
2601	2602	2603
2501	2502	2503
2401	2402	2403
2301	2302	2303
2201	2202	2203
2101	2102	2103
2001	2002	2003
1901	1902	1903
1801	1802	1803
1701	1702	1703
1601	1602	1603
1501	1502	1503
1401	1402	1403
1301	1302	1303
1201	1202	1203
1101	1102	1103
1001	1002	1003
901	902	903
801	802	803
701	702	703
601	602	603
501	502	503
401	402	403
301	302	303
201	202	
	102	
109C	109D	109A
동	남	남

426동

1	2
2201	2202
2101	2102
2001	2002
1901	1902
1801	1802
1701	1702
1601	1602
1501	1502
1401	1402
1301	1302
1201	1202
1101	1102
1001	1002
901	902
801	802
701	702
601	602
501	502
401	402
301	302
201	202
101	
95A	95A
남	남

427동

1	2
2201	2202
2101	2102
2001	2002
1901	1902
1801	1802
1701	1702
1601	1602
1501	1502
1401	1402
1301	1302
1201	1202
1101	1102
1001	1002
901	902
801	802
701	702
601	602
501	502
401	402
301	302
201	202
101	
95A	95A
남	남

428동

1	2
2201	2202
2101	2102
2001	2002
1901	1902
1801	1802
1701	1702
1601	1602
1501	1502
1401	1402
1301	1302
1201	1202
1101	1102
1001	1002
901	902
801	802
701	702
601	602
501	502
401	402
301	302
201	202
101	
95A	95A
남	남

429동

1	2
2001	2002
1901	1902
1801	1802
1701	1702
1601	1602
1501	1502
1401	1402
1301	1302
1201	1202
1101	1102
1001	1002
901	902
801	802
701	702
601	602
501	502
401	402
301	302
201	202
101	
59A	59A
동	동

430동

1	2	3	4
2001	2002	2003	2004
1901	1902	1903	1904
1801	1802	1803	1804
1701	1702	1703	1704
1601	1602	1603	1604
1501	1502	1503	1504
1401	1402	1403	1404
1301	1302	1303	1304
1201	1202	1203	1204
1101	1102	1103	1104
1001	1002	1003	1004
901	902	903	904
801	802	803	804
701	702	703	704
601	602	603	604
501	502	503	504
401	402	403	404
301	302	303	304
201	202	203	204
	102	103	
59A	59A	59A	59A
동	동	동	동

[29타입]

원룸형으로 둔촌주공 내 가장 작은 소형 주택형이다. 1인 가구 또는 월세 소득을 기대하는 투자자가 청약 대상이 될 텐데 점수가 높은 통장을 쓰면서까지 청약할 물건은 절대 아니다. 5·9호선 역세권 동에 배치되어 1인 가구를 공략한 주택형으로서 물량이 적고 당첨이 되면 유주택자가 되므로 청약 경쟁률은 그리 높지 않을 것이다. 청약 경쟁력이 많이 뒤처진다고 생각한다면 신청을 고려해 볼 만한 타입이다.

[39A타입]

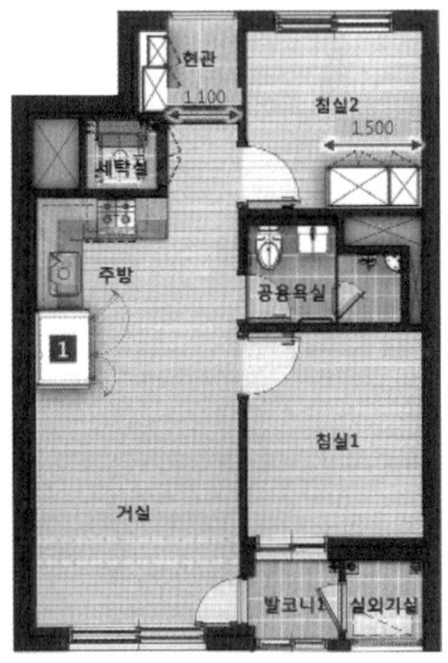

1인 가구 또는 신혼부부가 주 수요층이다. 공급 물량이 가장 많기 때문에 저가점자들이 하향 안전 지원으로 49형과 함께 고민해 봐야 할 주택형이다. 주택 공급에 관한 규칙에 의거하여 10%의 물량이 다자녀 특별공급 대상자에게 할당되는데 자녀 3명을 키우기에는 너무 비좁고 실거주 의무 조건 때문에 전세도 줄 수 없어 '틈새'를 찾는 청약자에게 추천한다. 다음 청약 조건에 해당한다면 39A타입 신청을 적극적으로 고려해 볼 만하다.

- **다자녀 특별공급 : 배점 50점 이하**
- **노부모부양 특별공급 : 가점 60점 이하**
- **신혼부부 특별공급 : 1자녀 이하**
- **일반공급 : 가점 50점 이하**

[39B타입]

39A타입에 비해 작은방(침실2)이 약간 더 크고, 평면 설계 구조는 비슷한데 동·호 배치는 훨씬 좋다. '판상형' 동에 배치되어 정남향에 가깝고 개방감, 일조권이 좋아 조합원이 물량을 거의 다 가져갔다. 그래서 일반공급 물량이 5가구, 5층 이하 저층뿐인데 물량이 너무 적어 당첨 커트라인을 가늠하기 힘들다. 이 주택형은 거의 대부분의 청약자가 신청에 부담을 느끼기 때문에 '모 아니면 도' 식의 모험을 즐기는 청약 저가점자들이 고민해 볼 만하다.

[49타입]

39형과 평면 설계 구조는 거의 비슷하지만 차이점이 있다면 주거 면적이 조금 더 넓어서 'ㄷ'자형 주방, 침실1(안방)에 수납장이 추가된다. 39형은 동향 또는 서향으로 주로 배치된 반면 49형은 전 세대가 정남향이다. 39형에 신청하기에는 점수가 넉넉하고 59형에 도전하기에는 점수가 부족한 청약자들이 공략해야 할 주택형이다.

생애최초 특별공급은 경쟁이 아무리 치열해도 '운'이 따라 준다면 당첨될 수 있다. 하지만 당첨 확률을 약간이라도 높이고자 한다면 49타입보다는 인기가 덜한 39A타입에 도전하는 것을 추천한다.

- 다자녀 특별공급 : 배점 65점 이하
- 노부모부양 특별공급 : 가점 64점 이하
- 신혼부부 특별공급 : 1자녀 이하
- 일반공급 : 가점 59점 이하

[59A타입]

3베이 판상형으로 주방 창과 거실 창이 마주보고 있어 맞바람 통풍 효과 때문에 집 내부 환기성이 뛰어난 인기형 평면 설계 구조이다. 1, 3, 4단지에 배치되어 있는데 남향 위주로 세대가 많은 4단지 선호도가 가장 높다. 둔촌주공 59형은 중도금 대출 가능 여부에 따라 청약 경쟁률 및 당첨 커트라인이 크게 달라질 수 있다. 이 책에서는 분양 가격이 9억 원 미만에 중도금 대출이 가능할 것으로 예상하고 설명한다는 점을 참고하길 바란다.

59A타입은 총 1,240가구의 물량 중 조합원이 158가구를 가져갔지만 그래도 일반공급 물량이 많아 가장 인기가 많고 경쟁이 치열할 것이다. 우수한 내부 설계 구조와 세대수가 많아 대부분의 사람이 고민하지 않고 이 주택형으로 신청할 것이다. 특별공급과 일반공급 물량이 각각 450가구 정도 배정될 것으로 예상되어 경쟁이 가장 치열하

겠지만 그만큼 물량도 많다는 것을 감안하여 도전 가능한 기준을 제시해 보겠다.

• 다자녀 특별공급 : 배점 75점 이상 **• 노부모부양 특별공급 : 가점 64점 이상**
• 신혼부부 특별공급 : 2자녀 이상 **• 일반공급 : 가점 64점 이상**

둔촌주공은 청약 1순위 내 경쟁이 있을 경우 서울 2년 이상 거주자에게 100% 우선공급해야 한다는 규칙이 있지만 다자녀 특별공급은 예외이다. 서울과 기타 지역 비율이 5:5로 서울 외 지역의 대상자도 청약할 수 있다는 것을 감안한다면 75점 이상의 점수를 확보하고 있어야 도전해 볼 만하다.

신혼부부 특별공급 물량이 180가구(예상) 배정되어 공급 숫자가 꽤 많지만 둔촌주공의 인지도를 감안한다면 자녀 2명에서 추첨으로 당락이 결정될 것이다. 만약 1자녀의 대상자에게 기회가 돌아가더라도 2자녀 이상의 대상자에게 공급이 거의 다 마무리되어 남아 있는 물량이 극소수일 것이다.

일반공급에서의 청약 가점 64점은 3인 가족이 받을 수 있는 최대치로 상당히 높은 점수이다. 물량이 많은 것을 고려한다면 이보다 커트라인이 낮을 수도 있겠지만 올해 서울 요지에서의 아파트 공급 계획이 부족하다는 것을 감안한다면 64점도 당첨 안정권이라 볼 수만은 없다.

[59B타입]

2.5베이 타워형으로 판상형에 비해 선호도는 약간 떨어지지만 개방감이 좋고 다양한 조망권을 기대할 수 있다는 장점이 있다. 전 세대 남향으로 4개 단지 모두에 배치되어 있는데 내부 공간 구조보다 '방향'을 중요시하는 수요자가 여전히 많고 공급 물량이 59A타입에 비해 3분의 1 수준이어서 가점 커트라인은 비슷할 것으로 예상된다.

- **다자녀 특별공급 : 배점 75점 이상**
- **노부모부양 특별공급 : 가점 64점 이상**
- **신혼부부 특별공급 : 2자녀 이상**
- **일반공급 : 가점 64점 이상**

동점자가 많을 경우도 대비해야 하니 59A타입과 59B타입이 커트라인이 비슷할 것으로 예상된다면 당첨 확률을 높이기 위해 59B타입으로 청약하는 것이 바람직하다. 생애최초 특별공급도 비슷한 맥락으로 경쟁이 가장 치열한 59A타입을 피해 59B타입 신청을 고민할 필요가 있다.

[59C타입]

4베이 판상형으로 평면 설계 구조는 가장 우수하지만 '타워형' 동서향으로 배치되어 일조권에 문제가 있다. 4단지에만 170가구가 있는데 조합원이 가져간 물량이 하나도 없다는 것으로도 동·호 배치에 단점이 있다는 것을 확인할 수 있다. 이 주택형은 여러 핸디캡을 안고 있지만 내부 공간 구조가 좋고 고층 물량이 많기에 복병이 될 수도 있으니 신중하게 접근해야 한다.

- 다자녀 특별공급 : 배점 75점 이상
- 노부모부양 특별공급 : 가점 64점 이상
- 신혼부부 특별공급 : 2자녀 이상
- 일반공급 : 가점 64점 이상

다른 요소들은 고려하지 않고 오로지 '평면 설계 구조'와 '층수'만 보고 청약하는 사람도 많아 점수가 상향 조정될 수도 있으니 청약 당시의 분위기를 꼭 점검하길 바란다.

[59D타입]

59B타입과 거의 동일한 평면 설계 구조로 3단지에만 배치되어 있다. 공급 물량이 적어서 '틈새' 타입을 찾는다면 강력히 추천한다.

다음 기준보다 커트라인이 높을 것 같지만 59형 중에서는 당첨 기준이 가장 낮을 테니 이 점을 염두에 두고 청약 경쟁력이 부족한 사람들은 과감히 승부수를 띄울 필요가 있다.

- **다자녀 특별공급 : 배점 75점 이하**
- **노부모부양 특별공급 : 가점 64점 이하**
- **신혼부부 특별공급 : 1자녀 이하**
- **일반공급 : 가점 64점 이하**

[59E타입]

2베이 타워형 평면 설계 구조로 59B, 59D타입 타워형과의 차이점은 거실과 주방 구조이다. 59E타입이 시각적으로 거실 면적이 작아 보일 수 있다. 전 세대 남향으로 단지 설계상 1단지와 4단지의 가장 남쪽 동에 배치되어 있어 저층에 당첨되어도 일조권이 어느 정도 확보된다. 특히 4단지의 경우 중간층 이상만 되어도 개방감 있는 조망권까지 기대할 수 있어 우수한 동·호 배치라 평가할 수 있다.

- **다자녀 특별공급 : 배점 75점 이상**
- **노부모부양 특별공급 : 가점 64점 이상**
- **신혼부부 특별공급 : 2자녀 이하**
- **일반공급 : 가점 64점 이상**

59E타입은 선호도가 약간 떨어지는 타워형 평면 설계 구조이지만 동·호 배치가 아주 훌륭하다. 경쟁력 있는 점수라면 당첨된다는 전제하에 동·호 추첨 결과까지 신경 써서 청약 전략을 수립해야 하는데 이런 섬세한 부분까지도 고려하는 고가점자들이 공략할 타입이라 저가점자들은 무조건 피하는 것이 좋다.

[84A타입]

둔촌주공 84형은 분양 가격이 9억 원 이상이므로 특별공급 물량이 없고 중도금 대출이 불가하다. 중도금 전액을 당첨자가 납부해야 하기 때문에 입주 전에 현금 조달이 불가능한 청약자는 어쩔 수 없이 중도금 대출이 가능한 59형에 눈을 돌릴 수밖에 없다. 이런 이유로 방 3개가 있는 59형과 84형의 청약 접수 건수를 예상하자면 59형이 압도적으로 많을 것이다.

84A타입은 방 3개의 창문과 거실 창문이 한 방향으로 배치된 4베이 판상형으로 선호도가 높은 평면 설계 구조이다. 총 1,780가구 중 214가구를 일반공급으로 분양하는데 물량이 5층 이하만 있다는 것이 아쉽다. 저층 당첨을 피하기 위해 고가점자들이 청약을 기피할 수 있어 청약 가점 59~64점의 대상자가 공략해야 할 타입으로 보인다.

[84B타입]

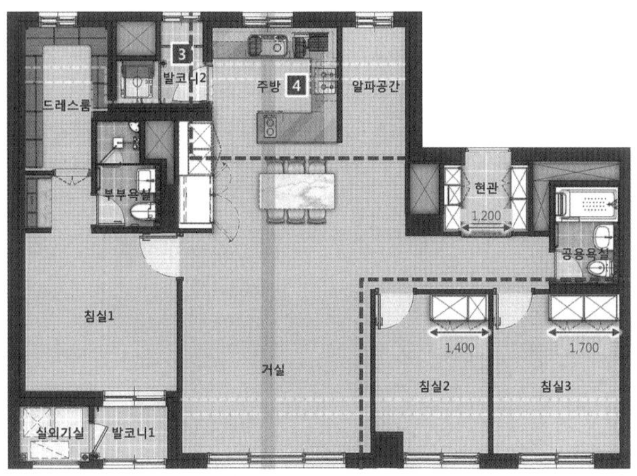

84A타입 평면 설계 구조와 거의 비슷하다. 차이점이 있다면 84B타입은 전 세대 동향으로 배치되어 있다는 점과 거실 폭이 약간 더 크다는 점이다. 동·호 배치를 보면 동향으로 열려 있어 개방감은 나쁘지 않지만 일반분양이 10층 이하뿐이라 일조권 문제가 대두될 수 있어서 청약 신청에 고민이 많은 주택형이다.

어차피 채광이 문제가 된다면 5층 이하 저층이라도 전 세대 남향으로 배치되어 있는 84A타입으로 청약하겠다는 심리가 우세할 것이다. 그리고 84B타입은 일반공급 물량이 19가구로 매우 적어 '구멍'이 될 확률이 높기 때문에 청약 가점이 59점 이하의 대상자들이 요행을 바라고 승부를 걸어 볼 만하다.

[84C타입]

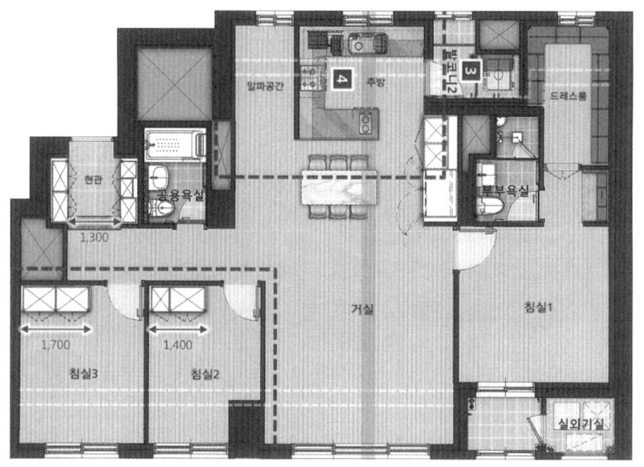

84A, 84B타입과 평면 설계 구조가 비슷하다. 일반공급 분양세대는 10층 이하, 전 세대 동향으로 배치되어 있다. 4단지는 동쪽 개방감이 우수해 84B타입보다 훨씬 낫다고 평가할 수 있다. 청약 가점 59~64점의 대상자들이 경쟁이 치열할 것으로 예상되는 84A타입을 피해 고려해 볼 만한 주택형이지만 공급 물량이 상대적으로 적기 때문에 당첨 커트라인은 오히려 더 높을 수도 있다는 점을 염두에 두길 바란다.

[84D타입]

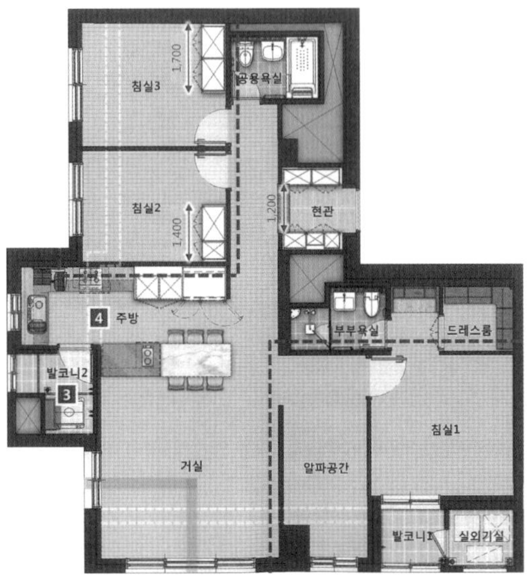

3베이 타워형 구조로 판상형에서 기대할 수 있는 맞통풍 환기 효과가 없어서 선호도는 다소 떨어진다. 알파공간을 독립적으로 사용할 수 없기 때문에 방 4개를 원하는 수요층에게는 고려 대상에서 제외되는 주택형이다. 하지만 전 세대가 남향으로 배치되어 있고 거실 측면에 창이 하나 더 있어 채광과 개방감은 우수하다는 장점이 있다. 청약 가점 59점 이하도 충분히 도전해 볼 만하기 때문에 청약 경쟁력이 다소 부족한 사람들은 유심히 지켜보길 바란다.

[84E타입]

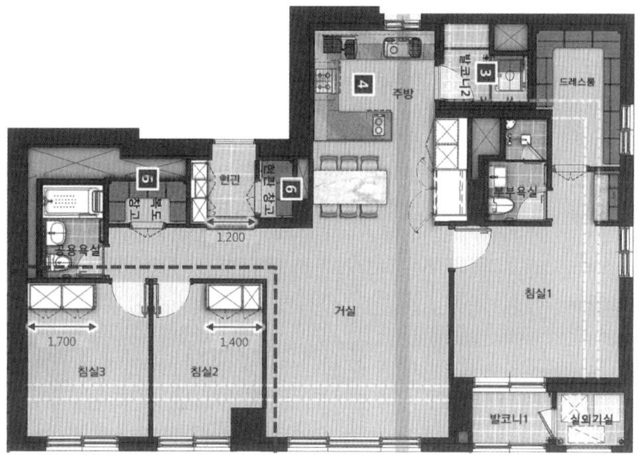

4베이 판상형 설계로 알파공간이 없다는 점이 84A, 84B, 84C 판상형 타입과 가장 큰 차이점이다. 동향과 서향에 고루 배치되어 있는데 일반공급 물량이 무려 558가구나 되며 고층 세대도 많다.

사람들의 청약 심리는 단순하게 분석하는 것이 정확한 경우가 많은데 웬만한 중소 규모의 아파트 단지에 버금가는 물량이 배정되어 있으며 선호도가 높은 평면 설계 구조, 그리고 고층에 당첨될 확률도 있기 때문에 가장 많은 청약 통장이 이 주택형으로 몰릴 것이다. 이 정도 공급 물량에 중도금 대출이 불가한 것까지 감안한다면 당첨 커트라인 점수는 50점대가 될 수도 있다.

지금까지 중도금 대출 실행이 안 되면서 한꺼번에 이렇게 많은 물량을 공급한 사례가 없었기 때문에 당첨 커트라인을 예상하기는 정말 어렵다. 가점이 높은 청약자는 상당히 많지만 그중 중도금 현금

불입이 가능한 사람이 과연 몇 명이나 될지, 그 숫자를 가늠하기가 무척 힘들다. 과거 사례를 찾아보자면 강남 '디에이치 퍼스티어 아이파크' 개포 1단지 재건축 아파트 청약 접수 결과인데, 495가구의 일반공급 물량이 있었던 59A타입에 청약 통장 7,000여 개가 몰리면서 최저 가점은 63점이었다.

□ 디에이치 퍼스티어 아이파크

주택형	공급 세대수	순위		접수 건수	순위내 경쟁률 (미달 세대수)	청약결과	당첨가점			
							지역	최저	최고	평균
059.9742A	495	1순위	해당지역	7,091	14.33	1순위 해당지역 마감(청약 접수 종료)	해당지역	63	79	65.59
			기타지역	0	-					
		2순위	해당지역	0	-		기타지역	0	0	0
			기타지역	0	-					

디에이치 퍼스티어 아이파크 59A타입 역시 중도금 대출이 안 되고 공급 물량도 많아 강남권에서 보기 드문 64점 이하 커트라인 점수가 나왔다. 필자는 둔촌주공 84E타입 최저 점수가 60점 정도이지 않을까 예상하는데 참고만 하길 바란다. 공급 물량이 많은 만큼 부적격자도 많을 테니 가점 60점 이하 대상자들도 예비에서 당첨을 기대해 보는 청약 전략이 필요하다.

[84F타입]

2베이 타워형으로 거실 양면 통유리창이 인상적인 평면 설계 구조이다. 전 세대가 3단지 남향으로 배치되어 있고 일반 분양은 9층 이하, 45가구 물량이 배정되어 있다. 304동만 피하면 저층 세대라도 채광은 나쁘지 않을 듯하다. 물량이 적기 때문에 저가점자들 중에서 당첨을 바라고 '틈새' 타입에 신청하길 원한다면 84B타입과 함께 고민해 볼 만하다.

[84G타입]

4베이 판상형 구조로 펜트리 수납공간이 많이 확보되어 있다는 것이 강점이다. 1단지와 4단지 사이드라인 동향으로 배치되어 있는데 조망권, 일조권 모두 좋다고 볼 수 없으며 일반분양 물량은 18가구뿐이다. 84형 중에서 일반공급 물량이 가장 적기 때문에 이 타입에 신청하고자 하는 청약 심리는 매우 주춤할 수밖에 없다. 구멍 중에 구멍이 될 수도 있는 타입이기에 역발상의 담대한 청약 전략이 먹힐 수도 있다.

[84H타입]

4베이 판상형 평면 설계 구조로 알파공간은 따로 없는 대신 복도 펜트리 수납공간이 크게 확보되어 있다. 전 세대 동향으로 배치되었으며 일반분양 109가구, 11층 이하로 배정되어 있다. 동·호 배치도상 저층에서 채광 문제가 심각하게 대두될 수 있다. 이 점을 고려할 때 가점 59점 내외의 대상자들이 공략할 만한 주택형이라 할 수 있다.

물량 앞에 이기는 장사 없다

둔촌주공은 원래 4개 단지가 있었는데 하나의 단지로 통합하여 단일접수 방식으로 일반공급 신청을 받을 것이다. 국내 재개발, 재건축 사업 중 '역대 최대' 규모의 단지로 일반공급 가구 수도 당연히 '역대 최다'이다. 타입별 청약 전략의 내용을 많이 담고자 입지적인 강점에 대한 설명은 생략했는데 지하철 5·9호선 더블 역세권, 우수한 학군 2가지 입지 여건만 알아도 이 아파트의 가치가 어느 정도인지 평가할 수 있을 것이다.

서울 동남권 시민들이 가장 살고 싶어 하는 아파트인 둔촌주공의 새 이름은 '올림픽파크 에비뉴 포레'로 예정되었다. 청약 경쟁력이 다소 부족해도 타입만 잘 선택하면 당첨될 수 있을 만큼 공급 물량이 많다. 주택형이 다양하므로 신중을 기해 타입을 결정해야 한다.

많은 사람이 방 3개를 원하는데 84형은 중도금 대출이 안 되므로 59형으로 몰리게 될 것이다. 그렇게 되면 경쟁이 치열한 만큼 59형의 당첨 커트라인이 높아지는 것은 당연한 일이다. 승리를 위해 뼈를 깎는 고통을 이겨 내며 훈련하듯이 당첨을 위해서는 살림살이를 줄일 각오도 불사해야 한다.

방 3개가 있는 59형에 청약하는 것이 무모해 보이는데도 방 2개로는 도저히 생활할 수 없기에 49형 이하는 전혀 고려하고 있지 않은 사람들에게 조언을 하나 해 주고 싶다. '자신이 살고 싶은 집'이 아닌 '당첨 확률이 가장 높은 집'을 선택하라. 당첨만 된다면 시세차익이 확실하기 때문에 일단 당첨된 후 정말 살고 싶은 집으로 갈아 탈 계획을 세우면 된다. '실거주'와 '투자'를 분리하면 더 많은 청약 기회가 열려 있다는 것을 명심하고 대규모 공급에 의해 당첨 커트라인이 하향 조정되는, 다시는 오지 않을 수도 있는 기회를 꼭 살리길 바란다.

02

위례신도시 주상복합 아파트

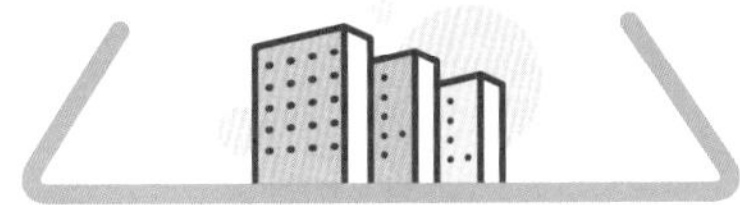

위례신도시 마지막 민간분양

서울 송파 장지동, 성남 창곡동, 하남 학암동 3개 행정구역이 혼재되어 있는 위례신도시는 6,754,205m²(약 200만 평)의 면적에 44,458세대가 계획되어 현재 조성 중인 대규모 택지개발지구로 2기 신도시 중 하나이다. 위례신도시 북쪽에 있던 특전사 군부대 이전 및 미군부지 반환 절차가 늦어져 공사가 지연되기는 했지만 지금은 거의 모든 아파트 분양이 끝나 입주를 기다리고 있다. 위례신도시 내 장지천 수변공원을 기준으로 공사가 지연된 북쪽을 '북위례', 90% 이상 공사가 완료된 남쪽을 '남위례'라고 부른다.

대부분의 사람이 위례신도시 민간분양은 끝난 것으로 알고 있지만 아직 한 곳이 남아 있다. 지하철 5호선 마천역과 가까운 북위례 끝 '복합용지'에 중대형 주상복합 아파트가 마지막 피날레를 장식하기 위해 준비 중이다.

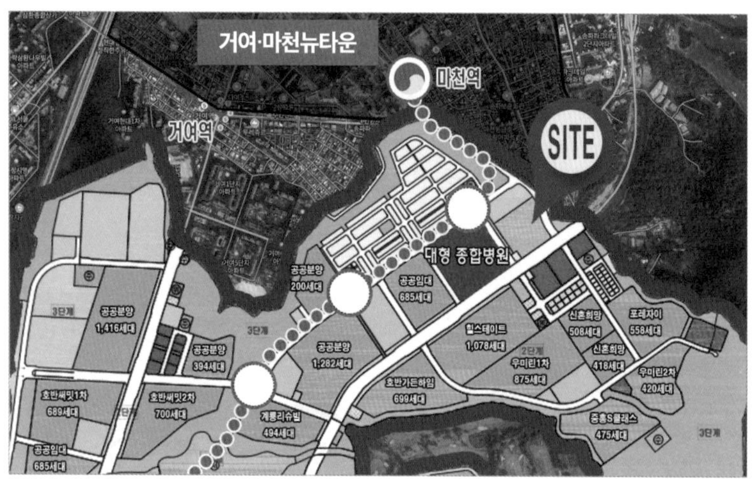

교통 호재를 품고 비상을 꿈꾸다

2기 신도시 중 지리적으로 강남 접근성이 가장 우수한 위례신도시가 현재 저평가를 받는 이유는 지하철 이용이 불편하기 때문이다. 인근에 8호선 장지역과 복정역이 있지만 접근성이 떨어져 출퇴근 시간에 차량 교통 정체를 감수해야 한다는 불편함이 있어 입지적인 강점이 시세에 제대로 반영되지 못하고 있다. 하지만 그간 계획만 있었던 위례신사선과 위례선(트램)이 조만간 착공에 들어갈 예정이라 판교신도시에 버금가는 성장 동력을 확보했다고 할 수 있다.

송파 문정역과 강남 삼성역, 청담역, 신사역 등 핵심 일자리를 통과하는 노선인 위례신사선은 2호선, 3호선, 7호선, 8호선, 9호선, 분당선, 신분당선, GTX-A 8개의 주요 광역 철도 역사와 환승이 되어 파급력이 어마어마할 것으로 기대된다. 고급 인력이 풍부한 '판교 테크노밸리'의 자족기능을 갖춘 판교신도시의 위상이 드높지만 1군 건설사가 시공한 브랜드 아파트가 훨씬 많은 위례신도시에 위례신사선이라는 날개가 달리면 판교 시세와 비슷해질 것으로 보인다.

그리고 위례신도시 한가운데를 관통하는 무가선 트램 '위례선'은 위례신사선과 5호선, 8호선 지하철 접근을 용이하게 해 주어 위례신도시 내 주민들의 대중교통 편리성을 증대시킬 것이다.

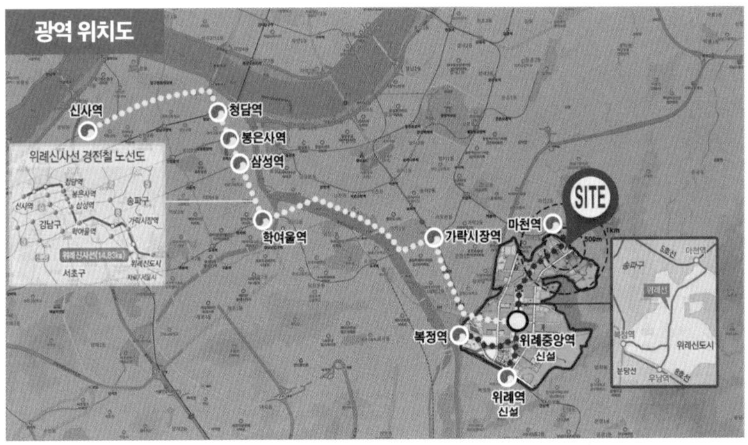

첨단 자족도시로의 진화

유네스코 세계문화유산인 남한산성 품 안에 자리 잡은 위례신도시는 성곽의 형태로 만든 '휴먼링'이 북쪽의 장지천 수변공원과 남쪽의 창곡천 수변공원을 연계해 도시 전체가 산책로라고 해도 과언이 아닐 만큼 주거 환경이 우수하다. 그리고 '위례선' 트램이 지나가는 길목을 따라 스트리트형 상가의 모양새를 갖추고 있어 유럽풍 스타일의 특화된 상권으로의 발전이 기대된다. 게다가 스타필드, 대형 종합병원 등 다양하고 편리한 기반시설을 갖추고 있어 위례신도시에 거주하는 주민들의 주거 만족도는 상당히 높다.

단점은 앞서 설명했듯이 지하철 이용이 불편하고 자족기능이 떨어진다는 것이다. 대중교통 이용의 불편은 지하철 8호선 신설역인 '위례역' 개통을 눈앞에 두고 있어 어느 정도 해소할 수 있을 듯하고 위례선(트램)과 위례신사선(경전철) 철도 교통 호재가 있기 때문에 지금보다 훨씬 나은 교통편의 증진을 기대할 수 있다. 하지만 자족기능을 갖추지 못해 도시 발전에 한계가 있는 베드타운으로 보는 부정적인 시각이 팽배하다.

사실 위례신도시는 강남, 잠실, 문정, 판교 등 일자리가 풍부한 지역들과 물리적으로 가까운 거리에 있는 직주근접의 도시라 자족기능을 따로 확보할 필요는 없다고 생각하지만 그래도 다다익선이라고 도시의 자족성까지 있다면 금상첨화일 것이다. 이 때문에 '복정역세권 스마트시티' 개발 사업이 기대된다. 위례신도시가 복정역세권 개발 사업으로 자족기능까지 갖춘다면 지금과 위상이 180도 달라질 것이 분명하기에 분양 소식이 들린다면 주저하지 말고 청약 신청을 하길 바란다.

■ 복정역 스마트시티 개발구상안

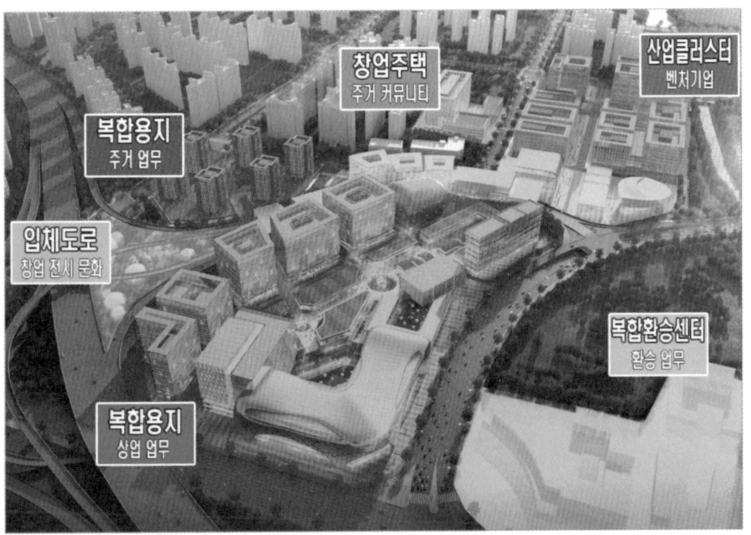

일반공급 청약 1순위 조건과 당첨자 선정 방식

■ 일반공급 청약 1순위 조건

- 세대주
- 1주택자 이하
- 청약 통장 가입 기간 24개월 경과
- 청약 통장 납입 인정금액이 지역별 예치금액 이상
- 세대원 전원이 과거 5년 이내에 다른 주택에 당첨된 사실이 없어야 함
- 만 19세 이상인 자 또는 자녀를 양육하거나 형제자매를 부양하는 미성년 세대주

■ 일반공급 당첨자 선정 방식

- 주택건설지역 당해 지역인 서울 2년 이상 거주자에게 50% 우선공급
- 전용면적 $85m^2$ 이하 : 100% 가점제
- 전용면적 $85m^2$ 초과 : 50% 가점제, 50% 추첨제
  (추첨제 물량 중 75%는 무주택자에게 우선공급)

위례신도시 토지이용계획에 따라 복합용지(E1-1블록)는 총 421세대, 전용면적 $85m^2$ 초과의 주택 규모로 건축할 수 있어 추첨제 물량이 50%가 된다. 청약 가점이 낮아도 추첨으로 당첨을 기대할 수 있고, 1주택자도 기존 주택 처분에 동의하는 조건으로 신청하여 행운

이 따른다면 당첨될 수도 있다.

주택건설지역이 '서울'이라서 입주자 모집공고일 기준 서울에서 2년 이상 거주한 대상자에게 50% 물량을 우선공급해야 하며, 나머지 물량은 서울 우선공급 낙첨자를 포함한 수도권 거주자에게 공급해야 하는데 이때는 거주 요건이 따로 없다. 한마디로 수도권에 거주하면서 청약 1순위 요건을 갖췄다면 누구라도 청약할 수 있기 때문에 절대로 그냥 지나치면 안 된다.

SH서울주택공사에서 2021년 상반기에 이 복합용지를 입찰 분양할 계획이며 바로 착공할 수 있는 상황이라 빠르면 2021년 하반기에 공급할 수도 있기 때문에 청약 관심 아파트로 꼭 기억해야 한다.

분양 가격에 따라 청약 전략이 달라지는데 9억 원 미만의 공급 가격으로 중도금 대출이 가능하다면 청약 가점 커트라인을 69점 이상 예상해야 하며, 9억 원 이상의 공급 가격으로 중도금 대출이 불가하다면 커트라인 점수가 4~5점 정도 낮아질 수 있을 것이다.

아직도 주상복합 아파트에 대한 편견을 가진 사람이 많은데 현재 위례신도시에서 시세가 가장 비싼 아파트 중 하나가 '위례 중앙푸르지오' 단지로 이 아파트 단지 설계와 내부 공간 구조를 처음 보면 도저히 주상복합 아파트라는 생각을 하지 못할 것이다. 요즘 주상복합 아파트는 일반 아파트 못지않은 평면 설계 구조로 오히려 선호도가 더 높을 수 있다는 점을 염두에 두고 꼭 청약에 도전해 위례신도시 막차의 주인공이 되길 바란다.

03

용인 플랫폼시티

판교의 아성에 도전장을 던지다

과거 참여정부 시절에 집값 상승세를 주도한 '버블세븐' 지역 중 하나인 용인 수지구가 다시 들썩이고 있는데 인근에 서울 여의도 규모의 '용인 플랫폼시티' 개발 사업이 두각을 나타낸 것과 연관이 있다. 용인시 기흥구 보정동, 마북동, 신갈동과 수지구 상현동, 풍덕천동 일원 2,757,186m^2(약 83만 평)의 면적으로 조성되는 이 사업지는 지식기반 첨단 산업, 상업, 업무, 광역 교통 및 환승 체계, 환경친화적 주거단지가 함께하는 자족도시로 개발한다는 구상이다.

SK하이닉스 반도체 생산시설을 비롯해 50여 개의 협력 업체가 들어서면서 세계 최대 규모로 조성되는 용인 처인구 원삼면 '반도체 클러스터'의 배후 도시 기능을 수행하게 될 용인 플랫폼시티는 사업부지 내에 4차 산업혁명 시대에 부합하는 첨단 지식산업 용지와 첨단 제조산업 용지가 대규모로 계획되어 있다. 용인 플랫폼시티는 경부 고속도로 라인, 그리고 광역급행철도(GTX-A)의 개발 호재까지 있는 입지적인 강점 때문에 기업 유치는 성공적일 것으로 전망한다. 약 6조 원의 사업비를 투입하여 2022년 착공, 2025년 완공을 목표로 하고 있으며 첨단 산업단지로의 조성이 마무리되면 2만 5,000여 명의 고용 창출 효과가 기대되어 용인 시민들이 큰 관심을 보이고 있다.

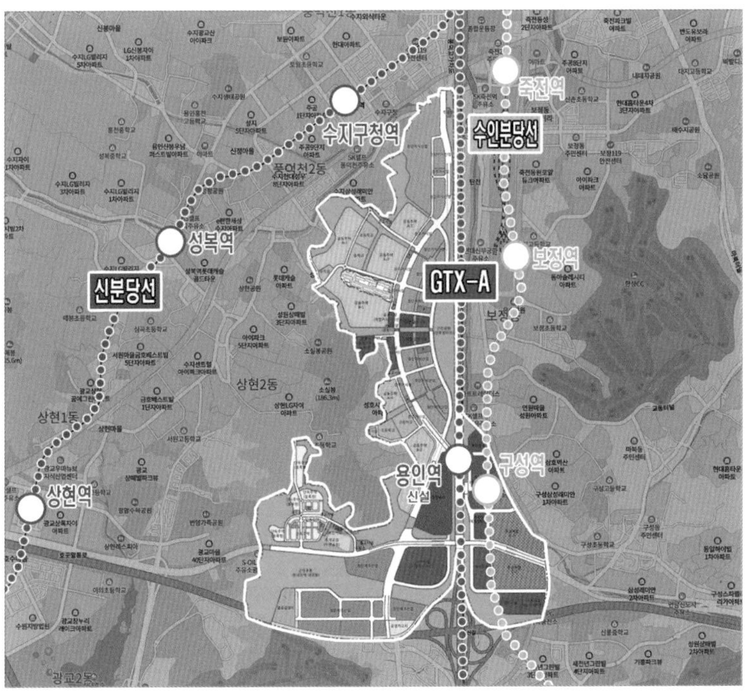

수도권 남부 신성장 거점도시로의 발전

용인 플랫폼시티의 토지이용계획안을 분석해 보면 업무와 산업시설이 집약되어 주거보다 훨씬 더 넓은 공간을 차지한다. 주거 비율을 최소화하여 자족도시의 기능을 강화하였고 GTX-A 노선인 용인역 인근 복합용지에 호텔과 컨벤션센터 등이 건설되어 MICE 산업의 새로운 중심으로 육성된다.

'2035년 용인도시기본계획'의 도시 공간 구조 구상에서 기존 용인시청 단핵 중심의 도시 공간 구조 문제점을 극복하기 위해 2도심 체계로 새롭게 개편된 것을 확인할 수 있는데 추가된 '경제도심'이 바로

2도심	**행정도심(용인시청) + 경제도심(GTX 역세권 일원)** 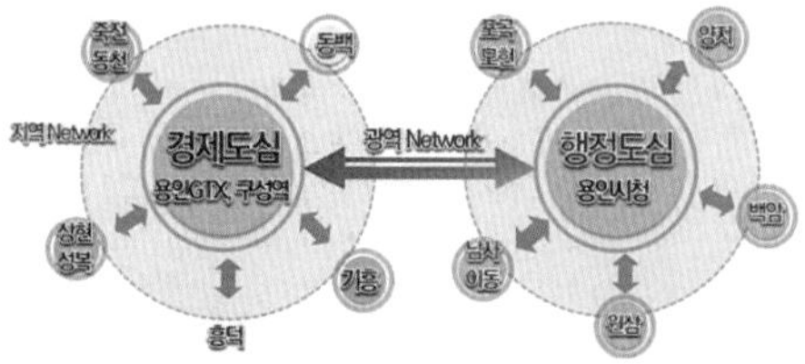 (도식: 경제도심(용인GTX 구성역) – 광역 Network – 행정도심(용인시청); 지역 Network: 죽전동천, 동백, 상현성복, 기흥, 흥덕 / 포곡모현, 양지, 백암, 남사이동, 원삼)
행정도심	• 용인시청을 중심으로 한 행정기능 강화 및 창조적 도시재생 • 행정·업무·상업 기능의 중추기능 담당 • 시청과 원도심 일원의 창조적 도시재생을 통한 지역경제 활성화 도모 - 시청~김량장동~주변 대학 연계 - 역삼지구 도시개발사업 추진
경제도심	• 용인의 도시성장을 주도할 신성장 중심기능 수행 • 업무·금융·상업 기능의 중추기능 담당 • GTX 광역급행철도 개통(예정)에 따른 역세권 일원 계획적 개발 유도 - 용인GTX 역세권 복합단지 조성

자료 : 용인시 도시기본계획

용인 플랫폼시티 지역으로 용인시에서 집중적으로 개발하겠다는 의지를 엿볼 수 있다.

사통팔달의 편리한 교통 여건을 바탕으로 경기도의 새로운 경제 중심지가 될 용인 플랫폼시티는 수도권 남부의 핵심 거점도시로의 발전이 기대되므로 청약 및 투자 관심 지역으로 계속 지켜볼 필요가 있다.

헷갈리는 우선공급 기준

용인 플랫폼시티는 '도시개발사업'으로 경기도와 용인시 등 지방 정부가 주도하는 3기 신도시 조성 사업이다. 그런데 얼마 전에 국토교통부에서 발표한 3기 신도시 및 수도권 내 여러 공공택지의 사전 청약 계획에 이 용인 플랫폼시티가 포함되어 있어 정부 주도의 공공주택지구 조성 사업으로 전환된 것으로 해석할 수 있었다.

하지만 얼마 지나지 않아 이 사업지가 도시개발구역으로 지정돼 사업 추진이 본격화된다는 기사가 나와서 사업 개발 진행 과정을 확실히 알아볼 필요가 있어서 필자가 직접 용인시에 문의를 하였다. 그 결과 '도시개발사업'으로 진행하는 것이 확실하다는 담당자의 답변을 받았다.

이 부분이 중요한 이유는 청약 계획을 세우는 데 큰 영향을 미치기 때문이다. 만약 공공주택특별법이 적용되어 정부 주도하에 사업이 진행되는 경우 여차하면 토지를 강제 수용할 수 있지만 도시개발사업은 토지주의 동의가 절대적으로 필요하기 때문에 사업 속도가 지연되거나 무산되는 경우도 비일비재하다. 사업 착공이 늦어져 청약 시기가 예상보다 많이 밀릴 수도 있으니 이 부분을 고려하여 청약 계획을 세워야 한다. 청약 1순위 내 경쟁이 있을 경우 주택건설지역 거주자에게 100% 우선공급을 해야 하기 때문에 용인시 외 지역의 거주자들에게는 청약 기회가 부여되지 않을 것이다.

정부가 마음만 먹으면 경기도 및 용인시와의 협력을 통해 이 사업을 공공주택특별법에 의한 개발로 전환할 가능성도 있다. 이렇게 되면 대규모 택지개발지구 우선공급 청약 규칙에 따라 '용인:경기도:수도권=3:2:5'의 비율로 공급할 가능성도 배제할 수 없기 때문에 수도권 거주자라면 일단 청약 관심 지역 후보군에 포함시켜야 한다.

일반공급 청약 1순위 조건과 당첨자 선정 방식

■ 국민주택 일반공급 청약 1순위 조건

- 무주택 세대원으로 구성된 세대에서의 세대주
- 청약 통장 납입 이력 24회 이상
- 세대원 전원이 과거 5년 이내에 다른 주택에 당첨된 사실이 없어야 함
- 만 19세 이상인 자 또는 자녀를 양육하거나 형제자매를 부양하는 미성년 세대주

■ 국민주택 일반공급 당첨자 선정 방식

- 주택건설지역 당해 지역인 용인 2년 이상 거주자에게 100% 우선공급
- 전용면적 40m² 이하 : 3년 이상 무주택세대 구성원으로서 납입 횟수가 많은 자
- 전용면적 40m² 초과 : 3년 이상 무주택세대 구성원으로서 저축 총액이 많은 자

■ 민영주택 일반공급 청약 1순위 조건

- 세대주
- 1주택자 이하
- 청약 통장 가입 기간 24개월 경과
- 청약 통장 납입 인정금액이 지역별 예치금액 이상
- 세대원 전원이 과거 5년 이내에 다른 주택에 당첨된 사실이 없어야 함
- 만 19세 이상인 자 또는 자녀를 양육하거나 형제자매를 부양하는 미성년 세대주

■ 민영주택 일반공급 당첨자 선정 방식

- 주택건설지역 당해 지역인 용인 2년 이상 거주자에게 100% 우선공급
- 전용면적 85m² 이하 : 100% 가점제
- 전용면적 85m² 초과 : 50% 가점제, 50% 추첨제
  (추첨제 물량 중 75%는 무주택자에게 우선공급)

현재 용인 수지구와 기흥구는 '투기과열지구'로 지정되어 있어 이 지역에 있는 용인 플랫폼시티는 강화된 청약 1순위 자격 조건이 적용된다. 앞서 설명했듯이 사업 진행 방식에 따라 당해 지역 거주자 우선공급 기준이 바뀔 수 있다는 부분을 고려해야 한다. 2021년 2월 4일 발표된 부동산 대책 내용대로 공공분양 일반공급 물량 중 30%를 추첨제로 당첨자를 선정하는 법안이 개정된다면 청약 당첨 커트라인이 큰 폭으로 상향 조정될 수 있다는 부분까지 염두에 두고 청약 전략을 수립해야 한다.

아직 구체적인 주택 공급 계획이 확정되지 않았지만 토지이용계획안을 참고하면 총 공급 물량은 11,151가구이고, 그중 공공임대(임대주택)는 4,471가구, 공공분양(국민주택)은 1,832가구, 민간분양(민영주택)은 4,599가구가 예상된다. 국민주택 공급 물량이 적고 용인시 인구가 많다는 점을 고려할 때 공공분양 전용면적 40m^2 초과는 저축 총액 2,200만 원 이상이어야만 당첨을 기대해 볼 수 있을 듯하다. 민간분양은 청약 가점 64점 이상이 당첨 커트라인이 될 듯한데 추첨제 물량이 있기 때문에 저가점자들도 꼭 도전해 볼 것을 권한다.

다자녀 특별공급은 75점 이상이 되어야 당첨 가능성이 있으며 신혼부부 특별공급은 공공분양 11점, 민간분양은 2자녀 이상의 대상자 중 추첨으로 희비가 엇갈릴 것으로 보인다. 일부 특별공급은 자산, 소득 기준이 있으니 지금부터 철저히 관리하여 청약에 차질이 없도록 한다.

04

인천 검단신도시

시작은 미약하였으나 나중은 창대하리라

인천 검단신도시는 면적 11,105,739m²(약 336만 평), 총 7만 5,851세대로 조성되는 거대 규모의 신도시이다. 하남 미사강변도시의 2배 규모이다. 대중의 선호도가 높은 지역이 아니고 규모가 큰 만큼 아파트 공급 물량도 많이 계획되어 있어 분양 초기에 옥석 가리기식 청약 전략으로 비역세권 단지에서는 참담할 정도의 대거 미분양 사태가 벌어졌다. 하지만 광역 교통 개선 대책이 발표되면서 분위기는 급반전되었고 '롯데'가 투자를 확정지으면서 지금은 수도권 서부 지역의 주목받는 신도시로 바뀌었다.

분양 초기에는 미분양의 무덤이었으나, 지금은 분양했다 하면 치열한 경쟁 속에 청약 1순위로 완판되어 바로 프리미엄이 형성될 정도이다. 동탄2신도시와 비슷한 흐름으로 진행되고 있는데, 분당신도시의 약 2배 규모인 동탄2신도시는 국내 최대 규모 신도시로서 과거에 악성 미분양이 계속 쌓여 있었지만 SRT 고속열차와 GTX-A 광역급행철도의 호재로 인해 지금은 과거와 다른 위용을 뽐내고 있다.

검단신도시는 3개 구역으로 나뉘어 순차적으로 택지를 조성해 가는 중이다. '1단계' 구역은 아파트 공급이 어느 정도 마무리되었지만 2단계, 3단계 구역이 앞으로 차례로 분양할 계획이어서 청약 기회가 많으니 이 지역에 대해 알아 둘 필요가 있다.

미확정인 미래 가치에 배팅하라

대규모 인구 유입이 예상되는 지역은 도시 기반시설 확충이 불가피하다. 가장 중요한 기반시설은 도로와 교통이며 그중에서도 핵심은 지하철이다. 인천1호선 검단 연장선이 2009년 광역 교통 개선 대책에 반영된 이후 약 11년 만에 착공에 들어가 2024년 개통을 목표로 건설 중이어서 검단신도시 내 철도망 구축의 불확실성을 없앴다. 추가로 논의되는 '지하철 5호선' 연장선과 'GTX-D' 광역급행철도 개발 계획은 이 일대 교통혁명을 불러일으킬 만하다.

■ 김포 한강선 노선도(예상)

사실 서울 지하철 5호선 연장안이 뜬금없이 나온 것은 아니다. 2003년 2기 신도시 계획이 발표되면서 김포시가 한강신도시 광역 교통 개선 대책의 일환으로 서울 5호선 연장을 최초로 추진했고, 이후에도 인천광역시, 경기도 고양시 지역과 서울시 사이에서 협의가 지속적으로 이루어졌다. 하지만 서울시의 '방화동 건설폐기물처리장' 이전 제안을 지자체와 지역 주민들이 거부하면서 서울 5호선 서부 연장 계획은 무산되었다.

2018년 12월 19일 정부의 3기 신도시 계획 발표와 함께 수도권 교통 인프라 공급 확대안에 '한강선' 계획이 포함되면서 꺼져 가던 서울 5호선 연장에 불씨를 다시 살릴 수 있었고, 건설폐기물처리장 이전을 고수했던 서울시가 꼬리를 내려 방화차량기지 통합 이전 방안으로 입장을 정하면서 서울 5호선 연장에 청신호가 켜졌다.

현재 각 지자체의 용역이 진행 중인 가운데 김포시와 인천광역시는 노선을 두고 대립 중이다. 필자 개인 의견을 말하자면 김포시에서 제안한 노선보다 인천광역시에서 제안한 노선이 B/C 값이 더 높게 나왔기 때문에 검단신도시를 관통하는 노선이 채택될 것으로 보인다. 사업 진행은 여전히 물음표이지만 충분히 실행 가능한 사업이고 건설이 확정된다면 검단신도시 주민들은 5호선을 이용하여 마곡, 여의도, 광화문까지 환승 없이 갈 수 있기 때문에 이 지역 일대에 큰 호재로 작용할 것이 분명하다.

■ GTX-D 노선도(예상)

검단신도시 분양자들에게는 달콤한 꿈일 수도 있는, 개발이 확정되어도 아직 먼 미래의 'GTX-D' 이야기가 나왔다. 2019년 10월 국토교통부에서 발표한 대도시권 광역 교통망 구축 관련 보도자료에 "급행철도 수혜 지역 확대를 위하여 서부권 등에 신규 노선도 검토할 계획이다."라는 내용으로 GTX-D 얘기가 처음 등장했다.

발 빠르게 인천시에서 용역을 진행했는데 일단 사업성은 우수하게 나왔다. 이제 겨우 사전타당성조사 용역이 끝났고 아직 확정된 것이 아무것도 없기에 지금 설명하는 것은 시기상조이긴 하지만 'PART 4. 3기 신도시 혁신 청약 전략' 편에서의 계양지구와 대장지구 광역교통 개선 대책의 일환으로 GTX-D 노선이 4차 국가 철도망 구축 계획에 포함될 확률이 매우 높기에 다시 한 번 언급한다.

교통망이 상대적으로 낙후된 서부권에 여러 가지 철도 계획이 쏟아지고 있지만 우려스러운 부분은 현 정부에서 계획이 확정된 수도권 노선이 20개가 훌쩍 넘을 정도로 철도 사업을 너무 남발하고 있다는 것이다. 코로나 바이러스 감염증으로 인해 긴급자금까지 사용했기에 긴축재정을 고려해야 하는 상황에 직면할지도 모르는데 이 많은 철도 사업이 과연 제대로 진행될 수 있을지 의문이다. GTX-D 노선이 구체화되면 검단신도시가 그 수혜를 받을 수도 있기 때문에 이 점을 반영한 청약 플랜이 필요하다.

잇따른 대형 호재, 롯데건설의 검단 역세권 개발 사업

검단신도시 1단계 '넥스트 콤플렉스' 특화구역의 역세권 개발 사업에 롯데건설 컨소시엄이 우선협상 대상자로 선정되었다. 해당 부지를 주거, 상업, 문화, 업무 등 차세대 복합문화공간으로 개발하는 대규모 프로젝트로 1조 원 이상의 사업비가 투자될 예정이다. 아직 정확한 것은 아니지만 롯데가 참여하는 사업이기 때문에 초역세권 대형몰 건설도 예상해 볼 수 있다. 만약 롯데백화점이 입점한다면 집객효과와 빨대 효과를 톡톡히 누릴 수 있어서 서북권 랜드마크로서의 상징성이 더욱더 부각될 것이다.

■ 검단신도시 101 역세권 개발 사업

인천지방법원 북부지원과 인천지방검찰청 북부지청 설치까지 확정되는 등 '미분양의 무덤'으로 불리던 인천 검단신도시가 각종 호재로 환골탈태하고 있다. 검단신도시는 대규모 택지개발지구로 수도권에 거주하면서 청약 1순위 조건을 갖추고 있다면 누구나 청약할 수 있으니 앞으로 분양하는 아파트를 계속 주목할 필요가 있다.

일반공급 청약 1순위 조건과 당첨자 선정 방식

■ 국민주택 일반공급 청약 1순위 조건

- 무주택 세대원으로 구성된 세대에서의 세대주
- 청약 통장 납입 이력 24회 이상
- 세대원 전원이 과거 5년 이내에 다른 주택에 당첨된 사실이 없어야 함
- 만 19세 이상인 자 또는 자녀를 양육하거나 형제자매를 부양하는 미성년 세대주

■ 국민주택 일반 공급 당첨자 선정 방식

- 주택건설지역 당해 지역인 인천 2년 이상 거주자에게 50% 우선공급
- 전용면적 $40m^2$ 이하 : 3년 이상 무주택세대 구성원으로서 납입 횟수가 많은 자
- 전용면적 $40m^2$ 초과 : 3년 이상 무주택세대 구성원으로서 저축 총액이 많은 자

■ 민영주택 일반공급 청약 1순위 조건

- 세대주
- 1주택자 이하
- 청약 통장 가입 기간 24개월 경과
- 청약 통장 납입 인정금액이 지역별 예치금액 이상
- 세대원 전원이 과거 5년 이내에 다른 주택에 당첨된 사실이 없어야 함
- 만 19세 이상인 자 또는 자녀를 양육하거나 형제자매를 부양하는 미성년 세대주

■ **민영주택 일반공급 당첨자 선정 방식**

- 주택건설지역 당해 지역인 인천 2년 이상 거주자에게 50% 우선공급
- 전용면적 85m^2 이하 : 100% 가점제
- 전용면적 85m^2 초과 : 50% 가점제, 50% 추첨제
  (추첨제 물량 중 75%는 무주택자에게 우선공급)

인천 검단신도시 지역이 '투기과열지구'로 지정되면서 청약 1순위 조건이 강화되고 우선공급에 거주 요건이 추가되었다. 투기과열지구 지정 전에는 우선공급 거주 요건이 없었고 다주택자도 청약 1순위 신청이 가능했으며 추첨 물량이 많아 저가점자들도 쉽게 도전할 수 있었는데 지금은 당첨의 벽이 높아졌다. 그래도 아직 공급 물량이 많이 남아 있기 때문에 긍정적인 생각으로 청약 준비를 해야 한다.

검단신도시는 공공분양 아파트보다 민간분양 아파트가 압도적으로 많은데 공급 예정된 물량이 37,000가구 정도가 남아 있으니 아직도 청약 기회는 많다고 할 수 있다. 공공분양은 당해 인천 기준으로 저축 총액 1,200만 원 이상, 기타 지역은 1,500만 원 이상이면 충분히 도전해 볼 수 있으며, 민간분양은 당해 인천 기준으로 40점 이상, 기타 지역은 50점 이상이면 타입 선택에 따라 좋은 결과를 얻을 수 있다고 본다. 역세권과 비역세권 당첨 커트라인 편차가 클 테니 특별공급 및 일반공급 대상자 중 점수가 다소 부족하다면 하향 안정 지원의 청약 전략을 통해 공급 물량이 많은 이점을 살릴 것을 권한다.

05

성남 복정지구

강남 접근성은 위례신도시보다 낫다

위례신도시 남쪽에 위치한 성남 복정1·2지구에 신규 주택 5,000여 가구를 공급할 예정이다. 복정1지구는 2021년 12월쯤 운영에 들어가는 지하철 8호선 추가역이 사업지구 내에 신설된다는 호재가 있어 수요자들의 관심이 매우 높은데 위례신사선과 위례선이 개통하기 전까지는 위례신도시보다 강남 접근성이 훨씬 더 우수하다. 복정1지구는 위례신도시와 생활권을 공유하며 복정2지구는 성남 구도심 생활권으로 분류된다는 입지적인 차이가 있다.

■ 성남 복정지구 위치도

복정1지구는 경기 성남시 수정구 복정동, 창곡동 일대에 577,708m² (약 175,000평)의 면적으로 조성되어 4,300가구를 공급할 계획이며, 복정2지구는 성남시 수정구 신흥동 일대에 77,750m²(약 23,500평)의

면적으로 조성되어 1,200가구를 공급할 계획이다.

복정1지구에는 민간분양 1,475가구, 공공분양 915가구, 공공임대 1,910가구가 공급되며, 복정2지구에는 공공임대 900가구, 공공분양 300가구가 공급된다. 공공임대 비율이 80%가 넘는 복정2지구보다 복정1지구의 선호도가 훨씬 높기 때문에 이에 걸맞은 청약 전략이 필요하다. 복정지구는 대규모 택지개발지구의 기준인 66만m^2 이하의 면적이라 성남시 거주자에게 100% 우선공급을 하게 되어 아쉽게도 타 지역 거주자들에게는 청약 기회가 없을 것이다.

■ **성남 복정지구 토지이용계획안**

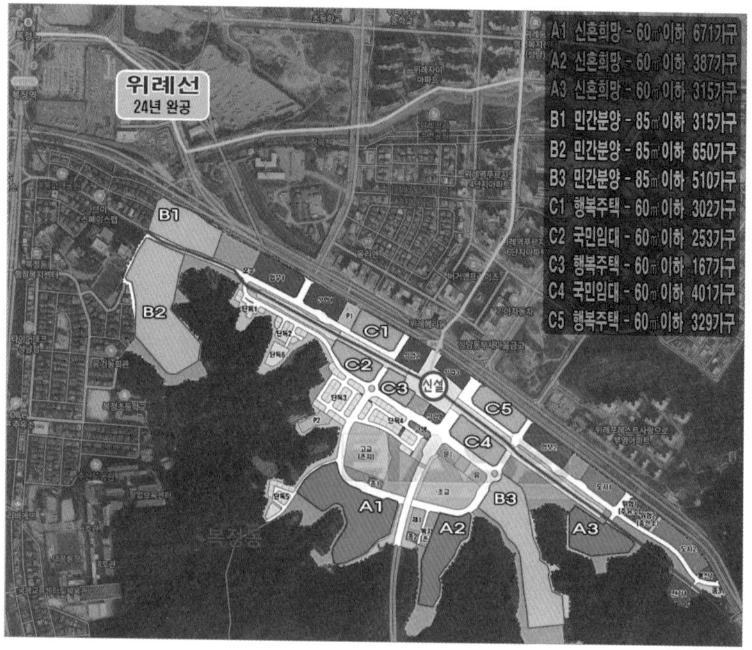

성남 복정1지구 토지이용계획안의 주택 공급 내용을 보면 8호선 신설역 주변으로 주상복합부지 5개의 단지가 있는데 소형 면적의 임대아파트로 구성되었다는 특징이 있다. 그 밖에 신혼희망타운 3개 단지, 민간분양 3개 단지에서 2,848가구를 공급하는데 전용면적 85m^2 이하의 중소형 단위세대로만 구성되어 주점제 신청은 불가하다. 복정1지구 내 모든 아파트 단지에서 도보로 전철역에 접근할 수 있어 당첨 커트라인 점수가 상당히 높을 것으로 예상된다.

복정지구 청약 조건과 당첨자 선정 방식

■ 민간분양 일반공급 청약 1순위 조건

- 세대주
- 1주택자 이하
- 청약 통장 가입 기간 24개월 경과
- 청약 통장 납입 인정금액이 지역별 예치금액 이상
- 세대원 전원이 과거 5년 이내에 다른 주택에 당첨된 사실이 없어야 함
- 만 19세 이상인 자 또는 자녀를 양육하거나 형제자매를 부양하는 미성년 세대주

■ 민간분양 일반공급 당첨자 선정 방식

- 주택건설지역 당해 지역인 성남 2년 이상 거주자에게 100% 우선공급
- 전용면적 85m^2 이하 : 100% 가점제

■ **신혼희망타운 청약 조건**

- 무주택세대 구성원
- 혼인 기간 7년 이내 신혼부부, 예비 신혼부부, 한부모 가족(자녀는 6세 이하, 태아 인정)
- 청약 통장 가입 기간 6개월 이상, 납입 기간 6회 이상
- 소득 및 자산 요건 충족

■ **신혼희망타운 당첨자 선정 방식**

- 주택건설지역 당해 지역인 성남 2년 이상 거주자에게 100% 우선공급
- 1단계 요건을 갖춘 대상자 중 가점이 높은 자에게 30% 우선공급
  (1단계 요건 : 예비 신혼부부, 혼인 기간 2년 이내이거나 2세 이하 자녀를 둔 신혼부부, 2세 이하 자녀를 둔 한부모 가족)
- 2단계 요건을 갖춘 대상자 중 가점이 높은 자에게 나머지 70% 공급
  (2단계 요건 : 혼인 기간 2년 초과 7년 이내이거나 3세 이상 6세 이하 자녀를 둔 신혼부부, 3세 이상 6세 이하 자녀를 둔 한부모 가족, 1단계 우선공급 낙첨자)

성남 복정지구는 투기과열지구에 해당해 성남시 2년 이상 거주자에게 100% 우선공급을 해야 하는데 '2020.1.5. 주거복지 로드맵'을 통해 조기 주택 공급을 하겠다고 발표한 대상지에 이 사업지가 포함되어 있어 사전청약 시 성남에 주민등록이 되어 있으면 일단 청약할 수 있다. 민영주택은 해당 사항이 없으며 신혼희망타운 공공분양 아파트만 사전에 공급할 계획이니 성남 지역으로 이사를 고려하는 신

혼부부들은 청약 자격과 당첨자 선정 방식에 대한 이해가 필요하다.

공공분양 또는 민간분양 아파트의 신혼부부 특별공급과 신혼희망타운의 청약 요건 및 당첨자 선정 방식은 큰 차이가 있다. 공공분양과 민간분양 아파트 신혼부부 특별공급은 입주자로 선정되기 위해 혼인이 필수 요건인 반면 신혼희망타운은 예비 신혼부부도 당첨될 수 있다. 단 예비 신혼부부 신청으로 당첨된 경우 공고일로부터 1년 이내에 혼인 사실을 증명해야 한다. 신혼희망타운의 경우 신청 자격이 1단계와 2단계로 구분되는데 입주자 선정 방법에서 가점 항목 내용이 달라 전부 숙지하고 있어야 한다.

■ 복정지구 신혼희망타운 1단계 우선공급(30%) 가점표

가점 항목	평가 요소		점수
가구소득	도시근로자 월 평균소득	70% 이하 (맞벌이 80% 이하)	3
		70% 초과 100% 이하 (맞벌이 80~110%)	2
		100% 초과 (맞벌이 110% 초과)	1
당해 시·도 연속 거주 기간	성남시 2년 이상		3
	성남시 1년 이상 2년 미만		2
	성남시 1년 미만		1
청약통장 납입인정 횟수	24회 이상		3
	12회 이상 23회 이하		2
	6회 이상 11회 이하		1

신혼희망타운 1단계 우선공급은 예비 신혼부부를 포함하여 혼인 기간 2년 이내이거나 혼인 기간이 2년이 넘었어도(혼인 기간 7년 이내 요건은 충족해야 함) 2세 이하의 자녀를 둔 신혼부부, 그리고 2세 이하 자녀를 둔 한부모 가족(혼인 기간 요건 없음)이 신청 대상자가 된다. 입주자 선정은 가점 항목 다득점 순으로, 가점이 동일한 경우 추첨으로 당첨자를 결정한다.

■ 복정지구 신혼희망타운 2단계 잔여공급(70%) 가점표

가점 항목	평가 요소	점수
미성년 자녀수	3명 이상	3
	2명	2
	1명	1
무주택 기간	3년 이상	3
	1년 이상 3년 미만	2
	1년 미만	1
당해 시·도 연속 거주 기간	성남시 2년 이상	3
	성남시 1년 이상 2년 미만	2
	성남시 1년 미만	1
청약통장 납입인정 횟수	24회 이상	3
	12회 이상 23회 이하	2
	6회 이상 11회 이하	1

자녀가 없어도 도전할 수 있지만 성남 복정지구와 같이 인기 지역 아파트의 경우 만점 가점인 9점에서도 동점자가 많아 치열한 추첨 경쟁을 뚫어야만 당첨될 수 있다. 사전청약을 염두에 두고 성남으로 주소지를 옮겼더라도 2년 이상의 거주 요건을 충족하지 못한다면 가점 경쟁에서 밀려 사실상 당첨은 희박하다.

신혼희망타운 2단계 잔여 공급은 가구소득 가점 항목이 빠지고 자녀수와 무주택 기간이 추가되어 12점이 만점이다. 성남 복정지구는 10점 이상이 되어야만 당첨될 수 있기 때문에 자녀수에 따라 당락이 갈릴 것이다.

자산 요건 기준에 대해 추가로 설명하자면 부동산, 금융자산, 기타 자산(전세보증금 등), 자동차를 모두 합한 총 자산이 3억 300만 원 이하여야 한다. 공공기관 대출금, 법원에 의하여 확인된 사채 등의 부채는 총 자산에서 차감할 수 있는데 마이너스통장 대출이나 카드론은 해당 사항이 없다.

성남 복정지구 민간분양은 전용면적 85m² 이하의 주택만 공급하기 때문에 가점제 100%가 적용된다. 64점 이상의 가점자만 당첨을 기대해 볼 수 있는데 선호도가 높은 타입은 이보다 점수가 더 높아야 한다는 점을 참고하여 청약 계획을 세우길 바란다.

마지막일지도 모를 서울 대규모 공공택지지구

서울 가장 동쪽에 위치한 강동구 강일동 강일지구는 66만m^2 이상의 대규모 공공택지지구로 수도권에 거주하면서 청약 1순위 조건을 갖추고 있다면 누구나 도전할 수 있다. 서울에 대규모 공공택지로 조성할 땅이 이제는 정말 귀하기 때문에 강일지구가 어쩌면 서울 외 지역에 거주하는 청약자들에게 마지막으로 청약 기회가 부여되는 아파트일 수도 있다. 수도권에 거주하면서 청약으로 서울 입성을 목표로 하는 사람들은 계획을 잘 세워 강일지구 민간분양을 준비해야 할 것이다.

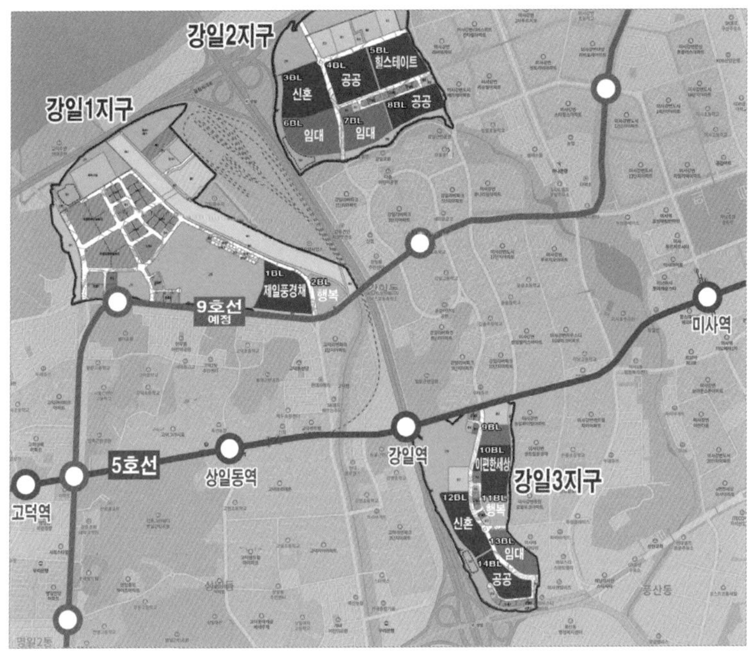

3개의 지역으로 구분되어 있는 강일지구는 각 지구마다 입지적인 특징이 있다. 강일1지구는 지하철 9호선 연장선 개발 호재가 있으며, 강일2지구는 북쪽의 한강과 남쪽의 망월천 수변을 끼고 있어 주거 환경이 쾌적하고, 강일3지구는 5호선 강일역이 얼마 전에 개통되어 지하철 이용이 편리하다는 입지적 강점이 있다.

강일지구에 계획된 공공분양 아파트는 이미 공급이 다 끝났으며, 민간분양 아파트는 강일3지구 10블록에 있는 '대림 이편한세상' 1개의 단지만 남아 있는데 초·중학교가 가깝고 지하철 5호선 강일역을 도보로 이용할 수 있어 강일지구 내에서 입지가 가장 우수하다는 평가를 받고 있다.

강일지구 시행 주체는 서울주택도시공사(SH공사)로 민간에게 매각하는 공동주택용지 3개 블록 전부를 현상설계 공모 방식으로 매각했다. 소셜 스마트시티라는 특화 콘셉트의 건축 설계안을 제안한 사업자에게 매각되어 평면 설계 구조가 매우 다양한데, 이 때문에 주택형별 가점 커트라인 편차가 심하다. 호불호가 극명하게 갈리기 때문에 그 어느 때보다도 더 창의적이고 혁신적인 청약 전략이 필요하다.

바늘구멍을 뚫으려면 그보다 더 가늘면 된다

강일지구 민간분양 아파트 3개 단지는 소셜 스마트시티라는 특화 콘셉트를 반영한 참신하면서도 합리적인 건축 설계안을 제시한 사업자에게 매각되었다. '특화 설계'라는 거창한 단어의 의미 때문에 예비 청약자들의 기대가 매우 컸는데 막상 뚜껑을 열어 보니 소비자의 니즈를 전혀 배려하지 못한 건축 설계로 대중으로부터 많은 비판을 받았다.

강일2지구 '힐스테이트 리슈빌 강일'은 총 809가구 중 단위세대별 주택형이 15가지였고, 강일1지구 '고덕강일 제일풍경채'는 총 780가구 중 단위세대별 주택형이 무려 27개에 달했다. 복잡한 기술로부터 벗어난 '단순함'을 원하는 소비자도 많다는 것을 간과한 채 첨단건설 기술에만 집착하여 시장과의 소통은 부족했다는 평가를 받았다.

물론 강일 1·2지구의 분양은 잘 마무리되었고 앞으로 분양할 강일 3지구 '대림 이편한세상' 또한 성공적인 분양 성적표는 이미 따 놓은 당상이라 볼 수 있다. 특화 설계로 인해 주택형이 다양할 것으로 예상되니 타입 선택을 잘한다면 바늘구멍을 뚫을 수도 있을 것이다.

■ 힐스테이트 리슈빌 강일 청약 접수 결과

주택형	공급 세대수	접수 건수	경쟁률	최저 가점	최고 가점
84A	23	4,029	175 : 1	69	74
84B	37	4,709	127 : 1	69	76
84C	25	2,008	80 : 1	67	69
84D	8	1,038	130 : 1	67	69
84E	9	1,179	131 : 1	65	70
84F	8	1,088	136 : 1	66	69
84G	7	849	121 : 1	64	69
84H	7	1,155	165 : 1	67	72
84I	35	2,557	73 : 1	69	72
84J	74	9,320	126 : 1	69	75
84K	9	1,083	120 : 1	69	69
101A	44	13,935	317 : 1	66	79
101B	37	10,763	291 : 1	65	69
101C	72	43,605	606 : 1	69	74
101D	63	19,717	313 : 1	69	84

강일2지구 '힐스테이트 리슈빌 강일' 청약 결과를 보면 타입별로 경쟁률과 가점 커트라인의 편차가 꽤 크다는 것을 알 수 있다. 주택형의 종류가 많아 청약 통장이 분산되었으며 저층 세대로만 배치된 복층형 구조는 가점 커트라인이 상대적으로 낮았다. 강일1지구 '고덕 강일 제일풍경채'도 비슷한 청약 결과가 나왔는데 이 2개 단지를 분석하여 강일지구 마지막 민간분양 아파트인 '대림 이편한세상'을 철저히 준비해야 한다.

디자인이 별로라도 명품 로고가 박혀 있으면 불티나게 잘 팔리듯이 강일3지구 10단지는 '서울'이라는 입지 조건과 '대림'이라는 시공사 네임 밸류, 그리고 마지막일지도 모를 서울 대규모 공공택지지구라는 청약 분위기로 볼 때 어쩌면 강일지구 역대 최고 청약 경쟁률을 기록할 수도 있다.

지금까지 분양했던 강일지구 민간분양 아파트는 특화 설계 때문인지 몰라도 발코니 서비스 면적이 크지 않아 타 아파트 대비 주거 실사용 면적이 작은 편이다. 특히 복층 세대는 내부 계단까지 있어서 매우 협소해 보인다. 요즘 분양하는 신규 아파트에 비해 내부 면적이 작긴 하지만 청약 경쟁은 역시나 치열할 것이다. 바늘구멍을 뚫기 위해서는 바늘구멍에 들어갈 수 있도록 가늘게 만드는 방법밖에 없듯이 미니멀 라이프로 전환할 수 있다면 준비해 볼 만하다.

일반공급 청약 1순위 조건과 당첨자 선정 방식

■ **일반공급 청약 1순위 조건**

- 세대주
- 1주택자 이하
- 청약 통장 가입 기간 24개월 경과
- 청약 통장 납입 인정금액이 지역별 예치금액 이상
- 세대원 전원이 과거 5년 이내에 다른 주택에 당첨된 사실이 없어야 함
- 만 19세 이상인 자 또는 자녀를 양육하거나 형제자매를 부양하는 미성년 세대주

■ **일반공급 당첨자 선정 방식**

- 주택건설지역 당해 지역인 서울 2년 이상 거주자에게 50% 우선공급
- 전용면적 85m^2 이하 : 100% 가점제
- 전용면적 85m^2 초과 : 50% 가점제, 50% 추첨제(추첨제 물량 중 75%는 무주택자에게 우선공급)

강일지구 행정구역은 '서울 강동구 강일동'이지만 대규모 택지개발지구에 해당하여 수도권 거주자도 청약할 수 있다. 입주자 모집공고일 기준 서울 2년 이상 거주자에게 50% 물량을 우선공급하며, 나머지 물량은 서울 우선공급 낙첨자를 포함한 수도권 거주자에게 공급하는데 이때는 거주 요건이 따로 없다.

'서울 고덕강일 공공주택지구 지구단위계획'에 강일3지구 10단지 '대림 이편한세상'은 총 593가구 중 85m^2 이하 면적 415가구, 85m^2 초과 면적 178가구를 건설할 수 있다. 추첨제 물량이 89가구 정도로 가점이 낮아도 추첨운만 따르면 당첨을 기대해 볼 수 있기에 무주택자는 청약 관심 지역으로 기억하고 있어야 한다.

특화단지 설계로 인해 주택형이 다양한데 선호도가 높은 타입은 청약 가점 69점 이상, 선호도가 낮은 타입은 청약 가점 64점 이상의 커트라인이 예상된다. 주택형별로 호불호가 극명하게 갈리기 때문에 타입 선택에 신중을 기하여 후회 없는 결정을 내리는 것이 핵심 청약 전략일 것이다.

신종 코로나 바이러스 감염증으로 인한 경기 침체가 IMF 이후 최장기간 지속 중이다. 코로나 위기를 겪는 자영업자와 소상공인은 금융 대출까지 막혀 정부의 금융 지원에 연명하고 있는 처지인 데다 집값과 전셋값마저 폭등하면서 서민들의 고통은 극에 달한 지경이다. 그런데 아이러니하게도 주식과 부동산 시장은 대호황을 이루었고 주식, 부동산 자산을 가진 계층은 그 어느 때보다 손쉽게 부를 축적할 수 있었다. 일부 계층에 부가 집중되면서 자산 및 계층 간 양극화는 더욱 심해졌고, 자신의 소득에 별다른 변화가 없었음에도 재테크를 전혀 하지 않은 사람들이 상대적으로 빈곤해져 '벼락거지'라는 신조어까지 만들어졌다.

현재 우리나라뿐만 아니라 전 세계적으로 실물경제와 자산시장의 괴리 현상이 심각한 문제로 대두되고 있는데 향후 실물경제 회복 국면에서 급격한 자산 가격 조정으로 인한 부작용을 생각해 봐야 할 시점이 바로 지금일 수도 있다. 만약 자산시장의 버블 붕괴로 금융위기가 도래한다면 이 피해 또한 막차를 탄 서민들이 가장 큰 타격을 입을 것이 분명하다.

경기는 항상 순환한다. 호황이 있으면 불황이 기다리고 있고 불황이 있으면 언젠가는 다시 호황이 찾아온다. 변화에 대응을 잘한 투자자는 성공적인 삶을 살 수 있다. 코로나19 이후 세계 각국의 정부는 앞 다투어 양적 완화를 실시했다. 풍부한 유동성을 바탕으로 자산의 가치가 급격히 올라가면서 자산 시장은 대호황인 상황에서 당신만 제자리걸음을 하고 있다면 그 문제점이 과연 무엇인지 진지하게 생각해 봐야 한다.

당신에게 3가지 질문을 하겠다.

"화폐가치의 하락을 믿지 못하고 은행에 예금만 하고 있거나 매달 보험에 많은 금액을 납입하고 있지 않은가?"

"투자를 하긴 하는데 직접 투자할 자신이 없어서 사업비를 많이 떼가는 펀드 등에 간접투자만 하고 있지 않은가?"

"대한민국 부동산 시장을 거품이 잔뜩 낀 투기 상품으로만 보고 있지 않은가?"

당신은 얼마 전까지만 해도 위 질문 모두에 "예."라는 대답을 했을 확률이 높다. 이유는 경제 개념이 조금이라도 있는 사람은 위 질문 모두에 "아니오."라는 대답을 했을 것이고 그런 사람은 이 책을 볼 이유가 전혀 없기 때문이다.

필자는 20대부터 부동산, 주식, 채권 등 투자를 끊임없이 해 왔다.

가상화폐 투자도 오랫동안 하고 있다. 그런데 오로지 부동산 투자에서만 손실을 본 경험이 단 한 번도 없다. 이 책을 읽는 대부분의 독자는 주택을 '투자'한다는 생각보다 내 집 마련의 꿈을 이루어 무주택자의 설움을 떨쳐 내고자 하는 마음일 텐데, 내 집 마련을 '투자'의 개념으로 접근했으면 하는 것이 필자의 바람이다.

내 집 마련을 '투자'의 개념으로 접근한다면 향후 자산을 처분했을 때의 '가치'까지 고려해야 하니 보다 더 현명한 투자자가 되기 위해 공부할 것이고, 이러한 행위는 투자 안목을 키우고 의사결정을 빠르게 할 수 있어 부동산 투자의 첫걸음인 내 집 마련의 시기를 분명 앞당길 수 있게 할 것이다.

또한 내 집 마련의 꿈을 달성한 후에도 부동산 투자를 절대로 멈추지 말 것을 권한다. 토지, 오피스텔, 오피스, 상가, 지식산업센터 등 부동산의 종류는 매우 많고 리스크 없이 소액으로 투자할 수 있다. 이에 대해서는 필자가 운영하는 '부동산의 혁신 투자' 유튜브 채널을 통해 확인할 수 있다.

당신의 내 집 마련의 꿈은 투자의 '끝'이 아닌 '시작'이다. 누구나 부자가 되고 싶은 욕구가 있다. 부자가 되려면 현명한 투자자가 되기 위해 노력하고 지속적으로 투자해야 한다. 좋은 직장에 다니는 것보다 경제 개념을 이해하는 것이 더 중요하다. 계속된 투자 행위를 통해 축적된 투자 경험은 몇 년 혹은 몇십 년 후 다시 올 대호황인 경기 사이클 주기에서 당신에게 큰 부를 안겨 줄 것이라는 믿음이 이 책을 통해서 싹 트길 바란다.